50.00

S. CAMUGLI
Inspecteur Général Honoraire
de l'Instruction Publique

G. ULYSSE
… à la Faculté des lettres
…ix-en-Provence

CW01651191

précis de grammaire italienne

CLASSIQUES HACHETTE
79, Boulevard Saint-Germain, PARIS

Avertissement

Nous croyons répondre aux vœux d'un grand nombre de nos collègues en leur présentant ce précis de grammaire italienne, simple, clair et pratique dans sa nouvelle édition revue et complétée.

Le souci de la simplicité nous a détournés du dessein de publier un manuel plus volumineux. Mais nous ne pensons pas que l'on puisse reprocher à celui-ci de trop graves lacunes. Nous nous sommes bornés en effet à éliminer les cas trop particuliers, les idiotismes peu courants, les formes et tournures populaires, littéraires ou archaïques. Par contre, nous nous sommes attachés à grouper les faits grammaticaux autour de quelques règles générales essentielles ; nous avons fait le plus de rapprochements possibles et nous avons ajouté en Nota bene *— en caractères plus petits — et en notes au bas des pages, toutes les remarques complémentaires qui nous ont paru utiles.*

Pour mettre vraiment ce manuel à la portée des élèves débutants et des isolés, nous nous sommes toujours appliqués à énoncer les règles aussi clairement que possible. Nous y avons joint, très souvent, des tableaux destinés à en faciliter l'étude d'ensemble et la revision. Enfin, nous n'avons pas craint de nous répéter quelquefois et d'ajouter certaines précisions complémentaires que d'aucuns pourraient trouver superflues, mais que des raisons d'ordre pédagogique justifient amplement à nos yeux. Une expérience déjà longue de l'enseignement et des examens nous a permis de constater que plus de la moitié des fautes commises par les élèves proviennent de confusions parfois absurdes, contre lesquelles on ne les a pas mis en garde assez souvent. Nous ne croyons pas, d'autre part, qu'il soit dangereux de leur signaler par avance les erreurs possibles, car l'apparente facilité de la langue italienne offre trop de pièges à l'esprit paresseux et nécessite une attention toujours en éveil.

C'est pourquoi nous nous sommes efforcés de composer une grammaire pratique, qui pourra rester d'une classe à l'autre entre les mains des élèves, et dans laquelle ceux-ci trouveront la solution des difficultés le plus souvent rencontrées, et les renseignements dont ils auront besoin pour les divers exercices scolaires : conversation, rédaction, thème et version.

L'index alphabétique a été conçu pour faciliter l'utilisation de cet instrument de travail.

Nous avons donné dans le corps de l'ouvrage de nombreux exercices élémentaires de traduction, composés de courtes phrases détachées. Mais nous avons suivi une gradation assez rapide, de façon à permettre, au fur et à mesure, la revision des règles déjà vues et à assurer, en fin de volume, une assimilation suffisante des connaissances essentielles.

La longueur de certains exercices pourra sembler excessive, mais les phrases étant numérotées, on pourra aisément couper ces exercices en deux ou trois parties. D'autre part, afin de ne pas en accroître la difficulté, nous donnons entre parenthèses la traduction de quelques mots.

Bien que le thème soit considéré, à juste titre, comme l'exercice le plus probant, nous avons donné aussi quelques versions qui, même faites oralement, peuvent constituer une excellente préparation au thème qui les suit. Elles ne contiennent d'ailleurs que des tournures du langage courant et représentent, en somme, une série d'exemples destinés à rappeler les règles appliquées.

Quant aux exemples cités après les règles, nous les avons tirés de l'italien vivant, tel qu'il est parlé et écrit couramment par les Italiens cultivés, et nous avons toujours pris soin de signaler les tournures douteuses à éviter, ainsi que les expressions d'usage exclusivement littéraire.

En ce qui concerne les règles mêmes, la difficulté de notre tâche ne nous a échappé à aucun moment. La grammaire italienne est, en effet, plus souple, plus incertaine que la nôtre, moins fixée par l'usage commun, bien établi, et par l'autorité des grammairiens. Nous avons donc accepté et précisé, dans la mesure du possible, certaines règles traditionnelles; pour d'autres, plus flottantes, nous n'avons pas craint de prendre parti, en nous fondant sur le bon usage toscan, sur les meilleurs écrivains modernes et après avoir consulté de nombreux dictionnaires ainsi que les principales grammaires italiennes.

Cette nouvelle édition correspond pour l'essentiel aux éditions précédentes. Pour répondre aux vœux de nos collègues, nous avons multiplié le nombre des exercices et nous avons ajouté, en appendice, un chapitre sur la Prosodie italienne et sur la Correspondance commerciale. Il nous a semblé nécessaire également de signaler quelques usages nouveaux enregistrés par la langue contemporaine et d'apporter des précisions sur quelques points de détail, en modifiant notamment la présentation, de façon à donner plus d'importance à ce qui est essentiel.

Notre ambition se borne à espérer que ce manuel ainsi renouvelé continue à aider, dans une tâche qui n'est pas toujours facile, nos collègues et nos élèves.

Les auteurs.

© 1967, Librairie Hachette.
Tous droits de traduction, de reproduction
et d'adaptation réservés pour tous pays.

ISBN 2.01.001734.X

PRONONCIATION

Alphabet

L'alphabet italien comprend 21 lettres, qui se lisent ainsi :

a	*a*	**h**	*acca*	**q**	*cou*
b	*bi*	**i**	*i*	**r**	*èrré*
c	*tchi*	**l**	*èllé*	**s**	*èssé*
d	*di*	**m**	*èmmé*	**t**	*ti*
e	*è*	**n**	*ènné*	**u**	*ou*
f	*èffé*	**o**	*o*	**v**	*vou* (ou : *vi*)
g	*dgi*	**p**	*pi*	**z**	*dzéta*

Les lettres **k** *(cappa)*, **w** *(vou doppio)*, **x** *(icsé)*, **y** *(ipsilon)* ne se trouvent que dans l'orthographe des mots étrangers.

La lettre **j** *(i lungo)* est une lettre archaïque, ayant simplement la valeur d'un *i* long, et qui a été remplacée par *i* dans l'orthographe moderne. Si on la rencontre dans certains textes, il faut la prononcer comme un *i* :

noja *(no-ia)*, ennui **notajo** *(nota-io)*, notaire

Voyelles

a, e, i, o se prononcent, en général, comme en français, avec cette réserve importante que *e n'est jamais muet*, même en fin de mot :

vedere *(védé-ré)*, voir
cane *(cané)*, chien
mare *(maré)*, mer
colle *(collé)*, colline

e et **o** sont ouverts ou fermés. Mais l'accent indiquant la prononciation n'est pas marqué dans l'orthographe courante; on ne le trouve généralement que dans les dictionnaires. La prononciation de ces deux voyelles varie parfois, d'ailleurs, d'une province à l'autre de l'Italie. Seuls l'usage toscan et un bon dictionnaire pourront en indiquer le son correct. Nous ne donnerons ici que quelques règles générales.

a) **e fermé.**

e *est toujours fermé :*

1° Devant les consonnes, **p, t, z** redoublées :

ceppo *(tchéppo)*, bûche
zeppo *(tzéppo)*, bondé
tetto, toit.
capretto, chevreau
giovinezza *(djovinétsa)*, jeunesse
robustezza *(roboustétsa)*, robustesse

2º Dans les suffixes **mento** (substantifs abstraits) et **mente** (adverbes) :

parlam*e*nto, parlement
mutam*e*nto, changement
largam*e*nte, largement
facilm*e*nte *(fatchilménté)*, facilement

3º Dans les finales en **esa, ese, eccio, eto, evole :**

Franc*e*se *(Frantchésé)*, français
viller*e*ccio *(villérétcho)*, villageois.
onor*e*vole, honorable
dif*e*sa, défense
castagn*e*to, châtaigneraie
grad*e*vole, agréable

4º Dans certaines formes verbales (passés définis en **ei**, imparfaits de l'indicatif en **eva**, du subjonctif en **essi**) :

cred*e*i, je crus
cred*e*sti, tu crus
cred*e*vo, je croyais
che *(qué)* **cred*e*ssi,** que je crusse

5º Dans les monosyllabes : **me,** moi; **te,** toi; **se,** soi.

b) **e ouvert.**

e *est toujours ouvert :*

1º Dans les participes présents ou adjectifs en **endo, ente, ento :**

batt*e*ndo, battant (verbe)
corr*e*nte, courant
viol*e*nto, violent
cru*e*nto *(crouènto)*, sanglant

2º Dans les suffixes **enza** *(entsa)*, **ello** et **ella** :

pazi*e*nza, patience
capp*e*llo, chapeau
batt*e*llo, bateau
sor*e*lla, sœur

3º Dans la diphtongue **ie** :

vi*e*ne, il vient
pi*e*de, pied

● N.B. — La prononciation différente de **e** peut changer le sens d'un mot :

vénti, vingt
pésca, pêche (aux poissons)
vènti, vents
pèsca, pêche (fruit)

c) **o fermé.**

1º Dans les finales en **zione, one, oso, ore :**

popolazi*o*ne *(tsioné)*, population
port*o*ne, portail.
paur*o*so *(paou)*, peureux
col*o*re, couleur

2º Dans les pronoms personnels et démonstratifs suivants :

n*o*i, nous
v*o*i, vous
l*o*ro, eux (elles)
cost*o*ro, **col*o*ro** } ces gens-là

3° Dans les passés définis en **osi** :

posi, je posai — **rosi**, je rongeai

d) **o ouvert.**

1° Dans les suffixes **olo, otto, occio** :

paiolo *(pa-i-o)*, chaudron — **belloccio** *(tch)*, assez beau
ragazzotto *(ts)*, jeune garçon — **grassoccio**, grassouillet

2° Dans la diphtongue **uo** *(ouo)* :

fuoco, feu — **giuoco** *(djouoco)*, jeu

3° Aux passés définis et futurs en **ò** :

cantò, il chanta — **amerò**, j'aimerai

● N. B. — La prononciation différente de **o** peut changer le sens d'un mot :
Còrso, Corse — **córso**, couru
còlto, cueilli — **cólto**, cultivé
vòto, vide *(vuoto)* — **vóto**, vœu

e) **accents écrits.**

Il n'y a pas d'accent obligatoire pour indiquer le son des voyelles. *On ne marque, en général, que l'accent tonique, et seulement lorsque celui-ci tombe sur la syllabe finale.* Ex. **bontà,** *bonté :* on met sur **a** un accent grave [1].

f) **prononciation de u.**

La voyelle **u** a toujours le son *ou*, même après le **g** et le **q** :

uno *(ouno)*, un — **guerra** *(gouerra)*, guerre
muro *(mouro)*, mur — **quadro** *(couadro)*, tableau

Consonnes

a) **c et g.**

Le **c** a, comme en français, le son guttural devant *a*, *o* et *u :*

ca = *ka* — **co** = *ko* — **cu** = *kou*

camera, chambre — **ricamare,** broder
colore, couleur — **curato,** curé

1. Quelquefois cependant l'*accent tonique* est marqué par un accent aigu sur les finales en **e**, si **e** est fermé :
perché *(perqué)*, *pourquoi* — **vendé,** *il vendit*
Mais on trouve souvent : **perchè, vendè.**

Mais devant *e* et *i*, le **c** se prononce *tche*[1] :

ce = *tché* — **ci** = *tchi*

Cesare *(tchésaré)*, César
celebre *(tchélébré)*, célèbre

cicala *(tchicala)*, cigale
carcere *(cartchéré)*, prison

La règle est la même pour le **g** :

ga = *ga* — **go** = *go* — **gu** = *gou*

gala, gala
gomito, coude

gufo, hibou
lingua, langue

ge = *djé* — **gi** = *dji*

geometra, géomètre

gita, excursion

Pour obtenir avec le **c** et le **g** un son chuintant devant *a*, *o*, *u*, l'italien intercale un **i** (qui ne se prononce guère[2]) :

cia = *tcha* — **cio** = *tcho* — **ciu** = *tchou*
gia = *dja* — **gio** = *djo* — **giu** = *djou*

ciarlatano, charlatan
cioccolata, chocolat
ciurma, chiourme

giacca, veste
giornale, journal
Giulio, Jules

Il y a lieu de noter, pour la prononciation du **c** et du **g** entre deux voyelles, dans le corps d'un mot, que les Toscans leur donnent un son plus chuintant que les habitants des autres régions de l'Italie. C'est une prononciation que seul un long usage permet de bien saisir; pour le **c**, c'est un son entre *che* et *je*; pour le **g**, cela donne à peu près un *je* français :

pace (*pajché*), paix — **ragione** (*rajoné*), raison

Pour obtenir avec le **c** et le **g** un son guttural devant **e** et **i**, l'italien intercale un **h** qui joue un rôle orthographique équivalent à celui de *u* en français, dans les mots *cueillir* et *guerre :*

che = *ké*
chi = *ki*

ghe = *gué*
ghi = *gui*

cherubino, chérubin
chimica, chimie

margherita, marguerite
ghirlanda, guirlande

Sc devant *e* et *i* se prononce *ch :*

sce = *ché* — **sci** = *chi*

scelto, choisi

Scipione, Scipion

1. Il n'a jamais le son de **s**; jamais de cédille non plus. — 2. A moins qu'il ne soit accentué (cf. § 6 et 9).

Par contre, **sca, sco, scu** se prononcent *ska*, *sko*, *skou;* de même **sche, schi** = *ské*, *ski :*

scatola, boîte
scudo, écu
scheletro, squelette
schivare, esquiver

Mais, **scia, scio, sciu** se prononcent *cha*, *cho*, *chou :*

sciabola, sabre
sciupare, abîmer
sciopero, grève *(faire)*
coscia, cuisse

En conclusion, *pour avoir un son chuintant de* **c** *et de* **g** *devant* **a, o, u,** *il faut toujours un* **i.**

Pour avoir le son guttural de ces mêmes consonnes devant **e** *et* **i,** *il faut toujours un* **h.**

s *devant* **ca, co, cu** *ne modifie pas le son guttural du* **c**; *mais devant* **ce** *et* **ci,** *il donne le son français* ch.

b) **gli, gn, cc, gg.**

Le groupe **gli** se prononce *lyi* très mouillé.

i est toujours nécessaire pour avoir ce son de *l* mouillée devant **a, e, o, u :**

glia = *lya* **glie** = *lyé* **glio** = *lyo* **gliu** = *lyou*

paglia, paille
pagliuzza, petite paille
miglio, millet
togliere, enlever

Par contre, *les deux l ne sont jamais mouillées en italien.* Il ne faut donc pas confondre pour la prononciation :

strillare, crier *avec* **strigliare,** étriller
brilla, il brille *avec* **briglia,** bride

Dans quelques rares exceptions, **gli** n'a pas le son mouillé :

anglicano, anglican
negligere, négliger
glicino, glycine
geroglifico, hiéroglyphe

gn se prononce doux comme dans *agneau*, *campagne :*

agnello **campagna**

Les deux **c** et les deux **g** se font entendre fortement et ont toujours le même son *(ké* ou *tché*, *djé* ou *gué)* dans le même groupe :

accesso *(attchesso)*, accès
accadere, arriver *(événement)*
paggio *(paddgio)*, page
aggredire *(ag-gre)*, attaquer

c) **r, s, z, ti.**

r se prononce très roulé — surtout s'il est double — en faisant vibrer le bout de la langue contre le palais :

ora, heure — **torre**, tour
terra, terre — **guerra**, guerre

s est *dur* ou *doux*, selon les cas, à peu près comme en français[1] :

borsa, bourse — **tesoro**, trésor

z est *dur* ou *doux* :

Il est dur dans les désinences **enza, ezza, zione, izia**[2] :

giovinezza, jeunesse — **nazione**, nation
prudenza, prudence — **puerizia**, enfance

Il est doux quand il correspond à *s* doux ou *z* français :

organizzare, organiser — **orizzonte**, horizon

● N. B. — La désinence **zione** correspond généralement à la désinence française *tion*. Par contre, le groupe **ti** suivi d'une voyelle conserve en italien le son normal : **natío**, *natal*, **digestione**, *digestion*.

d) **Consonnes doubles.**

Les consonnes doubles se prononcent toujours fortement en italien. Une mauvaise prononciation peut faire confondre fréquemment des mots de sens tout à fait différent :

capéllo, cheveu — **canteremo**, nous chanterons
cappèllo, chapeau — **canteremmo**, nous chanterions
fato, destin — **cadi**, tu tombes
fatto, fait — **caddi**, je tombai
mole, masse — **velo**, voile
molle, mou — **vello**, toison

e) **ph, th, y, h, x français.**

L'orthographe italienne correspond à la prononciation. A la place des groupes *ph*, *th*, nous avons en italien les consonnes **f** et **t** et **i** au lieu de *y* :

telefono, téléphone — **filosofo**, philosophe
teorema, théorème — **lirico**, lyrique

1. Les Toscans ont tendance à donner un son dur à **s** entre deux voyelles. Les mots : **casa** (*maison*), **cosa** (*chose*), sont prononcés par eux presque comme s'il y avait deux **s**. — 2. Et aussi, en général, quand il est précédé d'une autre consonne : **forza**, *force* ; **canzone**, *chanson*.

La consonne *h* a disparu au début des mots, sauf à quatre personnes de l'indicatif présent du verbe *avoir*, où on l'a conservée pour éviter toute confusion avec d'autres mots [1] :

onore, honneur
ora, heure
ho, j'ai
hai, tu as
ha, il a
hanno, ils ont

La consonne *x* s'est adoucie en **s**, **ss**, ou **c**.

esempio, exemple
esaminare, examiner
Alessandro, Alexandre
eccesso, excès

f) **Consonnes assimilées ou supprimées.**

Le dernier exemple ci-dessus nous montre que l'italien a tendance à assimiler deux consonnes qui se suivent, la seconde l'emportant généralement :

atto, acte
condannare, condamner
settembre, septembre
aggiunto, adjoint
assente, absent
aspetto, aspect

On est arrivé ainsi à supprimer certains heurts de consonnes, difficiles à prononcer et peu agréables à entendre.

Par l'effet du même besoin de souplesse instinctive dans la prononciation, les consonnes précédant **s** suivi d'une consonne (appelé **s** *impur* en italien), que l'on trouve dans certains mots latins et français, sont tombées en italien.

trasportare, transporter
istante, instant
ostacolo, obstacle
ispettore, inspecteur

Règles diverses

a) **Diphtongues.**

Dans les diphtongues, chaque voyelle se prononce séparément, selon le son qui lui est propre, mais il conviendra d'observer la place de l'accent tonique, dont nous parlerons plus loin.

Par exemple, le **au** de **aula** *(salle)* ne se prononce pas comme celui de

1. Cf. page 48 note 1.

paura *(peur)*, **eu** dans **reuma** *(rhumatisme)* ne se prononce pas comme dans **Eugenio** *(Eugène)*.

Dans certains mots, on rencontre trois ou quatre voyelles qui se suivent, mais elles forment généralement deux syllabes :

cuoio (cuo-io), cuir — **paio (pa-io)**, paire

Cependant **iuo** forme bien une triphtongue, assez difficile à prononcer, dans des mots comme **piuolo** *(pieu)*, **giuoco** *(jeu)* ou **figliuolo** *(fils)* [1].

b) **Voyelles suivies de m et de n.**

Les nasales n'existent pas en italien.

Après les voyelles **a, e, i, o, u,** les consonnes **m** et **n** se prononcent séparément sans rien modifier au son des voyelles, d'où résulte une autre grande facilité pour l'orthographe :

tanto, tant	**vanto,** louange
tento, je tente	**vento,** vent
ampio, ample	**un,** un
empio, je remplis	**in,** dans
canto, chant	**punto,** point
cento, cent	**dipinto,** peint

c) **Consonnes initiales.**

La prononciation toscane a tendance à redoubler les consonnes initiales non suivies d'une autre consonne, lorsque le mot qui précède finit par une voyelle et que le sens tend à rattacher plusieurs mots dans l'émission de la voix :

chi sa dove sia *(chi ssa ddove ssia)?* qui sait où il est?

L'orthographe a enregistré ce redoublement dans un certain nombre d'expressions qui s'écrivent généralement en un mot [2] :

(sopra tutto)	:	**soprattutto,**	surtout
(o pure)	:	**oppure,**	ou bien
(e pure)	:	**eppure,**	pourtant
(a dio)	:	**addio,**	adieu
(là su)	:	**lassù,**	là-haut

1. Le **u** s'entend très peu, et tombe très souvent dans l'orthographe moderne. On écrit aussi bien, et l'on prononce : **piolo, gioco, figliolo.** — 2. Ce redoublement se fait surtout après certains monosyllabes : **e, o, a, da, su,** etc. Il est *de règle* après l'accent tonique (voir § 74).

Accent tonique

On a pu se rendre compte déjà que, dans la prononciation de la langue italienne, la voix appuie sur telle ou telle syllabe de chaque mot. Cela donne de la variété et de l'harmonie à l'élocution, d'autant plus qu'il n'y a aucune syllabe sourde.

Les dictionnaires indiquent généralement l'accent tonique, mais dans l'orthographe courante, cet accent, ainsi que nous l'avons dit plus haut, n'est marqué obligatoirement que lorsqu'il tombe sur la fin d'un mot :

perché, pourquoi	**laggiù,** là-bas

On ne le marque sur les monosyllabes que lorsqu'il y a confusion possible entre deux mots de sens différent [1] :

dà, il donne	**è,** il est (v. être)
da, de, par (préposition)	**e,** et (conj.)
ne, en (pronom)	**tè,** thé
né, ni	**te,** toi (pronom pers.)

L'accentuation présente donc quelques difficultés pour un débutant. Voici quelques règles générales :

a) Dans le plus grand nombre des mots italiens, l'accent tonique porte sur l'avant-dernière syllabe. Ces mots sont appelés *doux*, *unis* **(parole piane) :**

quad*e*rno : cahier	**ortol*a*no :** jardinier

Ces mots sont faciles à accentuer : il faut cependant s'appliquer à appuyer sur l'avant-dernière sans étouffer la finale, ni donner à celle-ci trop de relief. Il faut éviter de dire :

d'un côté : **ortolan',**	de l'autre : **ortolanó**

b) Faciles également sont les mots, relativement peu nombreux, où l'accent tombe sur la dernière syllabe, car alors l'accent est toujours marqué (généralement on emploie l'accent grave). Ces mots sont appelés *tronqués* **(parole tronche)** parce que ce sont, pour la plupart, des mots qui ont perdu une syllabe :

città (forme ancienne : **citt*a*de)** **:** ville
virtù (forme ancienne : **virt*u*de)** **:** vertu

1. Pour éviter l'ambiguïté, on trouve aussi parfois l'accent tonique marqué ailleurs que sur la finale : **balìa,** *autorité absolue*, ne se confondra pas avec **b*a*lia,** *nourrice*. De même parfois pour **sùbito,** tout de suite et **sub*i*to,** part. pas. de **subire** (*subir*) ainsi que pour **principi** pluriel de **princ*i*pio** (*principe* ou *début*) et **prìncipi,** pluriel de **pr*i*ncipe** (*prince*). Pour **ìo,** v. § 6, n. 2.

c) Les mots les plus difficiles à prononcer pour un étranger, et sur lesquels on peut hésiter quelquefois, sont les mots dits « *glissants* » (**parole sdr*u*cciole**) où l'accent tonique porte sur l'antépénultième (syllabe précédant l'avant-dernière) :

m*u*sica, musique — **l*u*gubre,** lugubre
st*o*maco, estomac — **fil*o*sofo,** philosophie

● N.B. — Il est bon de retenir que certains suffixes sont **sdr*u*ccioli** : ***a*ggine, *u*dine, *a*bile, *e*vole, *i*bile, *i*ssimo, *e*simo, -grafo, -logo, -filo** :
testard*a*ggine, *entêtement* - **ag*e*vole,** *aisé* - **abit*u*dine,** *habitude* - **am*a*bile,** *aimable* - **terr*i*bile,** *terrible* - **vent*e*simo,** *vingtième* - **ge*o*grafo,** *géographe* - **astr*o*logo,** *astrologue* - **franc*o*filo,** *francophile.*

d) Il y a enfin les mots « *doublement glissants* » (**parole bisdr*u*cciole**[1]) où l'accent est placé sur la quatrième syllabe en partant de la fin. Ce sont des formes verbales, assez rares, et dont l'accentuation est généralement indiquée par les règles de conjugaison (cf. § 38) :

int*e*rrogano, ils interrogent — ***i*mitano,** ils imitent
d*i*temelo [2], dites-le-moi — **prend*e*tevelo,** prenez-le pour vous

L'accent tonique présente d'ailleurs pour les verbes une importance considérable car, dans certains cas, sa place seule indique la différence entre deux formes verbales :

parlo, je parle — **parlò,** il parla

Apocope

La prononciation courante, un peu rapide, a tendance à faire tomber certaines voyelles finales, et l'orthographe a consacré cet usage. C'est encore une petite difficulté pour les débutants, mais il n'y a pas de règle absolue, et l'*apocope* est généralement facultative.

On constate seulement que les voyelles **e** et **o** tombent souvent à la fin d'un mot quand elles sont précédées d'une consonne dite *liquide*, c'est-à-dire **l, m** et surtout **n, r** :

Il signor *(signore)* **Preside,** Monsieur le Proviseur — **siam** *(siamo)* **felici,** nous sommes heureux
un fedel *(fedele)* **compagno,** un fidèle compagnon — **son** *(sono)* **contento,** je suis content

1. On trouve même des **trisdr*u*ccioli.** Ex. : ***i*ndicamelo** : montre-le-moi. — 2. On remarquera que l'adjonction de pronoms au verbe ne déplace pas l'accent tonique initial : **d*i*te, d*i*temi** (dites-moi), **d*i*temelo** (dites-le-moi).

Quand **l** et **n** sont doubles, l'*apocope* s'étend à l'une des consonnes.

il caval *(cavallo)* **di San Francesco**, le cheval de saint François

saran[1] *(saranno)* **partiti**, ils ont dû partir

Élision

L'élision d'une voyelle à la fin d'un mot est également très fréquente, qu'il s'agisse d'un article, d'un adjectif, d'un verbe ou d'un mot invariable :

quest'uomo *(questo)*, cet homme
ott'anni *(otto)*, huit ans

dov'è *(dove)*, où est-ce?
foss'egli *(fosse)*, fût-il

I et D euphoniques

Inversement, devant **s** impur (suivi d'une consonne), pour éviter la rencontre de consonnes dures à l'oreille et difficiles à prononcer, on ajoute quelquefois un **i** au commencement des mots :

per ischerzo *(scherzo)*, par plaisanterie
in Isvizzera *(Svizzera)*, en Suisse

Cf. la prononciation française très populaire : *un esquelette*, *un esculteur* (squelette, sculpteur).

Pour éviter la rencontre de deux voyelles *(hiatus)*, la préposition **a** *(à)*, les conjonctions **e** *(et)* et **o** *(ou)*, prennent souvent devant une voyelle un **d** (qui vient du *d* ou *t* latin) : **ad Ancona,** *à Ancône*; **ed io,** *et moi*; **od io,** *ou moi.*

1. *a*) L'apocope ne déplace jamais l'accent tonique, pas plus que la chute de *v*, par exemple dans certains imparfaits en **eva** et **iva** : **dicevano,** *ils disaient;* contraction : **dicean.** — *b*) On observera cependant que l'apocope se fait rarement devant une voyelle : on dira : **andar presto,** aller vite; mais : **andare a Roma,** aller à Rome; et *jamais*, en principe, devant **s** *impur* (*s* suivi d'une consonne) : **son contento,** *je suis content;* **sono stanco,** *je suis fatigué.*

EXERCICES DE PRONONCIATION

• *N.B. — Les mots où l'accent tonique n'est pas marqué sont accentués sur l'avant-dernière syllabe. (parole piane).*

I

ciascuno, *chacun*
giardino, *jardin*
giovane, *jeune*
ghiaccio, *glace*
caccia, *chasse*
cacio, *fromage* formaggio
maggio, *mai*
cugina, *cousine*
cucina, *cuisine*
ragione, *raison*
profumo : parfum

scudo, *écu*
sciupare, *abîmer*
schiuma, *écume*
scettro, *sceptre*
china, *pente*
Cina, *Chine*
scarpa, *soulier*
sciarpa, *écharpe*
accendere, *allumer*
ascendere, *monter*

cicala, *cigale*
chiunque, *quiconque*
figlio, *fils*
pagliaio, *meule de paille*
vincere, *vaincre*
caucciù, *caoutchouc*
cioccolata, *chocolat*
bacio, *baiser*
baco, *ver*
giunchiglia, *jonquille*

II

panca, *banc*
pancia, *ventre*
sciabola, *sabre*
medico, *médecin*
antichità, *antiquité*
provincia, *province*
spettacolo, *spectacle*
datecelo, *donnez-le-nous*
verificano, *ils vérifient*
gara, *concours*

giara, *jarre*
giro, *tour*
ghiro, *loir*
calamaio, *encrier*
condannano, *ils condamnent*
autorevole, *autorisé*
camera, *chambre*
pagò, *il paya*
pagherò, *je paierai*
scienza, *science*

quadro, *tableau*
cornice, *cadre*
cinque, *cinq*
ettogrammo, *hectogramme*
specialità, *spécialité*
terribile, *terrible*
esagererò, *j'exagérerai*
solitudine, *solitude*
bellissimo, *très beau*
aiuto, *aide*

III

ritmico, *rythmique*
strepito, *vacarme*
orologio, *horloge*
geografo, *géographe*
inchiostro, *encre*
favola, *fable*
terremoto, *tremblement de terre*
parlerei, *je parlerais*
aula, *salle (de cours)*

andito, *couloir*
funebre, *funèbre*
benefico, *bienfaisant*
ridere, *rire*
vedere, *voir*
orfano, *orphelin*
chilometro, *kilomètre*
facile, *facile*
Napoli, *Naples*
Italia, *Italie*

Patria, *Patrie*
Europa, *Europe*
andatevene, *allez-vous-en*
portatemelo, *apportez-le-moi*
Vesuvio, *Vésuve*
foglia, *feuille d'arbre*
vattene, *va-t'en*
secondo, *second*
lampada, *lampe*
Firenze, *Florence*

IV

povertà, *pauvreté*
bontà, *bonté*
virtù, *vertu*
armadio, *armoire*
lettera, *lettre*
parente, *parent*

papavero, *coquelicot*
automobile, *automobile*
indiano, *indien*
inverno, *hiver*
mobile, *meuble*
temperino, *canif*

calamaio, *encrier*
camera, *chambre*
austriaco, *autrichien*
compito, *devoir*
cavallo, *cheval*
aceto, *vinaigre*

picchiare, *frapper*
lenticchia, *lentille*
orecchio, *oreille*
accettare, *accepter*
chiocciola, *escargot*
chioccia, *poule*
nocciola, *noisette*
nocciolo, *noyau*
secchio, *seau*
arancio, *orange*
giornalista, *journaliste*
giovanotto, *jeune homme*

V

---

seggiola, *chaise*
bicchiere, *verre*
villaggio, *village*
formaggio, *fromage*
loggia, *loggia*
orologio, *montre*
margherita, *marguerite*
sughero, *liège*
ghianda, *gland*
fragola, *fraise*
gesso, *craie*
foglio, *feuille*
coniglio, *lapin*
quaglia, *caille*
tiglio, *tilleul*
glorioso, *glorieux*
inglese, *anglais*
agnello, *agneau*
spugna, *éponge*
insegnare, *enseigner*
ingegnere, *ingénieur*
negligente, *négligent*
glicerina, *glycérine*
glicine, *glycine*
tovaglia, *nappe*
scherzo, *plaisanterie*
glandola, *glande*
ignorare, *ignorer*
catenaccio, *verrou*
cacciare, *chasser*

VI

---

barche, *barques*
cenere, *cendre*
dolce, *doux*
oca, *oie*
carità, *charité*
simpatici, *sympathiques*
sindaco, *maire*
asino, *âne*
gelosia, *jalousie*
zanzara, *moustique*
sbagliare, *se tromper*
sbadigliare, *bâiller*
buccia, *épluchure*
figliolo, *fils*
baule, *malle*
mangiare, *manger*
uscire, *sortir*
brillante, *brillant*
invitare, *inviter*
terrestre, *terrestre*
mamma, *maman*
giglio, *lis*
occasione, *occasion*
sciabordare, *clapoter*
pigiama, *pyjama*
anello, *anneau*
terreno, *terrain*
cuoio, *cuir*
fiacco, *las*
caparra, *arrhes*

VII

---

stanchezza, *fatigue*
berrai, *tu boiras*
schiavo, *esclave*
vizio, *vice*
notizia, *nouvelle*
zucchero, *sucre*
zia, *tante*
zoccolo, *sabot*
straniero, *étranger*
schiaffo, *gifle*
sciocco, *sot*
schizzo, *esquisse*
scheletro, *squelette*
acquavite, *eau-de-vie*
augurio, *souhait*
abbracciare, *embrasser*
interrogare, *interroger*
piegare, *plier*
spiegazione, *explication*
esercizio, *exercice*
stanco, *fatigué*
pozzo, *puits*
palazzo, *palais*
stanza, *pièce*
scialle, *châle*
guscio, *coquille*
scimmia, *singe*
montagna, *montagne*
spagnolo, *espagnol*
lapis, *crayon*

Programma per le vacanze in riva al mare.
Programme pour les vacances au bord de la mer.

Così vennero gli ultimi giorni di luglio, i giorni del programma e dei pre-
Ainsi vinrent les derniers jours de juillet, les jours du programme et des pré-

parativi. Il programma fu presto fatto : dormire finché ne avessi voglia,
paratifs. Le programme fut vite fait : dormir tant que j'en aurais envie,

mettermi in costume e babbucce, buttarmi nell'acqua e asciugarmi al sole;
me mettre en maillot et en espadrilles, me jeter à l'eau et me sécher au soleil;

siesta meridiana, altri bagni ed altro sole. Che potesse venire il cattivo tempo
sieste méridienne, encore des bains et du soleil. Que pût venir le mauvais temps,

non mi passava nemmeno per la mente. Passeggiata vespertina in accappatoio
cela ne me passait même pas par l'esprit. Promenade crépusculaire en peignoir

nella pineta. Pesca all'amo. Cibo leggero e sostanzioso, con preva-
dans la pinède. Pêche à l'hameçon. Nourriture légère et substantielle, avec prédo-

lenza di pesce. La sera, studio d'astronomia all'aperto. Perciò
minance de poisson. Le soir, étude d'astronomie en plein air. C'est pourquoi

acquistai una bella lampadina elettrica tascabile nichelata, molto potente, per
j'acquis une belle lampe électrique de poche, nickelée, très puissante, pour

consultare l'atlante sulla spiaggia. Mi procurai alcune pubblicazioni sulla
consulter l'atlas sur la plage. Je me procurai quelques publications sur la

relatività, per vedere se, rimesso in forze, mi riuscisse di raccapezzarmi in
relativité, pour voir si, remis en forces, je réussissais à me reconnaître dans

questa benedetta faccenda. Il programma di vita semplice comportava un
cette maudite question. Le programme de vie simple comportait une

baule molto leggero, dove poteva trovar posto anche la poca roba di Cesira,
malle très légère, où pouvaient trouver place aussi les quelques affaires de Césire,

alla quale, mentre andava facendo il baule, sconsigliai recisamente i
à laquelle, tandis qu'elle était en train de faire la malle, je déconseillai nettement les

bagni di mare, che sono pregiudizievoli alle persone reumatiche.
bains de mer qui sont préjudiciables aux personnes rhumatisantes.

G.A. Borgese, *Il Pellegrino appassionato*, Mondadori, Milano.

Un fanciullo pacifico.
Un enfant paisible.

Mio fratello era molto più irrequieto di me, era anzi un pochino turbo-
Mon frère était beaucoup plus agité que moi, il était même un tout petit peu tur-

lento; e per questo io, che pur molto l'amavo, lo temevo anche
bulent ; et c'est pourquoi, moi qui pourtant l'aimais beaucoup, je le craignais aussi

un tantino. Me ne fece parecchie, che potrei ricordare, e mostrerebbero
un tantinet. Il me joua plusieurs tours, que je pourrais rappeler, et qui montre-

che quel timore non era senza qualche fondamento. Una volta, mi
raient que cette crainte n'était pas sans quelque fondement. Une fois, il me

persuase ad entrare in un sacco, e quando fui dentro, m'appese a un chiodo
persuada d'entrer dans un sac, et, quand je fus dedans, il me suspendit à un clou

e mi lasciò lì. Egli era inesauribile in queste invenzioni.
et me laissa là. Il était inépuisable dans ces inventions.

Uno dei miei maggiori spassi era di starmene le ore intere seduto
L'un de mes plus grands divertissements était de rester des heures entières assis

sotto il davanzale d'una finestra, in un angolo, a guardare libri figurati.
sous le rebord d'une fenêtre, dans un coin, à regarder des livres illustrés.

Non sapevo ancora leggere; ma quelle immagini mi facevano sognare a occhi
Je ne savais pas encore lire ; mais ces images me faisaient rêver les yeux

aperti; e sebbene le avessi vedute cento volte, mi parevano sempre
ouverts ; et bien que je les eusse vues cent fois, elles me paraissaient toujours

nuove, e mi empievano di meraviglia. I balocchi soli mi allettavano medio-
nouvelles, et me remplissaient d'étonnement. Les jouets seuls m'attiraient médio-

cremente; ma la prima volta che ebbi una scatola di colori, trovai un
crement ; mais la première fois que j'eus une boîte de couleurs, je trouvai un

gusto matto a colorire immagini stampate, e questo gusto durò poi
plaisir fou à colorier des images imprimées, et ce plaisir dura ensuite

lungamente.
longtemps.

Arturo Graf, *Primi ricordi.*
Loescher.

1 LE NOM

1 / *Genre.*

a) Le genre des noms est généralement le même qu'en français. Mais il y a des exceptions assez nombreuses qui concernent parfois des mots très usuels :

mare (m), *mer* (f)	**aria** (f), *air* (m)	**arte** (f), *art* (m)
affare (m), *affaire* (f)	**sera** (f), *soir* (m)	**fronte** (f), *front* (m)
uniforme (f), *uniforme* (m)	**pianeta** (m), *planète* (f)	**calma** (f), *calme* (m)
pedale (m), *pédale* (f)	**guida** (f), *guide* (m)	**lepre** (f), *lièvre* (m).

● N.B. — Beaucoup de noms ont une forme masculine et une forme féminine.
fosso, fossa *(fossé)*, **buco, buca** *(trou)*, **mestolo, mestola** *(cuiller à pot)*, **secchio, secchia** *(seau)*, **materasso, materassa** *(matelas)*, **gregge, greggia** *(troupeau)*, **tavolo, tavola** *(table)*...
La différence de sens est souvent minime *(consulter le dictionnaire)*.

b) Tous les noms en **ore** sont masculins, sauf **folgore,** *foudre.*

fiore (m), *fleur* (f)	**colore** (m), *couleur* (f).

c) Les noms qui se terminent par **o** sont masculins[1], sauf **mano,** *main.*

d) Les noms qui finissent en **a** sont généralement du féminin, mais il y a un certain nombre d'exceptions (parmi lesquelles tous les noms en *ista,* désignant des hommes) :

poeta, *poète*	**clima,** *climat*	**problema,** *problème*	**artista,** *artiste.*

e) Les noms qui se terminent par **e** sont masculins ou féminins :

padre, *père*	**madre,** *mère.*

Dans certains cas l'article permet de reconnaître le genre :
il parente, la parente, il pianista, la pianista, il nipote, la nipote...

● N.B. — Les noms de ville, même finissant par **o**, sont, en général, féminins :

La nuova Torino, *le nouveau Turin,*	**la vecchia Firenze,** *le vieux Florence.*

1. **Eco,** écho, est masculin ou féminin au singulier et masculin au pluriel *(gli echi)*. Nous ne considérons pas ici les mots comme **radio, auto, moto...** qui viennent de **radiofonia, automobile, motocicletta,** et qui sont invariables (Cf. § 4, g).

2 / *Formation du féminin.*

a) Beaucoup de noms masculins finissant par **o** ou par **e** ont un féminin en **a** :

figlio,	**figlia,**	**signore,**	**signora,**
fils	*fille*	*monsieur*	*dame*
gatto,	**gatta,**	**maestro,**	**maestra,**
chat	*chatte*	*instituteur*	*institutrice.*

b) Les noms finissant par **tore** ont un féminin en **trice**, doublé quelquefois par une forme populaire en **tora** :

imperatore,	**imperatrice,**	**traditore,**	**traditora,**
empereur	*impératrice*	*traître*	*traîtresse.*

c) Un certain nombre de noms font leur féminin en **essa** :

leone,	**leonessa,**	**barone,**	**baronessa,**
lion	*lionne*	*baron*	*baronne*
duca,	**duchessa,**	**fattore,**	**fattoressa,**
duc	*duchesse*	*fermier*	*fermière*
professore,	**professoressa,**	**principe,**	**principessa,**
professeur	*professeur (dame)*	*prince*	*princesse.*

d) Enfin beaucoup de noms ont une forme différente pour le féminin :

uomo,	**donna,**	**fratello,**	**sorella,**
homme	*femme*	*frère*	*sœur*
cane,	**cagna,**	**re,**	**regina,**
chien	*chienne*	*roi*	*reine.*

3 / *Formation du pluriel.*

	Terminaison Voyelle non accentuée **o, e, a**	Pluriel	Observations
Masculin	Ragazzo Professore Poeta	ragazzi professori poeti	1° RÈGLE : *Au masculin, le pluriel des noms variables est en* **i**. *Au féminin les noms en* **a** *font leur pluriel en* **e** *et les noms en* **e** *font leur pluriel en* **i**.
Féminin	Mano Classe Ragazza	mani classi ragazze	2° PLURIELS IRRÉGULIERS : **Uomo,** homme : **uomini** **Bue,** bœuf : **buoi** **Dio,** dieu : **dei**

● N.B. — 1. **artista, ciclista...** *(masc. pl.)* **artisti, ciclisti...** *(fém. pl.)* **artiste, cicliste...** Le pluriel de **signore** est **signori** *(m)* et le pluriel de **signora signore** (fem.).
2. **L'ala** *(l'aile)* : pluriel **le ali** (pluriel de **l'ale**, doublet litt. de **ala**.) **L'arma** *(l'arme)* : pluriel **le armi** (pluriel de **l'arme**, doublet litt. de **arma**).

4 / *Noms invariables.*

Sont invariables :

a) Les noms **tronqués (accentués sur la dernière syllabe) :**

virtù, *vertu* — **città,** *ville* — **caffè,** *café.*

b) Les **monosyllabes :**

re, *roi* — **tè,** *thé.*

c) Les noms finissant par une **consonne :**

lapis, *crayon* — **alcool,** *alcool* — **camion,** *camion.*

d) Les noms finissant par **i :**

crisi, *crise* — **analisi,** *analyse* — **metropoli,** *métropole.*

e) Les noms finissant par **ie** (sauf **moglie,** *femme,* qui fait **mogli** au pluriel) [1] :

effigie, *effigie* — **specie,** *espèce.*

f) Quelques noms en **a :**

boia, *bourreau* — **boa,** *boa (serpent)* — **paria,** *paria* — **sosia,** *sosie* — **vaglia,** *mandat poste.*

g) Quelques abréviations :

auto, radio, cinema, moto, tele, foto...

• N.B. — **Chilo** (chilogrammo) fait *chili,* **etto** (ettogrammo) *etti,* **piano** (pianoforte) *piani...*

5 / *Noms composés.*

Les noms composés suivent, en général, la règle commune.

a) Quelques-uns ont un double pluriel :

capolavoro, *chef-d'œuvre ;* plur. : **capolavori** (ou **capilavori**).

b) Ceux qui sont formés d'un verbe et d'un nom au pluriel restent invariables :

un portamonete, *un porte-monnaie* — **dei portamonete,** *des porte-monnaie.*

1 On trouve pour **superficie** (surface) les 2 pluriels *ie* et *i.*

c) Dans certains noms formés avec **capo**, seul **capo** se met au pluriel :

caposquadra, *chef d'équipe*	**capisquadra,** *chefs d'équipe.*

● N.B. — On consultera le dictionnaire en cas de doute. Noter qu'en italien le trait d'union n'est pas employé.

6 / Pluriel des noms en -io.

a) Régulièrement, les mots en **io** devraient prendre deux **i** au pluriel, mais la prononciation courante a fondu ces deux i en un seul, *lorsque l'accent tonique ne tombe pas sur l'***i** *de* **io.** On ne met donc plus qu'un **i**, en général[1].

olio, *huile*	**oli,** *huiles*	**studio,** *étude*	**studi,** *études*
occhio, *œil*	**occhi,** *yeux*	**calamaio,** *encrier*	**calamai,** *encriers.*

b) Par contre, si l'**i** de **io** est accentué[2], on met deux **i** parce que la prononciation les sépare nettement :

mormorìo, *murmure*	**mormorii,** *murmures.*

● N.B. — Dans certains cas, pour éviter une confusion possible entre deux mots de sens différents, on peut mettre deux *i* ou *î*, même si l'*i* de *io* n'est pas accentué :

tempio, *temple ;*	**tempii (tempî)** *temples,*

pour éviter de confondre avec **tempi** pluriel de **tempo,** *temps.*

7 / Pluriels féminins en -a de noms masculins.

Un certain nombre de noms **masculins** deviennent **féminins** au pluriel, et font leur pluriel en **a** (*neutre latin*) :

singulier masculin	pluriel féminin
paio, *paire*	**paia,** *paires*
calcagno, *talon*	**calcagna,** *talons*
centinaio, *centaine*	**centinaia,** *centaines*
migliaio, *millier*	**migliaia,** *milliers*
miglio, *mille (distance)*	**miglia,** *milles*
riso, *rire*	**risa,** *rires*
sopracciglio, *sourcil*	**sopracciglia,** *sourcils*
uovo, *œuf*	**uova,** *œufs*

1. Jadis on mettait **j** ou **î** et l'on trouve parfois les formes **olii, varii,** etc. qui ne doivent pas être imitées. — 2. Accent souvent marqué.

D'autres noms ont deux pluriels, l'un masculin, en **i**, l'autre féminin, en **a**. Voici les plus usités :

singulier masculin	pluriel masculin	pluriel féminin
braccio, *bras*	**bracci**	**braccia**
ciglio, *cil*	**cigli**	**ciglia**
corno, *corne*	**corni**	**corna**
dito, *doigt*	**diti**	**dita**
filo, *fil*	**fili**	**fila**
fondamento, *fondement, fondation*	**fondamenti**	**fondamenta**
frutto, *fruit*	**frutti**	**frutta**[1]
grido, *cri*	**gridi**	**grida**
labbro, *lèvre*	**labbri**	**labbra**
legno, *bois*	**legni**	**legna**[1]
lenzuolo, *drap de lit*	**lenzuoli**	**lenzuola**
membro, *membre*	**membri**	**membra**
osso, *os*	**ossi**	**ossa**
sacco, *sac*	**sacchi**	**sacca**
strido, *cri*	**stridi**	**strida**

a) Au *sens propre* est réservé, en général, le pluriel en **a** :

corna, *cornes (bête)*	**corni,** *cors (musique)*
membra, *membres (du corps)*	**membri,** *membres (d'une société)*
braccia, *bras (du corps)*	**bracci,** *bras (de la croix, d'un fleuve) ailes (d'un édifice, d'une armée)*

b) Le pluriel en **a** a généralement un *sens collectif*, et désigne des choses qui vont ensemble, le *contenu d'une mesure*, l'usage habituel, *commun* à tous les hommes :

mura, *murailles d'une ville*	**muri,** *murs quelconques*
ossa, *l'ensemble des os*	**ossi,** *os séparés, os de boucherie*
sacca, *sacs (contenu mesuré)*	**sacchi,** *sacs (contenant)*
legna, *bois de chauffage*	**legni,** *navires ou voitures*
frutta, *fruits en général (aliments, dessert)*	**frutti,** *fruits de tel arbre (figuré : résultats)*
grida, *cris humains*	**gridi,** *cris d'animaux.*

1. Les pluriels féminins **frutta** et **legna** ont donné un singulier féminin usuel : **la frutta** et **la legna** (pl. **le legne**). Quelques autres noms ont un double pluriel sans distinction de sens : **ginocchio,** *genou*; plur. : **ginocchi** ou **ginocchia.**

8 / Pluriel des noms en -ca et -ga, -co et -go.

a) *Masculins ou féminins*, les noms terminés par **ca** et **ga** prennent un **h** au pluriel :

duca, *duc*	**duchi,** *ducs*	**patriarca,** *patriarche*	**patriarchi,** *patriarches*
lega, *ligue*	**leghe,** *ligues*	**riga,** *règle*	**righe,** *règles.*

Exception : **belga,** *Belge*, fait **belgi**[1].

b) En règle générale, les noms finissant par **co** et **go** prennent un **h** au pluriel[2] :

arco, *arc*	**archi,** *arcs*	**lago,** *lac*	**laghi,** *lacs*
chirurgo, *chirurgien*	**chirurghi,** *chirurgiens*	**buco,** *trou*	**buchi,** *trous.*

Exceptions :

porco, *porc*	**porci,** *porcs*	**greco,** *grec*	**greci,** *grecs*
amico, *ami*	**amici,** *amis*	**nemico,** *ennemi*	**nemici,** *ennemis*

ainsi que[3] de nombreux mots **« sdruccioli »** *(accentués sur l'antépénultième) :*

medico, *médecin*	**medici,** *médecins*	**astrologo,** *astrologue*	**astrologi,** *astrologues.*

● **N.B. — Les exceptions sont nombreuses :**

valico, *col,*	**valichi,**	**rammarico,** *regret,*	**rammarichi,**
stomaco, *estomac,*	**stomachi**[4]**,**	**dialogo,** *dialogue,*	**dialoghi,**
carico, *charge,*	**carichi,**	**catalogo,** *catalogue,*	**cataloghi...**

1. Remarquons à ce propos que l'italien n'emploie pas de majuscule :

un francese, *un Français,*	**un inglese,** *un Anglais,*	**un americano,** *un Américain.*

2. On dit **i Maghi** *(les magiciens)*, pluriel de **il Mago,** mais **i Re Magi, l'Adorazione dei Magi** *(adjectif)*. — 3. Vérifier dans le dictionnaire. — 4. On trouve aussi *stomaci* et il y a hésitation également pour d'autres mots.

9/ *Noms féminins en -cia et -gia.*

Dans ces noms, l'i *non accentué*, étant inutile au pluriel, se supprime de plus en plus dans l'orthographe courante :

lancia,	**lance** (ou **lancie**),	**ciliegia,**	**ciliege** (ou **ciliegie**),
lance	*lances*	*cerise*	*cerises.*

Mais si l'i est accentué, il doit rester au pluriel :

bugìa,	**bugìe,**
mensonge	*mensonges.*

EXERCICES

1. — Donner le féminin des noms suivants :

fanciullo, enfant
cane, chien
maestro, maître
dottore, docteur
signore, monsieur
protettore, protecteur
principe, prince
conte, comte
attore, acteur
contadino, paysan
cuoco, cuisinier
barone, baron
uomo, homme
ragazzo, garçon
scolaro, écolier
pittore, peintre
re, roi
duca, duc

2. — Donner le pluriel des noms suivants :

marito, mari
moglie, femme
città, ville
dramma, drame
fiore (m), fleur
clima, climat
crisi, crise
uomo, homme
mano, main
ardore (m), ardeur
sistema, système
revolver, revolver
canapè, canapé
specie, espèce
ribes (m), groseille
dio, dieu
servitù, servitude
problema, problème
nazione, nation
lapis, crayon
attaccapanni, porte-manteau
scatola, boîte
valore (m), valeur
caffè, café
bue, bœuf
velocità, vitesse
bambù, bambou.

3. Mettre au pluriel les noms suivants :

1. Astrologo *(astrologue)*. 2. Filosofia. 3. Acciaio *(acier)*. 4. Cuoio *(cuir)*. 5. Uovo *(œuf)*. 6. Ginocchio *(genou)*. 7. Lenzuolo *(drap)*. 8. Belga *(Belge)*. 9. Greco. 10. Calunnia *(calomnie)*. 11. Alcool. 12. Gas. 13. Radio. 14. Macchina. 15. Socio *(associé)*. 16. Paura. 17. Accademico *(académicien)*. 18. Geologo. 19. Europeo *(européen)*. 20. Porco.

4. Mettre au singulier les noms suivants :

1. Parenti. 2. Figli. 3. Figliocci *(filleuls)*. 4. Maniche *(manches)*. 5. Buchi *(trous)*. 6. Almanacchi *(almanachs)*. 7. Ciliege *(cerises)*. 8. Specie *(espèces)*. 9. Imperatori. 10. Principi *(princes)*. 11. Chirurghi *(chirurgiens)*. 12. Mogli *(femmes)*. 13. Paia *(paires)*. 14. Migliaia *(milliers)*. 15. Tempii. 16. Mormorii. 17. Risa *(rires)*. 18. Belgi. 19. Arance *(oranges)*. 20. Analisi *(analyses)*.

5. Mettre au singulier les noms suivants :

1. Donne. 2. Coniugi *(conjoints)*. 3. Automobili. 4. Cuochi *(cuisiniers)*. 5. Uomini. 6. Ossa. 7. Baronesse. 8. Professori. 9. Duchi. 10. Poeti. 11. Artisti. 12. Ciclisti. 13. Pianisti. 14. Autisti. 15. Mucchi *(tas)*. 16. Tele *(toiles)*. 17. Paria. 18. Sosia. 19. Vaglia *(mandats)*. 20. Classi.

6. Mettre au pluriel les expressions suivantes *(cf. chap. 1, 2 et 3)* **:**

1. Il sacco di noci *(le sac de noix)*. 2. L'osso di pollo *(l'os de poulet)*. 3. Il riso della donna *(le rire de la femme)*. 4. Il grido del bambino. 5. Il labbro della ferita *(la lèvre de la blessure)*. 6. Il frutto del lavoro *(le fruit du travail)*. 7. Il labbro vermiglio della ragazza *(la lèvre vermeille de la jeune fille)*. 8. Il muro della città *(le mur de la ville)*. 9. Il legno della cantina *(le bois de la cave)*. 10. Il membro della società segreta. 11. L'arco del ponte *(l'arche du pont)*. 12. L'amico greco. 13. Il lago svizzero *(le lac suisse)*. 14. Il chirurgo abile *(le chirurgien habile)*. 15. Il re dei Belgi. 16. Il patriarca ebreo *(le patriarche hébreu)*. 17. Lo strido del gabbiano *(le cri de la mouette)*. 18. L'osso dello scheletro *(l'os du squelette)*. 19. Il corno del bove *(la corne du bœuf)*. 20. Il centinaio di pecore *(la centaine de moutons)*.

7. Mettre au pluriel les expressions suivantes :

1. Il temporale in montagna *(l'orage en montagne)*. 2. Il clima europeo. 3. Il lapis rosso *(le crayon rouge)*. 4. Il boia del medioevo *(le bourreau du Moyen Âge)*. 5. Il portabagagli della macchina *(le porte-bagages de la voiture)*. 6. Il caporeparto *(le chef de rayon)*. 7. Il vaglia da 10 000 lire *(le mandat de 10 000 lires)*. 8. Il dio romano *(le dieu romain)*. 9. Il capostazione *(le chef de gare)*. 10. L'uovo fresco. 11. La mancia generosa *(le pourboire généreux)*. 12. La professoressa inglese. 13. La buca per le lettere *(la boîte aux lettres)*. 14. La scarpa di cuoio *(le soulier de cuir)*. 15. La specie rara *(l'espèce rare)*. 16. La moneta antica *(la pièce ancienne)*. 17. L'antichità greca. 18. La pianista polacca *(la pianiste polonaise)*. 19. Il ciclista svedese *(le cycliste suédois)*. 20. L'artista geniale *(l'artiste génial)*.

8. Mettre au singulier les expressions et phrases suivantes :

1. I bracci del fiume *(les bras du fleuve)*. 2. I professori francesi. 3. Ha le braccia rotte *(cassés)*. 4. Le città tedesche *(allemandes)*. 5. Le virtù cristiane. 6. I re d'Inghilterra. 7. Le radio straniere. 8. Le cagne bianche *(les chiennes blanches)*. 9. I cani dei miei amici. 10. I poeti polacchi *(polonais)*. 11. Le mogli del sultano *(les femmes du sultan)*. 12. I buoi etruschi *(les bœufs étrusques)*. 13. Le armi dei guerrieri. 14. Le ali degli uccelli. 15. I tè di Cina. 16. Le superficie necessarie *(les surfaces nécessaires)*. 17. I boa africani. 18. Le lenzuola del letto *(les draps)*. 19. Le attrici cinematografiche. 20. Le amiche dei miei amici.

9. Mettre au masculin pluriel, puis au féminin pluriel les noms de l'exercice 1.

2 L'ADJECTIF QUALIFICATIF

10 | Genre et nombre[1].

a) Les terminaisons indiquant le genre et le nombre sont les mêmes pour les adjectifs que pour les noms.

b) L'adjectif s'accorde en genre et en nombre avec le nom (exprimé ou sous-entendu) auquel il se rapporte[2] :

una casa grande, *une grande maison* — **delle case grandi,** *de grandes maisons.*

c) Il y a deux classes d'adjectifs. La première comprend les adjectifs qui se terminent au masculin singulier par **o** :

lieto,
joyeux.

Ces adjectifs ont un féminin en **a : lieta,** un pluriel masculin en **i : lieti,** un pluriel féminin en **e : liete.**

Ils ont donc toujours 4 terminaisons :

	masc.	*fém.*
Sing.	**o**	**a**
Plur.	**i**	**e**

d) La deuxième classe comprend les adjectifs terminés par **e** au singulier :

piacevole,
agréable.

Ces adjectifs ne changent pas au féminin. Le pluriel est en **i** pour les deux genres : **piacevoli.**

un libro piacevole, *un livre agréable* — **una cosa piacevole,** *une chose agréable*

dei libri piacevoli, *des livres agréables* — **delle cose piacevoli,** *des choses agréables.*

Ces adjectifs n'ont donc que deux terminaisons :

masculin et *féminin*	sing. : **e** plur. : **i**

1. Adjectifs invariables : **pari** *(égal)* et certains adjectifs de couleur *(cf.* § 13 *N.B.* 2*).*
2. Mais sa **terminaison** peut être **différente** de celle du nom :

la nazione europea, *la nation européenne,* — **le nazioni europee,** *les nations européennes.*

11 / Particularités du pluriel.

Les adjectifs en **io** (et **ia**), en **co** et **go** forment leur pluriel selon les mêmes règles que les substantifs *(voir* § 6 *et* 8*)*.

sobrio, *sobre ;*	plur. **sobri.**	**natìo,** *natal ;*	plur. **natii.**
ricco, *riche ;*	plur. masc. **ricchi ;** plur. fém. **ricche.**	**benefico,** *bienfaisant ;*	plur. masc. **benefici ;** plur. fém. **benefiche.**

● N.B. — Les adjectifs masculins *sdruccioli* en **-co** font leur pluriel en **-ci**. Ceux en **-go** font en général leur pluriel en **-ghi.**

Ex. : **prodigo,** prodigue, **prodighi, analogo,** *analogue,* **analoghi, sacrilego,** *sacrilège,* **sacrileghi.**

12 / « Buono, bello, grande, santo ».

Employés devant le nom, certains adjectifs peuvent prendre plusieurs formes selon le *genre* et la *lettre initiale* du nom devant lequel ils sont placés.

a) **Buono,** *bon*, suit la règle de **uno** *(cf.* § *23)* :

un buon libro, *un bon livre*	**un buon uomo,** *un brave homme*
un buono scolaro, *un bon écolier*	**una buona ragazza,** *une bonne fille*
una buon' anima, *une bonne âme*	**un buono zio,** *un bon oncle.*

Quand l'adjectif n'est pas devant un nom, on emploie la forme entière **buono (a)** :

Questo pane è buono, *ce pain est bon.*

b) **Bello,** *beau,* subit les mêmes modifications que l'article contracté **dello** (cf. § 27) :

del libro; un bel libro; dei libri; bei libri; degli spettacoli; dei begli spettacoli, etc.

Mais on dira : **questo libro è bello,**
ce livre est beau.

c) **Santo,** *saint*, s'abrège en **san** au masculin singulier devant un *nom propre* commençant par une consonne autre que **s** impur et **z**[1] :

San Pietro,
Saint Pierre.

Il s'élide en **sant'** au masculin et au féminin singulier devant une voyelle :

Sant' Andrea,	**Sant' Anna,**
Saint André	*Sainte Anne.*

Devant **s impur** et devant **un nom commun**, il faut employer **Santo** :

Santo Stefano,	**Il Santo Padre,**
Saint Etienne	*le Saint Père.*

d) **Grande,** *grand*, donne **gran** devant une consonne autre que **s impur** et **z**, au masculin et au féminin, singulier et pluriel :

un gran quaderno,	**dei gran quaderni,**
un grand cahier	*de grands cahiers*
una gran casa,	**delle gran case,**
une grande maison	*de grandes maisons.*

Devant une voyelle, au masculin et au féminin singulier, il s'élide en **grand'** :

un grand' orologio (m)	**una grand' idea,**
une grande horloge	*une grande idée.*

Devant **s impur** et **z** il faut, en principe, employer **grande** :

un grande storico,	**un grande zelo,**
un grand historien	*un grand zèle.*

● N.B. — 1° L'emploi de la forme **gran** est facultatif.
2° Pour l'orthographe, ne pas confondre **gran** (devant une consonne) avec **grand'** (devant une voyelle).

13 / Accord des adjectifs.

L'adjectif s'accorde toujours avec le nom (exprimé ou sous-entendu) auquel il se rapporte, même quand il ne s'accorde pas en français[2] :

tutta felice (v. §§ 120-171),	**una mezza giornata,**
tout heureuse	*une demi-journée.*

1. Devant **z** on emploie *San* : **San Zaccaria, San Zeno.** — 2. **Salvo, eccetto** *(excepté)*, employés comme prépositions (v. § 187), sont invariables; **tolto, eccettuato** *(même sens)* s'accordent.

● N.B. — 1° On dit cependant : **un'ora e mezzo** [1], *une heure et demie.*

2° Certains adjectifs de couleur sont invariables : **rosa, marrone** [2], **viola ...**

Mi ha offerto un mazzo di rose rosa,
il m'a offert un bouquet de roses roses.

3° Pluriel des adjectifs composés et des noms composés d'un adjectif et d'un nom. Consulter le dictionnaire.

grigioverde, *gris-vert,* **grigioverdi** — **verdesmeraldo,** *vert-émeraude.* invariable

14 / *Comparatif d'égalité.*

Le comparatif d'égalité qui s'exprime en français par :

aussi .... *que*
se rend en italien par : **così** .... **come**
ou : **tanto (altrettanto)** .... **quanto**

È così intelligente come suo fratello,
il est aussi intelligent que son frère.

È tanto intelligente quanto buono,
il est aussi intelligent que bon.

Così et **tanto** sont généralement sous-entendus :

È ricco come me,
il est aussi riche que moi

È forte quanto te,
il est aussi fort que toi.

● N.B. — 1° **Così** va toujours avec **come,** et **tanto (altrettanto)** avec **quanto.**

2° Il ne faut jamais traduire le **que** français devant le complément de comparaison par **che** italien, mais par **come** ou **quanto** selon le cas.

3° Il ne faut pas confondre **tanto ... quanto ...** *(autant ... que),* qui indique une **comparaison,** avec **tanto... che...** *(tellement ... que),* qui indique une **conséquence** (pour l'accord, voir § 112) : **È tanto pigro quanto intelligente,** *il est aussi intelligent que paresseux,* **È tanto intelligente che non ha bisogno di lavorare molto.** *Il est tellement intelligent qu'il n'a pas besoin de beaucoup travailler.*

15 / *Comparatif de supériorité et d'infériorité.*

Plus que..., moins..., que..., se rendent en italien par **più... di..., meno... di...,** ou par **più... che..., meno... che...**

1. Mais on entend (pop.) *un'ora e mezza.* 2. On trouve aussi le pluriel **marroni.**

a) On emploie **di** devant un *nom* ou un *pronom* non précédés d'une *préposition*, et lorsqu'on ne compare pas deux **quantités**[1] :

Sei più ricco di me[2]
tu es plus riche que moi

Paolo è meno forte di Pietro,
Paul est moins fort que Pierre.

b) On emploie **che** :

1° Devant un *verbe*[3], un *adjectif* ou un *adverbe* :

È più facile criticare che agire,
il est plus facile de critiquer que d'agir ;

Paolo è meno intelligente che laborioso,
Paul est moins intelligent que laborieux ;

Lavora più presto che bene,
il travaille plus vite que bien.

2° Devant un *nom* ou un *pronom* précédé d'une *préposition* :

Pensa più spesso a suo padre che a sua madre,
il pense plus souvent à son père qu'à sa mère.

3° Quand on compare deux *quantités* :

Ho comprato meno mele che pere,
j'ai acheté moins de pommes que de poires.

16 / Remarques sur les comparatifs.

a) **Plus de..., moins de...,** devant un **substantif,** se rendent simplement par **più** et **meno :**

Voglio più pane,
je veux plus de pain

Ci sono meno libri,
il y a moins de livres.

Devant un **nombre** on met **più di..., meno di... :**

C'erano più di venti soldati,
il y avait plus de vingt soldats.

1. Cette règle n'est pas toujours respectée, dans la conversation courante, par les Italiens qui emploient quelquefois **che** là où il faudrait **di.** — 2. Noter que dans les compléments de comparaison on emploie le pronom complément, comme en français (v. § 72, *e*). — 3. Même si le verbe est sous-entendu : **è più facile tagliare il legno che il marmo,** il est plus facile de tailler le bois que le marbre.

b) La préposition **di** devant le complément de comparaison se combine avec l'article qui peut précéder celui-ci (cf. chap. 4).

Il piombo è più pesante del legno,
le plomb est plus lourd que le bois.

Quand il n'y a pas d'article, en français, comme dans certaines expressions proverbiales : *plus froid que marbre, plus dur que pierre*, on peut, en italien aussi, omettre l'article, mais, dans ce cas, on emploiera **che.**

Più freddo che marmo, più duro che pietra,
plus froid que marbre, plus dur que pierre.

Avec l'article, il faudrait dire :

Più freddo del marmo, più duro della pietra.

c) La négation *ne*, que l'on emploie en français dans la proposition complément de comparaison, peut se traduire par **non** en italien, mais on mettra alors le verbe au subjonctif :

È meno facile che tu non creda,
c'est moins facile que tu ne crois.

On peut dire aussi :

È meno facile di quel che *(que ce que)* **tu credi** (ind.);
ou : **è meno facile di quanto tu creda** (subj.).

d) **Davantage** (comparatif) se rend par **più** ou **di più :**

Lavorerai di più (ou **più**) **domani,**
tu travailleras davantage demain.

e) **D'autant plus ... que ... moins** *(que plus)*; **d'autant moins ... que ... plus** *(que ... moins)* se rendent par :

tanto più ... quanto meno *(quanto più)*; **tanto meno ... quanto più ...** *(quanto meno)*:

Tanto più spende quanto meno guadagna,
il dépense d'autant plus qu'il gagne moins.

Quanto più è malato, tanto più si stanca,
il se fatigue d'autant plus qu'il est plus malade.

Dans cette seconde tournure, **tanto** peut être remplacé par **e :**

Quanto più è malato e più si stanca,
plus il est malade, plus il se fatigue.

● N.B. — 1° Éviter de rapprocher **tanto** de **quanto,** ce qui donnerait une expression un peu lourde : **Si stanca tanto più quanto più è malato.**

2° Ne pas confondre **tanto più... quanto** *(comparaison réelle)* avec **tanto più che** *(cause)* :

Doveva stare a casa, tanto più che era malato.
il devait rester à la maison, d'autant plus qu'il était malade.

17 / *Superlatif relatif.*

a) Le superlatif relatif se forme comme en français :

il più bello,	**il meno forte,**
le plus beau	*le moins fort.*

b) Cependant, le superlatif qui suit immédiatement un **substantif précédé de l'article défini,** s'emploie en italien sans article :

Ecco il libro più interessante ch'io abbia mai letto,
voici le livre le plus intéressant que j'aie jamais lu.

c) Mais on dira avec l'article :

Questo libro è il più interessante ch'io abbia mai letto,
ce livre est le plus intéressant que j'aie jamais lu.

De même :

Ho trovato un libro, il più interessante ch'io abbia mai letto,
j'ai trouvé un livre, le plus intéressant que j'aie jamais lu.

18 / *Superlatif absolu.*

Le superlatif absolu s'exprime en italien de deux façons :

a) en mettant **molto** ou **assai** *(beaucoup)* devant l'adjectif :

molto bello (assai bello),
très beau;

b) en employant le suffixe : ***i*ssimo, a, i, e**[1] :

bellissimo,
très beau.

1. A noter que le suffixe **issimo** s'emploie quelquefois avec des substantifs :

padrone,	**padronissimo,**
maître,	*absolument le maître.*

c) On remarquera que la répétition de l'adjectif équivaut à un superlatif.

brutto brutto, *très laid* — **caldo caldo,** *tout chaud.* (Cf. § 120 n. 1.)

On peut dire aussi : **tanto brutto** [1].

● N.B. — Le superlatif des adverbes se fait de la même façon :

molto bene ou **benissimo,** *très bien* — **molto facilmente** ou **facilissimamente** [2], *très facilement.*

19 / Superlatifs adverbiaux.

a) On n'emploie pas d'article devant les superlatifs des adverbes :

È lui che lavora meno, *c'est lui qui travaille le moins* — **Ecco il ragazzo che scrive più presto,** *voici l'enfant qui écrit le plus vite.*

b) *Le plus (davantage)* se rend par **di più** ou **più** :

È quel che mi piace di più (ou **più**),
c'est ce qui me plaît le plus (davantage),

mais on dira :

È quel che mi piace più di tutto (et non : **di più**),
c'est ce qui me plaît par-dessus tout.

c) Le mot *possible*, suivant le superlatif des adverbes, ne se traduira pas littéralement, mais par les verbes **potere,** *pouvoir*, ou **essere possibile,** *être possible*, employés au temps voulu :

Andrai più presto che potrai,
tu iras le plus vite possible

Scrivi più chiaramente che sia possibile,
écris le plus clairement possible.

d) Mais si les superlatifs adverbiaux sont employés substantivement, il faut mettre l'article en italien comme en français :

Il meglio che si possa trovare, *le mieux que l'on puisse trouver* — **ha fatto il suo meglio,** *il a fait de son mieux*

il più (il meno) che si possa fare,
le plus (le moins) que l'on puisse faire.

1. Autres tournures fréquentes : **una gran bella cosa,** *une très belle chose ;* **una gran brutta cosa,** *une bien vilaine chose ;* **stragrande,** *extrêmement grand ;* **arciricco,** *extrêmement riche.* — 2. Pour la formation de l'adverbe sur le superlatif, cf. **§ 170, n. 1.**

On dira même, alors :

Il più (il meno) possibile,
le plus (le moins) possible.

20 / *Comparatifs et superlatifs irréguliers.*

adjectifs		comparatifs	superlatifs (absolus)
alto,	*haut*	**superiore**	**suprèmo (sommo)**
basso,	*bas*	**inferiore**	**infimo**
buono,	*bon*	**migliore**	**ottimo**
cattivo,	*mauvais*	**peggiore,**	**pessimo**
grande,	*grand*	**maggiore**	**massimo**
piccolo,	*petit*	**minore**	**minimo**

● N.B. — 1º L'emploi des formes irrégulières est facultatif. Cependant, on dit **migliore** et **peggiore** plutôt que **più buono** et **più cattivo.**

2º En parlant de l'âge, **minore** signifie *cadet* et **maggiore** *aîné.*

3º Devant un substantif, **maggiore** équivaut souvent au français *plus de,* **minore** à *moins de :*

Per maggior sicurezza,
pour plus de sûreté.

4º **Meglio** et **peggio.**

Meglio *mieux,* et **peggio,** *pis,* sont des adverbes[1], mais on les emploie quelquefois comme adjectifs *(invariables)* [2] :

Come scolaro, Pietro è meglio (migliore) di Paolo.
Comme élève, Pierre est meilleur que Paul.
Ecco la peggio (peggiore) delle cose.
Voici la pire des choses.

21 / *« Massimo » et « minimo ».*

Massimo et **minimo,** sont encore employés quelquefois comme superlatifs relatifs dans certaines expressions :

la minima delle cose, *la moindre des choses* — **la massima prudenza,** *la plus grande prudence.*

Ils sont aussi substantifs (comme **meglio** et **peggio**) :

il massimo, *le maximum* — **il minimo,** *le minimum.*

1. Comparatifs des adverbes **bene** et **male.** — 2. Cf. les locutions courantes où un nom féminin est sous-entendu : **aver la meglio** *(avoir le dessus)* - **fare alla peggio,** *faire à la va comme je te pousse.*

22 / *Superlatifs particuliers.*

a) **Savio,** *sage,* (i non accentué) fait au superlatif **savissimo** avec un seul **i. Pio,** *pieux,* (**i** accentué) fait au superlatif **piissimo** avec deux **i.**

b) Les adjectifs en **co** et **go** prennent généralement un **h** au superlatif (voir § 8) :

ricco,	**ricchissimo,**	**largo,**	**larghissimo,**
riche	*très riche*	*large*	*très large.*

Exceptions :

amico,	**amicissimo,**	**pratico,**	**praticissimo,**
ami	*très ami*	*pratique*	*très pratique.*

Ainsi que la plupart des adjectifs **sdruccioli.**

● N.B. — 1. **Benefico,** *bienfaisant,* **magnifico,** *magnifique,* **munifico,** *munificent,* donnent les formes d'usage littéraire : **beneficentissimo, magnificentissimo, munificentissimo,** auxquelles l'usage familier préfère les superlatifs avec **molto (molto benefico,** etc.).

c) **Acre,** *acharné,* **celebre,** *célèbre,* **integro,** *intègre,* **misero,** *malheureux,* **salubre,** *salubre,* font **acerrimo, celeberrimo, integerrimo, miserrimo** et **saluberrimo,** mais ces formes n'appartiennent qu'à l'usage littéraire, on dit couramment : **molto integro, molto celebre,** etc.

EXERCICES

1. Conjuguer l'indicatif présent de *essere (être)* **en employant comme attribut, à chaque personne, un nom et un adjectif différents :**

Io sono un uomo onesto, je suis un homme honnête.

Noms à employer : **scolaro, ragazza, maestro, zio, automobilista, amico.**

Adjectifs : **studioso, diligente, indulgente, affettuoso, prudente, fedele.**

2. Donner le féminin des adjectifs suivants et mettre ensuite au pluriel 1° le masculin, 2° le féminin.

sottile, mince
piccolo, petit
brutto, laid
agevole, aisé
civico, civique

giovane, jeune
bianco, blanc
lungo, long
breve, bref
allegro, joyeux

potente, puissant
trionfante, triomphant
artistico, artistique
largo, large
ridente, riant

3. Traduire : 1. Saint Pierre est un grand saint. 2. Le bon écolier écoute le maître. 3. Nous lisons l'histoire de saint Étienne, de sainte Anne *(Anna)* et de saint Antoine. 4. Le bon oncle Pierre aime les grands jardins. 5. J'ai acheté *(comprato)* une grande émeraude *(smeraldo,* m*)* et tu as acheté un beau saphir *(zaffiro)*. 6. Voici le beau temps. 7. Je connais *(conosco)* un grand homme. 8. Un grand oiseau est passé dans le ciel *(cielo)*. 9. J'aime les belles fleurs et les beaux oiseaux. 10. Tu as une belle montre.

4. Compléter : 1. Paolo lavora più — suo fratello, ma è meno intelligente — lui. 2. Io non sono ricco — voi. 3. Questo ragazzo è tanto pigro *(paresseux)* — cattivo. 4. È meno facile fare — dire. 5. L'aria è più leggera — acqua. 6. Parigi è più grande — Marsiglia. 7. L'oro vale più — argento. 8. Ci sono più quaderni — libri in questa cartella. 9. Mio padre è forte — il tuo. 10. A Parigi fa — freddo — a Roma. 11. Genova ha — abitanti — Milano. 12. Il legno non è pesante — il ferro. 13. Questa casa è altrettanto elegante — comoda. 14. D'inverno si sta — volentieri a casa — d'estate. 15. Pietro ha — pazienza quanta bontà. 16. Bisogna bere tanta acqua — vino. 17. Ho comprato — libri — quaderni. 18. Si sta meglio a Marsiglia — a Torino. 19. Ha dato — regali a Pietro — a Filippo. 20. È — vecchio — mio padre ma sembra — giovane — lui.

5. Former avec les mots suivants des phrases exprimant un comparatif de supériorité ou d'infériorité :

Ex. : **la tavola è più lunga che larga.**

1. La campagna è... salubre... città
2. L'argento è... prezioso... oro
3. Il ferro è... utile... bello
4. Luigi è... studioso... Pietro
5. La luna è... splendente... sole
6. La carta è... grossa... cartone
7. Parigi è... grande... Londra
8. Il monte è... alto... collina
9. L'estate è... calda... primavera
10. L'olio è... pesante... acqua

6. Former avec les mots suivants des comparatifs d'égalité :

1. Il lapis è... lungo... la penna
2. Carlo è... pigro... cattivo
3. Enrico è... forte... Roberto
4. L'autunno è... bello... la primavera
5. Il coraggio è... lodevole *(louable)*... la prudenza
6. L'esercizio è... utile... piacevole *(agréable)*
7. Gli scolari sono... attenti... laboriosi
8. Il maestro è... severo... giusto
9. Renato è... furbo... Alberto
10. Il vetro è... trasparente... l'aria

7. Mettre au superlatif relatif et absolu les adjectifs suivants. *Ex. :* **bello, il più bello, molto bello, bellissimo.**

Adjectifs masculins

1. brutto
2. povero
3. ricco
4. largo
5. stretto
6. lungo
7. restìo
8. alto
9. basso
10. buono

Adjectifs féminins

11. orgogliosa
12. modesta
13. paziente
14. ubbidiente
15. coraggiosa
16. paurosa
17. leggera
18. seria
19. elegante
20. necessaria

Adjectifs masculins		*Adjectifs féminins*	
21. cattivo	23. pigro	25. calda	27. fedele
22. studioso	24. attento	26. dura	28. preziosa

8. Donner le superlatif absolu des adverbes suivants (toutes les formes possibles) :

1. Bene	5. Piano	9. Storditamente
2. Male	6. Fortemente	10. Diligentemente
3. Difficilmente	7. Presto	11. Chiaramente
4. Rapidamente	8. Attentamente	12. Utilmente

9. Traduire : 1. Tu es plus intelligent que travailleur. 2. Nous ne sommes pas aussi forts que vous. 3. Ces jeunes filles sont plus belles qu'intelligentes. 4. Le fer est plus lourd que le bois. 5. Marseille n'est pas aussi grand que Paris. 6. L'argent n'est pas aussi précieux que l'or. 7. Il est moins intéressé *(interessato)* par l'étude que par le jeu. 8. Le porte-plume est plus long que le crayon. 9. L'or est plus lourd que le plomb. 10. Tu es moins pauvre *(povero)* que tu ne penses. 11. Tu as plus de livres que moi. 12. Il y a plus de dix ans que j'attends *(aspetto)*. 13. Il est plus dur que fer. 14. Plus il étudie *(studia)*, moins il retient *(ritiene)*. 15. Il étudie d'autant moins qu'il aurait plus besoin *(bisogno)* de savoir *(sapere)*. 16. Il dépense d'autant plus qu'il en *(ne)* a moins besoin. 17. Ludovic a agi avec la plus grande prudence pour éviter le moindre danger. 18. Pour faire cela il faut un plus grand nombre d'ouvriers. 19. Tu aurais dû agir avec plus de prudence et moins de hâte. 20. Nous sommes plus fatigués *(stanchi)* que quand nous travaillions davantage *(di più)*.

10. Compléter avec **più** ou **meno** précédés ou non de l'article. 1. Il ragazzo — laborioso della scuola è Giovanni *(Jean)*, Maria è la scolara — pigra. 2. Ecco — triste giorno della mia vita. 3. La primavera è la stagione — bella dell'anno. 4. Paolo è lo scolaro che lavora — nella classe. 5. Sono andato — presto che ho potuto. 6. Carlo è l'allievo che ha fatto — progressi, ma potrebbe far meglio, mentre *(tandis que)* Giovanni lavora sempre — che può. 7. La linea retta è la via — breve da un punto all'altro. 8. Parigi e Lione sono le città — popolate della Francia. 9. Luigi è — affettuoso ragazzo ch'io conosca. 10. Tra questi scolari è Luigi che sa — poesie italiane.

11. Traduire : 1. Ho letto *(lu)* una storia tanto bella. 2. Aveva un viso *(visage)* nero nero. 3. È fortissimo e intelligentissimo. 4. È il migliore amico ch'io abbia. 5. La minima delle cose mi *(me)* disturba *(dérange)*. 6. Tu sei un pessimo scolaro, ma un ottimo ragazzo. 7. Sei peggio di un bambino. 8. Il mio fratello minore lavora meglio di me. 9. Non c'è un libro peggiore di questo. 10. La mia sorella maggiore è andata a Roma.

12. Traduire : 1. J'ai cueilli de très belles fleurs. 2. Il marche *(cammina)* très doucement *(piano)*. 3. Tu iras *(andrai)* le plus vite possible. 4. C'est le meilleur élève de la classe. 5. C'est l'enfant le plus intelligent de l'école. 6. Tu es l'homme le moins patient *(paziente)* que j'aie vu *(abbia visto)*. 7. C'est Jean qui travaille le mieux. 8. C'est le moins que tu puisses faire *(possa fare)*. 9. Il était très rusé *(furbo)*. 10. Il a parlé *(parlato)* très habilement *(abile*, habile). 11. C'est un très mauvais livre. 12. Voici un excellent ami. 13. Le vin est meilleur que l'eau. 14. L'envie *(invidia)* est le plus grand des défauts *(difetti)*. 15. Ce sont des hommes très honnêtes *(onesto*, m. s.). 16. Louis *(Luigi)* est très pieux et très sage. 17. Dante est un poète très célèbre. 18. Cette glace *(gelato)* est très froide. 19. C'est la meilleure place *(posto)* que l'on puisse vous *(vi si possa)* offrir. 20. C'est l'homme le plus fort du monde.

3 L'ARTICLE

23 | *Article indéfini.*

masculin		féminin	
un	libro alunno	una	ragazza scolara
uno	scolaro zoccolo	un'	alunna

L'article indéfini masculin **un** s'emploie devant tous les mots commençant par une voyelle ou une consonne autre que s *impur* (s suivi d'une consonne) ou **z**.

Devant s *impur* et **z**, on emploie **uno** :

un libro,	**un alunno,**	**uno scolaro,**	**uno zoccolo,**
un livre	*un élève*	*un écolier*	*un sabot.*

Au féminin on a **una** devant une consonne et **un'** devant une voyelle :

una ragazza,	**una scolara,**	**un' alunna,**	**un'ora,**
une jeune fille	*une écolière*	*une élève*	*une heure.*

● N.B. — 1° Devant une voyelle, il n'y a d'apostrophe marquant l'élision qu'au féminin. — 2° Si le substantif est précédé d'un adjectif, c'est l'adjectif qui commande la forme de l'article :

uno scolaro,	**un buono scolaro,**
un écolier,	*un bon écolier.*

24 | *Article défini.*

masculin				féminin			
Singulier		*Pluriel*		*Singulier*		*Pluriel*	
il	libro	i	libri	la	ragazza scuola	le	ragazze scuole alunne
lo	scolaro zoccolo	gli	scolari zoccoli alunni	l'	alunna elezione	le	elezioni (l'elezioni)
l'	alunno italiano	gli	italiani (gl'italiani)				

1° Masculin. — On emploie **il**, pluriel **i**, devant les mots *(noms et adjectifs)* commençant par une consonne autre que s *impur* et **z**[1].

1. On remarquera que, dans la prononciation, **z** équivaut à deux consonnes. Mais la règle d'emploi de l'article n'est pas aussi absolue que pour **s** impur.

Uno et **lo** tendent à s'employer même devant **ps, gn,** et **i** suivi d'une autre voyelle :

Uno psicologo,	**lo gnomo,**	**lo iugero,**
un psychologue ;	*le gnome ;*	*l'arpent.*

A retenir aussi l'exception **il dio,** *pluriel* : **gli dei** (cf. § 3).

Devant **s** *impur* et **z** on emploie **lo,** pluriel **gli.**
Devant une voyelle, on emploie : *au singulier* **l'**; *au pluriel* **gli**[1].

2° FÉMININ. — Pour le féminin, on emploie *au singulier* **la,** qui s'élide, devant une voyelle, en **l'**; *au pluriel*, **le**[1].

25 / Emploi de l'article défini.

a) On emploie souvent l'article défini en italien devant les noms de famille, surtout s'il s'agit d'hommes célèbres[2] :

Vado a mangiare dal Rossi,
je vais manger chez Rossi

il Tasso,	**l'Ariosto,**	**la Callas,**	**la Tebaldi,**
le Tasse	*l'Arioste*	*la Callas*	*la Tebaldi.*

Mais on dira : **Dante,** et non **il Dante,** parce que Dante est un prénom **(Dante Alighieri).** — Pour la même raison, on dira : **Raffaello, Michelangelo, Leonardo da Vinci,** sans article. On n'emploie pas l'article, non plus, avec les noms **grecs** ou **latins** : Omero, Cicerone, Virgilio.

L'article est cependant employé pour indiquer une œuvre :

il Dante della mia biblioteca,
le Dante de ma bibliothèque

Ti presterò il Plutarco che mi hanno regalato,
je te prêterai le Plutarque qu'on m'a offert.

b) L'article défini s'emploie familièrement devant les prénoms féminins :

la Luigia, *Louise* — **la Carolina,** *Caroline.*

Cet usage est plus courant et moins vulgaire qu'en français.

c) On emploie régulièrement l'article devant **Signore** et **Signora** *(Monsieur, Madame)* quand on parle de quelqu'un :

Il Signore è fuori,	**la Signora C. è venuta,**
Monsieur est sorti	*Madame C. est venue.*

Lorsque *Monsieur*, *Madame*, sont suivis, en français, d'un titre, on met, en italien, l'article devant **Signore, Signora,** et non devant le titre[3] :

Il Signor Direttore è fuori,	**la Signora Contessa non c'è,**
Monsieur le Directeur est sorti	*Madame la Comtesse n'est pas là.*

1. Devant un **i, gli** peut s'élider en **gl',** et, devant un **e, le** peut s'élider en **l'**. Cette élision est facultative et on ne la fait pas devant les mots invariables, pour distinguer le pluriel du singulier. — 2. Cet emploi n'est pas obligatoire : de nombreux critiques écrivent simplement **Carducci, Parini,** etc. — 3. Noter les tournures courantes, sans article : **Re Umberto,** *le roi Humbert*, **Papa Pio X,** *le Pape Pie X.* (Ce n'est pas une règle.)

Mais on n'emploie pas l'article quand on parle aux gens :

Che desidera, Signora? [1]	**Buona sera, Signor Direttore,**
Que désirez-vous, Madame?	*Bonsoir, Monsieur le Directeur.*

d) L'article défini est omis dans certaines expressions courantes :

a scuola,	**a casa,**	**in tasca,**	**in mano,**
à l'école	*à la maison*	*dans la poche*	*à la main*
a teatro,	**in chiesa,**	**in testa,**	**in montagna,**
au théâtre	*à l'église*	*dans la tête*	*à la montagne.*

e) L'article est employé en règle générale avec les adjectifs possessifs (voir §§ 64-66) :

il mio quaderno,	**la mia stilografica,**
mon cahier	*mon stylo.*

1. On dit cependant familièrement (serveurs, commerçants) : **Che desidera la Signora (il Signore)?** (Cf. le français : *que veut ce Monsieur?)*

EXERCICES

1. Mettre devant les noms suivants d'abord l'article indéfini, puis l'article défini singulier et enfin l'article défini pluriel (en mettant le nom au pluriel) :

Ex. : **gatto,** *chat;* **un gatto, il gatto, i gatti.**

arnese, outil; **mese,** mois; **anno** (m), année; **scopo,** but; **oro,** or; **invito** (m), invitation; **cigolìo,** grincement; **centin*a*io** (m), centaine; **barca,** barque; **dito,** doigt; **zoppo,** boiteux; **vitello,** veau; **inchiostro** (m), encre; **ardore** (m), ardeur; **st*o*ico,** stoïcien; **eroe,** héros; ***o*cchio,** œil; **lenzuolo,** drap; **greco,** grec; **s*a*vio,** sage; **z*o*ccolo,** sabot; **ferrovia** (f), chemin de fer; **abilità,** habileté; **eresia,** hérésie; **st*o*maco,** estomac; **uccello,** oiseau; **frutto,** fruit; **st*u*dio** (m), étude; **zio,** oncle; **m*a*nica,** manche (de vêtement).

2. Même exercice avec les noms suivants : profeta, prophète; **r*e*ggia** (f), palais royal; **chirurgo,** chirurgien; **c*a*ccia,** chasse; **c*o*mico,** comédien; **uovo,** œuf; **magia,** magie; **br*a*ccio,** bras; **ronzìo,** bourdonnement; **professore,** professeur; **ge*o*logo,** géologue; **pacco,** paquet; **m*e*dico,** médecin; **nemico,** ennemi; **p*a*io** (m), paire; **membro,** membre; **labbro** (m), lèvre; **paga,** paie; **banco,** banc; **sc*a*tola,** boîte; **l*a*ccio,** lacet; **drago,** dragon; **st*o*rico,** historien; **tabacco,** tabac; **legno,** bois; **gr*e*ggia** (f), troupeau; **bugia** (f), mensonge; **m*o*naco,** moine; **m*o*naca,** religieuse; **c*i*glio,** cil.

3. Même exercice avec les noms suivants : banco, banc; **st*a*dio,** stade; **asp*a*rago,** asperge; **migli*a*io,** millier; **centin*a*io,** centaine; **mare,** mer; **scarpa,** soulier; **sciroppo,** sirop; **imperatore,** empereur; **imperatrice,** impératrice; **gin*o*cchio,** genou; **lenzuolo,** drap; **riso,** rire; **riso,** riz; **sorriso,** sourire; **mano,** main; **eco,** écho; **monte,** mont; **orol*o*gio,** montre; **orologi*a*io,** horloger; **gi*o*ia,** joie; **aiuto,** aide; **cu*o*io,** cuir; **zio,** oncle; **ast*u*ccio,** étui; **filobus,** trolley; **arrotino,** aiguiseur; **allieva,** élève; **tranvai,** tramway; **camion,** camion.

4. Même exercice avec les noms suivants : ingegnere, ingénieur; **arcivescovo,** archevêque; **ago,** aiguille; **moglie,** femme; **lapis,** crayon; **auto,** auto; **moto,** moto; **schiavo,** esclave; **aula,** salle; **scoiattolo,** écureuil; **valore,** valeur; **dottore,** docteur; **dramma,** drame; **giornale,** journal; **esercizio,** exercice; **ombrello,** parapluie; **cosmonauta,** cosmonaute; **aereo,** avion; **filo,** fil; **fuoco,** feu; **stazione,** gare; **scompartimento,** compartiment; **ortolano,** jardinier; **whisky,** whisky; **viaggiatore,** voyageur; **astronave,** astronef; **ottone,** laiton; **psicologo,** psychologue; **strascico,** traîne.

5. Mettre au singulier : 1. Gli alunni. 2. Le alunne. 3. Gli italiani. 4. Le aule. 5. Gli zii. 6. Gli europei *(les Européens)*. 7. Le elezioni. 8. I buoi. 9. Gli schiavi. 10. I pellirosse *(les Peaux-Rouges)*. 11. I capolavori. 12. I musei. 13. I marciapiedi *(les trottoirs)*. 14. Gli astrologi. 15. Gli schemi *(les schémas)*. 16. Gli schermi *(les écrans)*. 17. I pianisti. 18. Gli uomini. 19. Gli dei. 20. Gli aerei. 21. Gli zingari *(les gitans)*. 22. Le armi.

6. Mettre au singulier : 1. I cadaveri. 2. I bambù. 3. Gli ingegneri. 4. Gli echi. 5. Le fotografie. 6. I valori. 7. I vaglia. 8. I fiumi. 9. Le schiave *(les esclaves)*. 10. I nemici. 11. Le amiche. 12. Gli assassini. 13. I fogli. 14. Le foglie. 15. Gli acciai *(les aciers)*. 16. Le esenzioni *(les exemptions)*. 17. Le specie *(les espèces)*. 18. Le aule. 19. Gli armadi. 20. I belgi.

7. Mettre au pluriel les expressions et phrases suivantes (cf. chap. 1, 2, 3, 4) : 1. Lo studio piacevole. 2. L'allievo diligente. 3. Il professore tedesco. 4. Il cranio dell'astrologo. 5. Il chirurgo della clinica. 6. La clinica della città. 7. Lo zio d'America. 8. L'elezione generale. 9. L'unione tra i popoli. 10. La lega *(ligue)* tra *(entre)* i nemici. 11. La tregua *(trêve)* utile. 12. Il vigile del fuoco *(le pompier)*. 13. La lezione di matematica. 14. Lo psicologo della scuola. 15. L'occhio celeste *(bleu)*. 16. Il figlioccio *(filleul)* biondo. 17. La falce del falciatore *(la faux du faucheur)*. 18. La mietitrice del fattore *(la moissonneuse du fermier)*. 19. L'alunno serio. 20. La scrivania dello scolaro.

8. Mettre au pluriel : 1. Il rettile pericoloso *(dangereux)*. 2. L'aquila *(aigle)* delle Alpi. 3. L'oca del cortile rustico *(basse-cour)*. 4. La cornacchia *(corneille)* dell'albero. 5. Il coniglio *(lapin)* della foresta. 6. La rondine *(hirondelle)* della primavera *(printemps)*. 7. La quaglia *(caille)* del cacciatore. 8. La beccaccia comprata *(achetée)* ieri. 9. Il fringuello *(pinson)* armonioso. 10. Il tordo *(grive)* squisito. 11. Il nido del pettirosso *(rouge-gorge)* nella foresta. 12. Il gabbiano *(mouette)* della spiaggia *(plage)*. 13. Il pavone *(paon)* del giardino zoologico. 14. Il pollame *(volaille)* della fattoria *(ferme)*. 15. Il piccione *(pigeon)* di Venezia. 16. Il falco *(faucon)* del villaggio. 17. L'avvoltoio *(vautour)* ha rapito un agnello. 18. Il tacchino *(dindon)* arrosto. 19. Il gallo *(coq)* canta. 20. La gallina *(poule)* cova l'uovo.

9. Mettre au singulier : 1. Le pecore *(brebis)* delle greggi *(troupeaux)*. 2. I pastori degli armenti *(troupeaux)*. 3. Gli asini *(ânes)* della collina. 4. I buoi servono per l'aratura *(labour)*. 5. Le vacche danno il latte. 6. I vitelli sono accanto ai tori. 7. I maiali *(cochons)* sono sempre più *(de plus en plus)* grassi. 8. I conigli che abbiamo mangiati ieri erano ottimi *(excellents)*. 9. Le scrofe *(truies)* hanno avuto molti *(de nombreux)* maialini *(porcelets)*. 10. I pascoli *(pâturages)* non sono abbastanza vasti per i nostri armenti. 11. I gatti miagolano *(miaulent)* sui tetti. 12. Le pecore sono state tosate *(tondues)*. 13. I cani della fattoria sono utili ai contadini. 14. In primavera i prati sono verdi. 15. I formaggi di questo villaggio non sono buoni. 16. I burri *(beurres)* svizzeri sono apprezzati. 17. I puledri *(poulains)* sono fuggiti. 18. I corvi *(corbeaux)* hanno spaventato le pecore. 19. Abbiamo cacciato invano le pernici *(perdrix)*. 20. Sulla tavola si trovavano i tordi e le starne *(perdrix grises)*.

4 LES ARTICLES CONTRACTÉS

26 / *Formation des articles contractés.*

Les prépositions suivantes :

a, *à*
con, *avec*
da, *chez, de*[1], *par*[2] (cf. §§ 187, 192 et 193)
di, *de* (cf. §§ 191 et 193)
in, *dans*
su, *sur*

se combinent avec les cinq articles masculins : **il, lo, l', i, gli,** et avec les trois articles féminins : **la, l', le.**

27 / *Tableau des formes* (*Preposizioni articolate*).

PREPOSIZIONI	ARTICOLI							
	MASCHILI					FEMMINILI		
	Singolare			*Plurale*		*Singolare*		*Plur.*
	il	lo	l'	i	gli	la	l'	le
a	al	allo	all'	ai	agli	alla	all'	alle
con	col	collo	coll'	coi	cogli	colla	coll'	colle
da	dal	dallo	dall'	dai	dagli	dalla	dall'	dalle
di	del	dello	dell'	dei	degli	della	dell'	delle
in	nel	nello	nell'	nei	negli	nella	nell'	nelle
su	sul	sullo	sull'	sui	sugli	sulla	sull'	sulle

● N.B. — 1° En suivant horizontalement les lignes des prépositions, et verticalement les lignes des articles, on trouve, aux points de rencontre, l'article contracté obtenu par chaque combinaison.
2° Certaines prépositions et certains articles ne changent pas dans les combinaisons, ce sont les *prépositions* : **a, da, su;** et les *articles* : **i, gli.**
3° D'autres prépositions et articles subissent des modifications.
Prépositions : **con** devient **co; di** devient **de; in** devient **ne.**
Articles : **il** devient **l; lo** devient **llo; l'** devient **ll'; la** devient **lla; le** devient **lle.**

1. Avec idée d'éloignement, de provenance. — 2. Devant le complément d'agent d'un verbe :

> **È stato punito dal maestro,**
> *il a été puni par le maître.*

28 | Remarques sur les articles contractés.

a) Pour la préposition **con** *(avec)*, l'usage courant tend à ne garder que les deux contractions **col** et **coi**, et à dire plutôt **con lo, con la, con l', con gli.**

b) La préposition **per** *(pour, par)* (cf. § 197) se trouve quelquefois combinée avec **il** et **i** et donne **pel, pei.**

c) On trouve quelquefois, surtout en poésie, les prépositions séparées des articles : **de 'l, ne 'l, su 'l...** et même **a lo, de lo, ne lo,** etc., mais cet usage n'est pas admis dans l'orthographe courante.

d) Dans les textes, **i** est souvent remplacé par une apostrophe[1] :

a' ragazzi, *aux garçons* — **ne' libri,** *dans les livres.*

e) *Pour l'orthographe* on remarquera qu'au singulier on écrit : **al ragazzo, del libro** (un seul *l* sans *apostrophe* devant une consonne), mais : **coll'alunno, dall'alunna** (*ll'* devant une voyelle).

29 | Article partitif.

a) Dans les propositions affirmatives on peut, généralement, employer ou omettre l'article partitif :

Leggo libri interessanti (ou : **dei libri... certi libri...**),
je lis des livres intéressants.

Bevo vino puro (ou : **del vino...**),
je bois du vin pur.

● N.B. — On évite de l'employer après les prépositions (surtout après **da** et **in**) :

Era accompagnato da amici,
Il était accompagné par des amis.

Mette il vino in bottiglie ben lavate,
Il met le vin dans des bouteilles bien lavées.

b) Dans les propositions *négatives* on ne l'emploie pas :

Non trovo libri interessanti,
je ne trouve pas de livres intéressants.

Non bevo vino puro,
je ne bois pas de vin pur.

1. On trouve aussi parfois :
tra' ragazzi, fra' libri,
parmi les enfants, parmi les livres.

c) On peut l'admettre cependant devant un attribut :

Non è (del) vino puro,
ce n'est pas du vin pur.

d) De toute façon, que la proposition soit affirmative ou négative, l'emploi du partitif est *obligatoire* lorsqu'il se rapporte à un nom déterminé d'une manière précise :

Dammi del (di quel) vino che hai comprato ieri,
donne-moi du vin que tu as acheté hier.

e) Lorsqu'en français le partitif précédant un adjectif pluriel se réduit à *de*, il faut, si on veut le traduire, faire comme s'il y avait *des*[1] :

Ho comprato (delle) buone cose,
j'ai acheté de bonnes choses.

1. On trouve cependant quelquefois **di** dans certaines locutions *(à ne pas imiter)* : **Ha fatto di gran cose,** *il a fait de grandes choses.*

EXERCICES

1. Mettre d'abord l'article défini simple, puis toute la série des articles contractés au singulier et au pluriel devant les noms suivants :

zoccolo, sabot	**settimana,** semaine
arnese, outil	**ora,** heure
libro, livre	**scacco,** échec.

Ex. : **ragazzo,** garçon. *Sing. :* **il ragazzo, al ragazzo, col ragazzo, dal ragazzo, del ragazzo, nel ragazzo, sul ragazzo.**

Plur. : **i ragazzi, ai, coi, dai, dei, nei, sui ragazzi.**

2. Fondre dans les expressions suivantes la préposition avec l'article: 1. (A + il) poeta. 2. (Con + la) madre. 3. (Di + lo) studio. 4. (In + il) problema. 5. (Da + l') uomo. 6. (Su + il) muro. 7. (In + l') anno. 8. (Da + la) città. 9. (Con + lo) scopo *(but)*. 10. (Di + il) mese. 11. (In + lo) zaino. 12. (In + la) classe. 13. (Con + la) stilografica. 14. (Da + l') osservatorio. 15. (Di + lo) zio. 16. (A + l') oratore. 17. (In + il) serbatoio. 18. (Su + l') elefante. 19. (Di + la) spugna. 20. (In + l') aula.

3. Mettre ces mêmes expressions au pluriel.

4. Traduire : 1. Sur la table *(tavola)*. 2. Chez *(da)* le tailleur *(sarto)*. 3. Avec l'écolier. 4. Au maître *(maestro)*. 5. Du professeur. 6. A la femme. 7. Sur le cahier *(quaderno)*. 8. Avec le crayon. 9. De *(da)* la campagne. 10. Dans l'instinct *(istinto)*.

5. Mettre ces mêmes expressions au pluriel.

6. Traduire : 1. Je n'ai pas de pain *(pane)*. 2. Donne-moi *(dammi)* du vin pur. 3. J'ai vu *(visto)* de belles poires *(pere)*. 4. Je n'ai pas bu *(bevuto)* du vin du tonneau *(botte,* f*)*. 5. Ce ne sont pas des livres intéressants. 6. Il vient *(viene)* de la ville. 7. Paul *(Paolo)* a été puni par le professeur. 8. Nous avons de petits *(piccoli)* crayons. 9. Vous n'êtes pas des écoliers. 10. J'ai acheté des cahiers.

7. Traduire : 1. A la fenêtre *(finestra)*. 2. Avec l'homme. 3. Dans le compartiment *(scompartimento)*. 4. Dans la rue. 5. Dans la poche. 6. A la maison. 7. Au théâtre. 8. Au cinéma. 9. Par l'auteur. 10. Sur le bureau *(scrivania)*.

8. Mettre ces expressions au pluriel.

9. Traduire : 1. Il y a un livre dans le cartable de l'écolier. 2. Le livre de l'écolier est dans le casier *(scaffale)* sur le banc. 3. Il y avait un professeur dans la classe. 4. La maison de l'oncle Jean s'élève *(sorge)* sur la colline *(colle,* m*)*. 5. L'élève écrit sur le cahier avec le crayon ou avec le stylo. 6. Le professeur parle avec le père du garçon sur la porte de la classe. 7. Il y a une maison sur la colline. 8. Il y eut un crayon sur le casier. 9. Il a été vu *(visto)* par l'élève. 10. Je suis resté seul dans la classe.

10. Mettre ces expressions au pluriel.

11 Traduire : 1. Dans sa poche *(tasca)*, il y avait toujours beaucoup d'objets. 2. Sur sa veste *(giacca)* on voyait trois grosses taches *(macchia)* de gras. 3. Sur les deux chapeaux *(cappello)* qu'elle avait faits, elle mit les mêmes fleurs en papier. 4. Le pantalon du tailleur *(sarto)* est trop long. 5. Elle ne pouvait entrer dans la culotte *(mutandine,* pl.*)* qu'elle venait d'acheter au supermarché. 6. En se retournant, il fit un accroc *(strappo)* au gilet *(gilè)* tout neuf *(nuovo fiammante)* qu'il avait acheté la veille *(il giorno prima)*. 7. Avec le col amidonné *(inamidare)* cette chemise est plus élégante. 8. Elle mit une pièce *(toppa, fem.)* sur la manche *(manica)* qui avait déjà été raccommodée *(rattoppare)* trois fois. 9. Dans son trousseau *(corredo)*, elle avait oublié les chemises de nuit *(camicia da notte)* et les jupons *(sottana)*. 10. La lingerie *(biancheria)* vendue dans la petite mercerie *(merceria)* du quartier est aussi fine que celle qu'on trouve en ville. 11. Il tira sur les bretelles et se retrouva avec le pantalon sur les souliers *(scarpa)*. 12. Dans son habit de cérémonie *(marsina)* il n'était pas à son aise. 13. Grâce à la modiste de sa bru *(nuora)*, cette femme eut enfin sur la tête un couvre-chef *(copricapo)* moins ridicule que ceux qu'elle portait d'habitude *(di solito)*. 14. La casquette *(berretto)* faite par le chapelier *(cappellaio)* qui lui avait été recommandé par son cousin ne lui allait pas. 15. Je pense que les costumes *(vestiti)* coupés par les tailleurs sont mieux réussis que ceux qu'on vend en confection *(in serie)*.

12. Traduire : Il cracha *(sputare)* dans son mouchoir *(fazzoletto)*, ce qui *(il che)* ne plut *(piacque)* guère à ses voisins. 2. Sous son parapluie *(ombrello)* qu'il était bien! 3. Elle protégea *(riparare)* son visage du *(da)* soleil, avec son ombrelle *(ombrellino)*. 4. Sur sa culotte et son soutien-gorge *(reggipetto)* elle porte une combinaison *(sottoveste)*. 5. Elle agrafa *(agganciare)* une broche *(spilla)* sur le revers *(risvolto)* de sa chemisette. 6. Aux poignets de la chemise brillaient des boutons de manchette *(gemelli)* en or incrustés de diamants et de saphirs *(zaffiro)*. 7. Dans les bonnes chaussettes de laine tricotées *(lavorare a maglia)* par ma grand-mère mes pieds sont au chaud. 8. Ces bas *(calza)* sont à *(di)* la fille de mon voisin. 9. Sur sa cravate *(cravatta)* il avait mis une épingle *(spilla)* portant une petite perle. 10. Sur son tricot *(maglia)* de laine il avait mis un gros pull-over *(maglione)* de montagne et il ne pouvait plus bouger *(muoversi)*.

5 VERBES AUXILIAIRES

30 / *Essere (être).*

● N.B. — *Nous donnons l'accent tonique en italique pour les formes qui ne sont pas* **piane.**

INDICATIVO		CONGIUNTIVO
Presente	Passato prossimo	Presente
Je suis, etc.	*J'ai été*, etc.	*Que je sois*, etc.
Io sono	**Sono stato, a**	**(Che io) sia**
Tu sei	**Sei stato, a**	**(Che tu) sia**
Egli (Essa) è	**È stato, a**	**(Che egli ou essa) sia**
Noi siamo	**Siamo stati, e**	**(Che) siamo**
Voi siete	**Siete stati, e**	**(Che) siate**
Essi (Esse) sono	**Sono stati, e**	**(Che) s*i*ano**
Imperfetto	Trapassato prossimo	Imperfetto
J'étais, etc.	*J'avais été*, etc.	*Que je fusse*, etc.
Ero[2]	**Ero stato, a**	**(Che io) fossi**
Eri	**Eri stato, a**	**(Che tu) fossi**
Era	**Era stato, a**	**(Che) fosse**
Eravamo,	**Eravamo stati, e**	**(Che) fossimo**
Eravate	**Eravate stati, e**	**(Che) foste**
***E*rano**	***E*rano stati, e**	**(Che) fossero**
Passato remoto	Trapassato remoto	Condizionale
Je fus, etc.	*J'eus été*, etc.	*Je serais*, etc.
Fui	**Fui stato, a**	**Sarei**
Fosti	**Fosti stato, a**	**Saresti**
Fu	**Fu stato, a**	**Sarebbe**
Fummo	**Fummo stati, e**	**Saremmo**
Foste	**Foste stati, e**	**Sareste**
F*u*rono	**F*u*rono stati, e**	**Sar*e*bbero**
Futuro	Futuro Anteriore	Imperativo
Je serai, etc.	*J'aurai été*, etc.	*Sois*, etc.
Sarò	**Sarò stato, a**	**Sii**
Sarai	**Sarai stato, a**	**Non *e*ssere**
Sarà	**Sarà stato, a**	**Sia** (cf. § 79)
Saremo	**Saremo stati, e**	**Siamo**
Sarete	**Sarete stati. e**	**Siate**
Saranno	**Saranno stati, e**	**S*i*ano**
Infinito	Gerundio	Participio
Presente : **Essere**	*Presente* : **Essendo**	*Passato*
Pass. : ***E*ssere stato**	*Pass.* : **Essendo stato**	**Stato, a, i, e,**

31 / *Avere (avoir).*

Indicativo			Congiuntivo
Presente *J'ai*, etc. **Ho** **Hai** **Ha** **Abbiamo** **Avete** **Hanno**[1]	Futuro *J'aurai*, etc. **Avrò** **Avrai** **Avrà** **Avremo** **Avrete** **Avranno**		Presente *Que j'aie*, etc. **(Che io)** ***a*****bbia** **(Che tu)** ***a*****bbia** **(Che egli ou essa)** ***a*****bbia** **(Che) abbiamo** **(Che) abbiate** **(Che)** ***a*****bbiano**
Imperfetto *J'avais*, etc. **Avevo**[2] **Avevi** **Aveva** **Avevamo** **Avevate** **Avevano**	Passato prossimo *J'ai eu*, etc. **Ho avuto** **Hai avuto** **Ha avuto** **Abbiamo avuto** **Avete avuto** **Hanno avuto**		Imperfetto *Que j'eusse*, etc. **(Che io) avessi** **(Che tu) avessi** **(Che) avesse** **(Che) avessimo** **(Che) aveste** **(Che) avessero**
Passato remoto *J'eus*, etc. **Ebbi** **Avesti** **Ebbe** **Avemmo** **Aveste** ***E*****bbero**	Trapassato prossimo *J'avais eu*, etc. **Avevo avuto** **Avevi avuto** **Aveva avuto** **Avevamo avuto** **Avevate avuto** **Avevano avuto**		Condizionale *J'aurais*, etc. **Avrei** **Avresti** **Avrebbe** **Avremmo** **Avreste** **Avrebbero**

Imperativo	
Abbi, *aie*	**Abbiamo,** *ayons*
Non avere, *n'aie pas*	**Abbiate,** *ayez*
A**bbia,** *ayez (Monsieur)* (cf. § 79)	***A*****bbiano,** *ayez (Messieurs)*

Infinito	Gerundio	Participio
Presente : **Avere**	*Presente* : **Avendo**	*Passato* : **Avuto**
Pass. : **Avere avuto**	*Pass.* : **Avendo avuto**	

1. Pour supprimer l'*h* initial, de rares écrivains emploient : **ò, ài, à..., ànno** (à éviter car cet usage ne s'est pas répandu). — 2. On trouve également **era** et **aveva** mais ces formes prêtant à confusion sont de plus en plus rares.

32 / *Remarques sur « essere ».*

a) Aux temps composés, le verbe **essere** se conjugue avec lui-même comme auxiliaire. Le participe passé **stato** s'accorde avec le sujet :

Masculin	Féminin
Sono stato	**Sono stata**
Siamo stati	**Siamo state**

b) Le pronom sujet s'emploie rarement en italien. On dit simplement : **sono contento,** *je suis content.* On n'emploie le pronom sujet que pour le mettre en relief ou pour éviter quelque ambiguïté :

Io sono contento, ma tu sei triste,
moi, je suis content, mais toi, tu es triste.

Bisogna ch'io sia contento,
il faut que je sois content (la forme **sia** est commune aux trois personnes du singulier).

c) Quelquefois un verbe qui, en français, veut l'auxiliaire **avoir** emploie l'auxiliaire **être** en italien :

La ricreazione è suonata,
la récréation a sonné

La lezione è continuata,
la leçon a continué

C'est le cas notamment pour les verbes qui expriment un *état* ou un *devenir* (cf. § 141).

Sono invecchiati,
ils ont vieilli.

33 / *Emploi de « essere ».*

a) Questions et réponses. — *Qu'est-ce que c'est? Qu'est-ce?* se rendent par : **Che cosa è?** *(quelle chose est-ce?)* **Che è?**

Familièrement : **Cosa è?** ou **Cos'è?**

On répond : **è un libro,** *c'est un livre.*

Le *c'* français (sujet apparent) ne se traduit pas.

b) Les expressions *c'est moi, c'est toi, ce fut lui, ce sera nous*, etc., se rendent simplement par le verbe *être* que l'on met à la personne, au genre et au nombre du sujet (on traduit, mot à mot, *je suis moi, tu es toi*, etc.) :

Sono io,	**sono loro,**	**sei tu,**	**non sono io,**
c'est moi	*ce sont eux*	*c'est toi*	*ce n'est pas moi*, etc.

c) Dans les formules interrogatives[1], on ne traduira pas le *ce*, ni le *est-ce que* français :

Che fate?
Qu'est-ce que vous faites?

È vero?
Est-ce vrai?

Non è vero?
N'est-ce pas vrai? (N'est-ce pas?)

d) Si on demande : **Chi è?** *Qui est-ce?*, on répondra : **Sono io,** *c'est moi*, parce que le verbe *être* a ici son sens plein *(je suis là).*

Mais si on demande : **Chi ha parlato?** *Qui est-ce qui a parlé?*, il faut répondre simplement : **Io,** ou **Ho parlato io.**

e) On ne traduira pas davantage le *c'est moi*, *c'est toi*, etc. français, employé pour mettre en relief le pronom sujet.

On emploiera simplement, avant ou, mieux, après le verbe, le pronom sujet **(io, tu,** et les formes fortes **lui, lei, noi, voi, loro)**, habituellement omis :

Io comando,
c'est moi qui commande

L'ho detto io,
c'est moi qui l'ai dit

L'ha detto lui,
c'est lui qui l'a dit.

34 / « Il y a ».

L'expression française *il y a* se traduit en italien par **essere,** qui se met à tous les temps où l'on met en français le verbe *avoir (il y eut, il y aura)*, et qui s'accorde avec le sujet.

On dira, au singulier : **ci** (ou **vi**) **è un uomo,** *ici (là) est un homme;* **ci** et **vi**[2] s'élident généralement devant une voyelle : **c'è** (ou **v'è**) **un uomo.** Au pluriel, *il y a deux hommes* se dira : **ci (vi) sono due uomini.**

Qu'est-ce qu'il y a? se traduit par : **che cosa c'è?** ou **che c'è?** ou encore, familièrement, **cosa c'è?**

● N.B. — 1° Le **c'** italien, qui est un *adverbe*, ne doit pas être confondu avec le *c'* français qui est un *démonstratif*, et qui *ne se traduit pas* en italien.

Ne pas confondre :

è un libro, *c'est un livre,* avec : **c'è un libro,** *il y a un livre.*
che cosa è? *qu'est-ce?* avec : **che cosa c'è?** *qu'est-ce qu'il y a?*

1. Le pronom sujet n'étant pas employé, la formule interrogative ne diffère de l'affirmative que par le point d'interrogation dans l'orthographe, et par le ton interrogatif dans la conversation. — 2. **Ci** est beaucoup plus employé que **vi,** plus littéraire. **Vi** est une contraction de **ivi** (*là,* cf. latin *ibi*) et correspond au français « y ».

2° Aux temps composés, on emploie l'auxiliaire **essere** et on fait l'accord du participe passé avec le sujet :

C'è stato un albero,
il y a eu un arbre,
C'era stata una casa,
il y avait eu une maison,

Ci sono stati due alberi,
il y a eu deux arbres,
C'erano state due case,
il y avait eu deux maisons.

35 / « Il y a » indiquant le temps.

a) S'il s'agit d'une période de temps considérée en elle-même, on traduira par le verbe **essere :**

In un mese ci sono trenta giorni, o trentuno,
dans un mois, il y a trente ou trente et un jours.

b) S'il s'agit du temps écoulé depuis *un fait passé et achevé*, on traduira par le verbe **fare,** employé impersonnellement (**fa,** *cela fait*) :

È partito tre anni fa,
il est parti il y a trois ans.

On peut dire aussi : **Sono tre anni (fanno tre anni) che è partito,** *il y a trois ans qu'il est parti.*

c) On n'emploie pas **fa** (rejeté après l'expression de temps) pour une *action qui dure encore :*

Studio il piano da *(depuis)* **tre anni** (et non : **tre anni fa**),
il y a trois ans que j'étudie le piano.

On peut dire aussi : **Fanno (sono) tre anni che studio il piano.**

d) Enfin **fa,** qui est un présent, ne peut pas être employé pour traduire *il y avait*, *il y aura*, etc.; on tournera autrement :

Era partito tre anni prima[1]**,**
il y avait trois ans qu'il était parti.

36 / « C'est à moi de... »

Lorsque le verbe *être* est employé impersonnellement en français pour indiquer une *obligation*, un *droit*, ou un *tour*, on ne traduit pas littéralement le verbe *être* par **essere** en italien. On emploie d'autres locutions. On dit :

Spetta a lui a rispondere (mot à mot : *cela le regarde)*,
c'est à lui de répondre (c'est son droit ou *son devoir)*

1. Ou encore : **facevano (erano) tre anni ch'era partito.**

Tocca[1] **a me a pagare** (mot à mot : *cela me touche*),
c'est à moi de payer (c'est mon tour, c'est mon droit ou *mon devoir).*

1. Cf. § 147 n. 2. On trouve également **stare** :
Non sta a me pensarci,
ce n'est pas à moi d'y penser.

EXERCICES

1. Traduire : 1. Vous serez amis. 2. Je fus le dernier. 3. Il fut absent *(assente)*. 4. Il faut *(bisogna)* que je sois attentif *(attento)*. 5. Il faut que nous soyons aimables *(gentili)*. 6. Nous sommes historiens. 7. Les oiseaux sont joyeux *(lieti)*. 8. J'ai été un écolier. 9. Que je fusse présent. 10. Que tu fusses mort. 11. Qu'elle fût malade. 12. Il eût été préférable *(preferibile)*. 13. Ils ont été rois, elles ont été reines. 14. Tu es professeur, je suis écolier. 15. Tu as été contente. 16. Elle aura été princesse. 17. Vous seriez ennemis. 18. Sois prudent. 19. Soyez bon, Monsieur. 20. Soyez courageux, Messieurs.

2. Traduire : 1. Ci sarà domani una gran festa. 2. Che cosa c'è stato? 3. Che cosa hai fatto *(fait)*? 4. Chi ha pagato *(payé)*? — Io. 5. Tocca a te a pagare. 6. Non spetta a voi a parlare. 7. Sono state malate. 8. Ci sarebbero i libri. 9. Ci sarà stata una casa. 10. Ci sarebbe stata una casa. 11. Che cosa c'è? — C'è un cane. 12. Ci sono due uomini nello scompartimento. 13. Che cosa è? — È un quaderno. 14. È morto dieci anni fa. 15. L'ho incontrata due mesi fa. 16. Lo dico io. 17. L'ha detto lui. 18. È venuto Pietro. 19. Chi è? — Sono io. — Siamo noi. 20. Chi era? Non eravamo noi.

3. Traduire : 1. Est-ce que c'est toi? — Ce n'est pas moi. 2. Qu'est-ce qu'il y a ?— Il y a un homme. 3. Il y a deux *(due)* hommes. 4. Qu'est-ce que c'est? — C'est un homme. 5. Ce sont deux hommes. 6. Il y aura une maison. 7. Il y avait dix *(dieci)* maisons. 8. Il y a eu un crime *(delitto)*. 9. Il y a une fête *(festa)*. 10. Il y a eu cinq *(cinque)* jours de *(di)* fête. 11. Il est parti, il y a cinq jours. 12. Il y a trois *(tre)* ans que j'étudie le grec. 13. Il y a dix ans que je le *(lo)* connais *(conosco)*. 14. Je l'ai connu *(conosciuto)*, il y a dix ans. 15. Qu'est-ce que vous voulez *(volete)*? 16. Est-ce que vous êtes fou *(pazzo)*? 17. C'est moi qui paie *(pago)*. 18. C'est à moi de payer. 19. Ce n'est pas à lui de parler. 20. C'est à nous de partir.

4. Traduire : 1. Quand je suis sorti il a commencé à pleuvoir *(piovere)*. 2. Il a grossi *(ingrassare)* cet été. 3. La récréation a sonné il y a dix minutes. 4. Le jeu a recommencé depuis une demi-heure. 5. Il a neigé *(nevicare)* pendant toute la soirée. 6. Elle a beaucoup vieilli en trois mois. 7. Il a disparu *(scomparso)* avant que nous l'ayons interrogé. 8. Elle a bruni *(abbronzare)* en trois heures. 9. Il a gelé *(gelare)* cette nuit. 10. Il a couru le répéter à sa mère.

5. Traduire : 1. Sei dimagrato. 2. Siete ingrassati. 3. Sono invecchiati. 4. È piovuto fino a mezzanotte. 5. È scivolato nella scala. 6. La lezione è durata un'ora. 7. La partita è cominciata alle due. 8. La fine della lezione è suonata finalmente. 9. È accorso al grido. 10. È toccato a lui.

6 CONJUGAISONS RÉGULIÈRES

1re conj.	2e conj.	3e conjugaison	
		1re forme	2e forme
Parl-are	**Rip*e*t-ere**	**Serv-ire**	**Cap-ire**
parler	répéter	servir	comprendre
	Indicatif présent		
Je parle, etc.	*Je répète*, etc.	*Je sers*, etc.	*Je comprends*, etc.
Parl-**o**	Ripet-**o**	Serv-**o**	Cap-**isc-o**
Parl-**i**	Ripet-**i**	Serv-**i**	Cap-**isc-i**
Parl-**a**	Ripet-**e**	Serv-**e**	Cap-**isc-e**
Parl-**iamo**	Ripet-**iamo**	Serv-**iamo**	Cap-**iamo**
Parl-**ate**	Ripet-**ete**	Serv-**ite**	Cap-**ite**
P*a*rl-**ano**	Rip*e*t-**ono**	S*e*rv-**ono**	Cap-***i*sc-ono**
	Imparfait de l'indicatif		
Je parlais, etc.	*Je répétais*, etc.	*Je servais*, etc.	
Parl-**avo**[1]	Ripet-**evo**[1]	Serv-**ivo**[1]	
Parl-**avi**	Ripet-**evi**	Serv-**ivi**	
Parl-**ava**	Ripet-**eva**	Serv-**iva**	*Comme*
Parl-**avamo**	Ripet-**evamo**	Serv-**ivamo**	*la 1re forme*
Parl-**avate**	Ripet-**evate**	Serv-**ivate**	
Parl-***a*vano**	Ripet-***e*vano**	Serv-***i*vano**	
	Passé défini (Passé simple)		
Je parlai, etc.	*Je répétai*, etc.	*Je servis*, etc.	
Parl-**ai**	Ripet-**ei (etti)**[2]	Serv-**ii**	
Parl-**asti**	Ripet-**esti**	Serv-**isti**	
Parl-**ò**	Ripet-**é (ette)**	Serv-**ì**	*Comme*
Parl-**ammo**	Ripet-**emmo**	Serv-**immo**	*la 1re forme*
Parl-**aste**	Ripet-**este**	Serv-**iste**	
Parl-***a*rono**	Ripet-***e*rono** (***e*ttero**)	Serv-***i*rono**	
	Futur		
Je parlerai, etc.	*Je répéterai*, etc.	*Je servirai*, etc.	
Parl-**erò**	Ripet-**erò**	Serv-**irò**	
Parl-**erai**	Ripet-**erai**	Serv-**irai**	
Parl-**erà**	Ripet-**erà**	Serv-**irà**	*Comme*
Parl-**eremo**	Ripet-**eremo**	Serv-**iremo**	*la 1re forme*
Parl-**erete**	Ripet-**erete**	Serv-**irete**	
Parl-**eranno**	Ripet-**eranno**	Serv-**iranno**	

1. Cf. § 31 n. 2. — 2. La forme **etti** doit être évitée avec les verbes ayant déjà un **t** dans le radical. Cependant **insistere,** insister, fait plus souvent insist**etti** (même remarque pour tous les verbes en **sistere** : **assistere, resistere,** etc.).

Subjonctif présent

Que je parle, etc.	*Que je répète*, etc.	*Que je serve*, etc.	
(Che io) parl-**i**	(Che) ripet-**a**	(Che) serv-**a**	(Che) cap-**isc-a**
(Che tu) parl-**i**	(Che) ripet-**a**	(Che) serv-**a**	(Che) cap-**isc-a**
(Che egli) parl-**i**	(Che) ripet-**a**	(Che) serv-**a**	(Che) cap-**isc-a**
(Che) parl-**iamo**	(Che) ripet-**iamo**	(Che) serv-**iamo**	(Che) cap-**iamo**
(Che) parl-**iate**	(Che) ripet-**iate**	(Che) serv-**iate**	(Che) cap-**iate**
(Che) p*a*rl-**ino**	(Che) rip*e*t-**ano**	(Che) s*e*rv-**ano**	(Che) cap-*i***sc-ano**

Imparfait du subjonctif

Que je parlasse, etc.	*Que je répétasse*, etc.	*Que je servisse*, etc.	
(Che io) parl-**assi**	(Che) ripet-**essi**	(Che) serv-**issi**	
(Che tu) parl-**assi**	(Che) ripet-**essi**	(Che) serv-**issi**	*Comme*
(Che) parl-**asse**	(Che) ripet-**esse**	(Che) serv-**isse**	*la* 1re *forme*
(Che) parl-*a***ssimo**	(Che) ripet-*e***ssimo**	(Che) serv-*i***ssimo**	
(Che) parl-**aste**	(Che) ripet-**este**	(Che) serv-**iste**	
(Che) parl-*a***ssero**	(Che) ripet-*e***ssero**	(Che) serv-*i***ssero**	

Impératif

Parle, etc.	*Répète*, etc.	*Sers*, etc.	*Comprends*, etc.
Parl-**a**	Ripet-**i**	Serv-**i**	Cap-**isc-i**
Non parl-**are**	**Non** rip*e*t-**ere**	**Non** serv-**ire**	**Non** cap-**ire**
Parl-**i**[1]	Ripet-**a**[1]	Serv-**a**[1]	Cap-**isc-a**
Parl-**iamo**	Ripet-**iamo**	Serv-**iamo**	Cap-**iamo**
Parl-**ate**	Ripet-**ete**	Serv-**ite**	Cap-**ite**
P*a*rl-**ino**[1]	Rip*e*t-**ano**[1]	S*e*rv-**ano**[1]	Cap-*i***sc-ano**[1]

Conditionnel

Je parlerais, etc.	*Je répéterais*, etc.	*Je servirais*, etc.	
Parl-**erei**	Ripet-**erei**	Serv-**irei**	
Parl-**eresti**	Ripet-**eresti**	Serv-**iresti**	
Parl-**erebbe**	Ripet-**erebbe**	Serv-**irebbe**	*Comme*
Parl-**eremmo**	Ripet-**eremmo**	Serv-**iremmo**	*la* 1re *forme*
Parl-**ereste**	Ripet-**ereste**	Serv-**ireste**	
Parl-**er*e*bbero**	Ripet-**er*e*bbero**	Serv-**ir*e*bbero**	

Infinitif présent

Parler	*Répéter*	*Servir*	*Comme*
Parl-**are**	Ripet-**ere**	Serv-**ire**	*la* 1re *forme*

1. Cf. § 79.

Participe présent			
Parlant	*Répétant*	*Servant*	
Parl-**ante, i**	Ripet-**ente, i**	Serv-**ente, i**	*N'existe pas*[1]
Gérondif			
En parlant	*En répétant*	*En servant*	*Comme*
Parl-**ando**	Ripet-**endo**	Serv-**endo**	*la 1re forme*
Participe passé			
Parlé, ée, és, ées	*Répété, ée, és, ées*	*Servi, ie, is, ies*	*Comme*
Parl-**ato, a, i, e**	Ripet-**uto, a, i, e**	Serv-**ito, a, i, e**	*la 1re forme*

Temps composés

Ils se forment avec l'auxiliaire **avere** (v. transitifs) ou **essere** (pour la plupart des verbes intransitifs) et le participe passé :

ho parlato, *j'ai parlé* **sono partito,** *je suis parti*, etc.

1. Beaucoup de verbes n'ont pas de participe présent. **Parlante** et **ubbidiente** sont des adjectifs, **ripetente** et **servente** des substantifs (voir § 165).

37 / La 2e forme de la 3e conjugaison.

a) La 2e forme de la 3e conjugaison en **ire** ne diffère de la première forme qu'à l'*indicatif* et au *subjonctif présents*, et aux personnes de l'*impératif* qui dérivent de l'*indicatif* et du *subjonctif*. La différence consiste dans l'intercalation du groupe **isc** entre le radical et la désinence[1].

b) La plupart des verbes en **ire** se conjuguent sur **capire**. Un petit nombre seulement se conjuguent sur **servire** :

avvertire,	*avertir*	**partire**[2]**,**	*partir*
bollire,	*bouillir*	**seguire,**	*suivre*
cucire,	*coudre*	**sentire,**	*sentir*
dormire,	*dormir*	**(sortire**[2]**),**	*sortir*
fuggire,	*fuir*	**vestire,**	*habiller ;*

auxquels il faut ajouter les verbes de même famille :

convertire,	*convertir*	**scucire,**	*découdre*
divertire,	*divertir*	**inseguire,**	*poursuivre*
sovvertire,	*bouleverser*	**rivestire,**	*revêtir*, etc. ;

1. Cette particularité vient de la conjugaison *inchoative* latine en *esco*. — 2. **Partire,** dans le sens de *partager*, et **sortire,** dans le sens de *recevoir en partage*, se conjuguent sur **capire. Sortire** dans le sens de **uscire** est du langage familier (éviter de l'employer).

les verbes irréguliers : **aprire**, *ouvrir*; **coprire**, *couvrir*; **offrire**, *offrir*; **soffrire**, *souffrir*; et le réfléchi : **pentirsi**, *se repentir*.

Pour certains verbes, l'usage italien marque quelques hésitations (les formes en italiques gras sont les plus courantes) :

assorbire,	*absorber*,	fait	**assorbisco**	ou	***assorbo***
aborrire,	*abhorrer*,	»	**aborrisco**	»	***aborro***
inghiottire,	*avaler*,	»	***inghiottisco***	»	**inghiotto**
nutrire,	*nourrir*,	»	**nutrisco**	»	***nutro***
mentire,	*mentir*,	»	**mentisco**	»	***mento***
sdrucire,	*déchirer*,	»	**sdrucisco**	»	***sdrucio***
tossire [1],	*tousser*,	»	**tossisco**	»	***tosso***

Enfin,

compire,	*accomplir*,	fait	**compisco**	ou	***compio***
empire,	*remplir*,	»	**empisco**	»	***empio***

mais, pour ces deux verbes, les formes en **io** viennent de deux infinitifs en *ere* : **compiere** et **empiere**, de sorte qu'ils peuvent se conjuguer sur **capire** ou sur **ripetere** [2].

38 / Accentuation.

Nous avons indiqué l'accentuation pour les formes qui ne sont pas **piane** (lettre en italique). Mais *seuls sont obligatoires*, dans l'orthographe courante, *les accents toniques sur les finales* au passé défini et au futur :

parlò, parlerò, parlerà.

● N.B. — 1° La 3e personne du pluriel de tous les temps simples de modes personnels (sauf le futur) est *sdrucciola* (glissante) :

p*a*rlano, *ils parlent* — **parl*a*vano**, *ils parlaient*

parl*a*rono, *ils parlèrent* — **parler*e*bbero**, *ils parleraient.*

mais : **parler*a*nno**, *ils parleront.*

2° Certains verbes en **are** ont la 1re personne de l'indicatif présent **sdrucciola** et la 3e personne du pluriel **bisdrucciola** : **int*e*rrogo, int*e*rrogano, (dominare, caricare, significare, etc.)** (Voir dictionnaire.)

1. Ajouter : **languire, eseguire, conseguire, proseguire, ruggire** (**ruggisco** seulement), **applaudire** et **apparire** (irr.). — 2. Sauf à la 2e pers. du plur., où l'on dit toujours : **empite, compite.** Même observation pour les verbes de même famille : **adempire** et **riempire.**

On peut en général se régler sur le substantif de même radical :

il giudice, *le juge*	**giudico,** *je juge*
il carico, *le chargement*	**carico,** *je charge*
la predica, *le sermon*	**predico,** *je prêche*
la bonifica, *la bonification.*	**bonificare (bonifico),** *bonifier*

Toutefois **mendicare** fait **mendico** alors que le substantif est **mendico.** Notons enfin que l'on hésite quelquefois :

on dit **imito** et **imito**, *j'imite*, etc.

39 / Contraction.

a) Les imparfaits en **eva** et en **iva** sont quelquefois contractés par la chute du **v**.

volea, *il voulait* — **finiano,** *ils finissaient.*

b) Les *infinitifs* et les *troisièmes personnes du pluriel* perdent souvent la voyelle finale (surtout devant les consonnes, cf. p. 13).

parlar(e), *parler* — **parlan(o),** *ils parlent.*

c) La 1re *personne du pluriel* peut perdre également la voyelle finale, sauf au passé simple, à l'imparfait du subjonctif et au conditionnel présent (usage poétique) :

andiam(o), *allons* — **farem(o),** *nous ferons.*

d) En poésie on contracte parfois très fortement la 3e personne du pluriel du passé simple :

parlarono devient **parlaron**, puis **parlaro** et enfin **parlâr** (*l'accent* évite la confusion avec l'*infinitif*).

e) La contraction ne déplace jamais l'accent tonique :

dicevano, ils disaient; contraction = **dicean.**
credere, croire; contraction = **creder.**

● N.B. — L'*allongement des formes* par l'adjonction d'un ou plusieurs pronoms ne le déplace pas davantage :

Dite, *dites* — **ditemi,** *dites-moi* — **ditemelo,** *dites-le-moi.*

40 | *Adjectifs verbaux.*

Les participes passés en **ato** de la 1re conjugaison ne doivent pas être confondus avec les *adjectifs* en **o** qui les doublent souvent.

Participes passés	Adjectifs verbaux	
adattato	**adatto,**	*adapté*
avvezzato	**avvezzo,**	*habitué*
caricato	**carico,**	*chargé*
chinato	**chino,**	*baissé*
colmato	**colmo,**	*comblé*
destato	**desto,**	*éveillé*
fermato	**fermo,**	*arrêté*
fiaccato	**fiacco,**	*las*
gonfiato	**gonfio,**	*gonflé*
guastato	**guasto,**	*gâté*
lessato	**lesso,**	*bouilli*
logorato	**logoro,**	*usé*
pestato	**pesto,**	*pilé, broyé*
privato	**privo,**	*privé*
salvato	**salvo,**	*sauvé*
scalzato	**scalzo,**	*déchaussé*
spogliato	**spoglio,**	*dépouillé*
stancato	**stanco,**	*fatigué*
storpiato	**storpio,**	*estropié*
svegliato	**sveglio,**	*éveillé*
troncato	**tronco,**	*tronqué.*

Il faudra observer entre ces formes la même différence qu'il y a en français entre *lassé* et *las*, *séché* et *sec*, *vidé* et *vide*[1].

Questo lavoro mi ha stancato,
ce travail m'a fatigué.

Sono stanco,
je suis fatigué

● N.B. — Dans l'usage populaire, l'adjectif verbal est cependant employé parfois comme participe.

Gli hanno guasto l'orologio,
on (lui) a détraqué sa montre.

1. **Asciugato, asciutto; vuotato, vuoto.**

41 | *Verbes en « -iare ».*

a) Dans les verbes en **iare**, comme **sazi-are**, *rassasier*, l'**i** du radical, s'il n'est pas accentué à la première personne de l'indicatif, du subjonctif et de l'impératif présents, tombe devant l'**i** de la désinence :

s*a*zi-o,	**s*a*z-i,**	**saz-iamo.**

b) Si l'**i** du radical est accentué, il reste devant **i** simple de la désinence (*ind.* et *subj. présent*) :

inviare,	**inv*i*-o,**	**inv*i*-i,**
envoyer	*j'envoie*	*tu envoies;*

il tombe devant **iamo** :

inv-iamo,	**bisogna che inv-iamo**
nous envoyons	*il faut que nous envoyions*

(mais on prononce les deux voyelles **i-a** bien détachées).

c) Outre la particularité indiquée ci-dessus (en *a*), les verbes en **ciare** et **giare** perdent l'**i** du radical devant **e** :

cominci-are,	**cominc-erò,**
commencer	*je commencerai*
mangi-are,	**mang-erò,**
manger	*je mangerai*

Cependant, l'on trouve encore quelquefois cet **i** inutile, **comincierò, mangierò.**

42 | *Verbes en « -care » et « -gare ».*

Les verbes en **care** et **gare** prennent un **h** devant **i** et **e** pour conserver au **c** et au **g** le son guttural :

caric-are,	**caric-h-i,**	**caric-h-erò,**
charger	*tu charges*	*je chargerai*
leg-are,	**leg-h-i,**	**leg-h-eremo,**
lier	*tu lies*	*nous lierons.*

43 | *Verbes en « -scere », « -gere », « -gire ».*

Ces verbes ne suivent pas la règle des précédents. L'orthographe n'est pas modifiée, mais la prononciation du **sc-** et du **g-** change :

legg-ere,	**legg-o** *(go),*	**legg-i** *(dji),*
lire	*je lis*	*tu lis*
fugg-ire,	**fugg-o** *(go),*	**fugg-i** *(dji),*
fuir	*je fuis*	*tu fuis*
cresc-ere,	**cresc-o** *(co),*	**cresc-i** *(chi),*
croître	*je croîs*	*tu croîs.*

44 / Verbes en « -cire[1] ».

Ces verbes prennent un **i** devant **o** et **a** pour conserver au **c** et au **g** le son de l'infinitif :

cuc-ire,	**cuc-i-o,**	**che io cuc-i-a,**
coudre	*je couds*	*que je couse.*

45 / Verbes diphtongués.

Certains verbes comme **giocare**, *jouer*, **suonare**, *sonner*, **tuonare**, *tonner* (ainsi que des verbes irréguliers : **cuocere**, *cuire*, **muovere**, *mouvoir*), voient l'**o** du radical transformé en **uo** sous l'accent tonique (cf. § 139 c) :

suono,	**soniamo,**
je sonne	*nous sonnons*
suoni,	**sonate,**
tu sonnes	*vous sonnez*
suona,	**suonano,**
il sonne	*ils sonnent.*

L'**o** doit en principe rester dans toutes les formes où l'accent tonique tombe sur la désinence. Mais l'usage courant tend à ne plus faire cette distinction et à mettre la diphtongue **uo** partout, même à l'infinitif. On dit et on écrit couramment : **suonare**, **tuonare**.

46 / Conjugaison passive.

a) La voix passive s'obtient par l'emploi de l'auxiliaire **essere** et du participe passé du verbe conjugué :

Ubbidire,	**sono ubbidito,**
obéir	*je suis obéi.*

1. Parmi les verbes en **cere,** certains prennent un **i** devant **o** et **a** (**cuocere,** *cuire ;* **cuocio,** *je cuis*); d'autres ne subissent pas cette modification (**vincere,** *vaincre,* **vinco**, *je vaincs*).

b) On trouve fréquemment, au lieu de **essere**, le verbe **venire** (*action subie*, mais non *état* et uniquement aux *temps simples*).

Viene ubbidito da tutti,	**La cosa venne dimenticata,**
il est obéi de tous	*la chose fut oubliée.*

● N.B. — On emploie parfois aussi comme auxiliaire le verbe **andare.**

Il libro andò perduto,
le livre fut égaré.

Mais **andare** prend la plupart du temps un sens d'**obligation** (cf. § 147, g).

Questa carta va cercata subito,
ce papier doit être cherché tout de suite.

47 | *Accord du participe passé.*

a) A la voix passive, le participe passé s'accorde toujours avec le *sujet*, comme en français :

La madre fu ubbidita,
la mère fut obéie.

b) A la voix active, il peut s'accorder ou ne pas s'accorder avec le *complément direct* :

Ho mandato (a) una lettera,
j'ai envoyé une lettre.

c) Même si le complément est avant, l'accord est facultatif.

La lettera che ho mandato (a),
la lettre que j'ai envoyée.

d) Cependant, si le complément est, dans ce cas, un pronom personnel, l'accord est *obligatoire* (sauf pour **ci** et **vi**) :

Questa lettera l'ho mandata ieri,
cette lettre, je l'ai envoyée hier.
Degli uomini ne ho conosciuti tanti,
des hommes, j'en ai tant connu.
Ci ha visto (visti),
il nous a vus.

accord obligatoire seulement avec = lo, la, li, le, ne

● N.B. — 1° L'usage le plus courant est cependant conforme à la règle d'accord française. — 2° L'accord (obligatoire) se fait même avec **fare** suivi d'un infinitif : **Li ho fatti venire,** *je les ai fait venir.*

e) Voir pour les *verbes réfléchis*, § 78.

f) Pour les verbes intransitifs, l'accord se fait ou ne se fait pas, selon qu'on emploie l'auxiliaire **essere** ou **avere** (voir § 141) :

Abbiamo corso, *nous avons couru* — **Siamo corsi,** *nous sommes accourus.*

48 / Participe passé absolu (cf. § 169).

49 / Forme négative et forme interrogative.

a) Pour obtenir la forme négative, on met simplement **non** devant la forme affirmative :

Parlo, *je parle* — **Non parlo,** *je ne parle pas.*

b) La seule exception est la 2e *personne du singulier de l'impératif*, où, au lieu d'employer la forme affirmative précédée de *non*, on emploie l'infinitif :

Non parlare,
ne parle pas (il ne faut pas parler).

c) La forme interrogative n'apporte aucun changement aux verbes, puisqu'on n'emploie guère en italien le pronom sujet :

Mangi a mezzogiorno o alle due?
Est-ce que tu manges à midi ou à deux heures?

Si on emploie celui-ci, il vaut mieux ne pas le changer de place :

Tu hai comprato questo libro?
Tu as acheté ce livre?
Hai tu comprato? ou **hai comprato tu?** seraient affectés.

La forme **interrogative** et **négative** s'obtient de même par le simple point d'interrogation ou par le ton interrogatif :

Non parli?
Tu ne parles pas?

EXERCICES

N. B. — *Il peut se trouver dans les exercices ci-dessous quelques verbes irréguliers, mais les temps employés sont réguliers.*

1. Traduire : 1. Ho ascoltato. 2. Dormisti. 3. Che tu prenda. 4. Contribuirai. 5. Ubbidiamo. 6. Riceverò. 7. Ho ricevuto un amico. 8. Gli amici che ho ricevuti sono stati contenti. 9. Questa casa, l'ho comprata io. 10. Ho venduto questi libri. 11. Rideva. 12. Credesti. 13. Partirono. 14. Saranno state credute. 15. Metterò. 16. Reciti la lezione. 17. Finisca. 18. Vesta. 19. Che parta. 20. Dormi.

2. Traduire : 1. Batteva. 2. Compravate. 3. Insisterò. 4. Ho punito. 5. Insistette. 6. Aprimmo. 7. Avverto. 8. Ubbidisce. 9. Finiscono. 10. Parlando. 11. Ebbero giocato. 12. Avemmo contribuito. 13. Guarì. 14. Saresti guarita. 15. Caricherei. 16. Mentono. 17. Parliate. 18. Cominciai. 19. Paghi. 20. Paga.

3. Traduire : 1. Tu as acheté une maison. 2. La voiture *(vettura)* que j'ai vue était chargée. 3. J'ai reçu une lettre. 4. Ces livres, je les *(li)* ai vendus. 5. Tu craignis (v. *temere*). 6. J'ai récité. 7. Nous parlâmes. 8. Vous reçûtes. 9. Il punira. 10. Que je comprenne. 11. J'écouterai. 12. Vous partirez. 13. Vous obéiriez. 14. Il obéit *(présent)*. 15. Je fuis *(présent)*. 16. Ils cousent. 17. Tu paieras. 18. Tu fatigues. 19. Il lancera. 20. Que j'aie habillé.

4. Traduire : 1. Laverai. 2. Credesti. 3. Che cancelli. 4. Che aveste dormito. 5. Comprerei. 6. Entrò. 7. Ubbidirò. 8. Avremo cucito. 9. Guarisci. 10. Pagheremo. 11. Ebbi avvertito. 12. Crederono. 13. Ricevetti. 14. Riceveranno. 15. Cominceremo. 16. Invii. 17. Aveva portato. 18. Temono. 19. Creda. 20. Capisco.

5. Traduire : 1. Avrei dormito. 2. Sono stati puniti. 3. Paghiamo. 4. Mangeremo. 5. Sarò ubbidito. 6. Ubbidisca. 7. Fuggite. 8. Saltereste. 9. Saranno fuggiti. 10. Lavaste. 11. Cantai. 12. Credé. 13. Pagò. 14. Che stanchi. 15. Coprono. 16. Che cuciano. 17. Che fossero credute. 18. Avvertimmo. 19. Hai ripetuto. 20. Dormii.

6. Traduire : 1. J'ai chargé la voiture. 2. La voiture est chargée. 3. Le voyage a fatigué Paul. 4. Paul est fatigué. 5. La voiture est détraquée. 6. Jean a été mal habitué. 7. Je suis habitué à manger peu *(poco)*. 8. Tu chantas. 9. Que je chante. 10. Tu avais acheté. 11. Que tu agisses *(v. agire, subj. présent)*. 12. Il ouvrit. 13. Nous chargerons. 14. Je réfléchis *(passé)*. 15. Qu'ils vendent. 16. Nous lançons. 17. Tu parlerais. 18. Vous sauterez. 19. Qu'il batte. 20. Recevez, Monsieur, mes salutations *(saluti)*.

7. Traduire : 1. Nous aurions compris. 2. Qu'ils guérissent (v. *guarire* sur *capire*). 3. Que j'ouvre. 4. Que tu avertisses *(subj. présent)*. 5. Comprenez, Madame. 6. Tu avertiras. 7. Il habilla. 8. Ils prennent. 9. Ils auraient répété. 10. Lis. 11. Regarde. 12. Tu paies. 13. Qu'ils finissent. 14. Il dormit. 15. Que nous fermassions. 16. Tu laisseras. 17. Vous auriez compris. 18. Tu envoies. 19. Vous aviez effacé. 20. Il répéta.

8. Mettre les expressions de l'exercice précédent à la forme négative.

9. Traduire : 1. Scriverai. 2. Guardò. 3. Giocai. 4. Credesti. 5. Che prendessimo. 6. Ubbidirono. 7. Canteranno. 8. Temeste. 9. Che sentissi. 10. Servono. 11. Rideva. 12. Ubbidì. 13. Che cantassero. 14. Entrarono. 15. Parlerei. 16. Portavamo. 17. Scrivendo. 18. Avrei capito. 19. Dormirò. 20. Sentimmo.

10. Traduire : 1. Tu parlais. 2. Ils dormirent. 3. Il chanta. 4. En entrant. 5. Je porterai. 6. J'avais cru. 7. Nous prendrons. 8. En mettant. 9. En lisant. 10. Il ouvre. 11. Vous fermeriez. 12. Tu écriras. 13. Je sentis. 14. Nous avons travaillé. 15. Que j'obéisse. 16. En finissant. 17. Nous aurons senti. 18. Ils regardèrent. 19. Nous trouvions. 20. Que vous compreniez.

11. Traduire : 1. J'écrirai. 2. Je regarderais. 3. Tu croirais. 4. Il partait. 5. Vous croyez. 6. Vous mettez. 7. Je réciterai. 8. Il parla. 9. Il dort. 10. Ils réciteront. 11. Vous apprenez. 12. Il préparera. 13. Nous parlâmes. 14. Je suivrais. 15. Tu crus. 16. Ils lisent. 17. Nous mangeons. 18. Tu effaçais. 19. Vous porteriez. 20. Nous parlions.

12. Mettre les expressions de l'exercice précédent à la forme interrogative et négative.

13. Traduire : 1. Que j'écrivisse. 2. En écoutant. 3. Qu'il étudie. 4. En prenant. 5. Que je paie. 6. Vous chargerez. 7. Qu'il couse. 8. Que je fuie. 9. Qu'il cuise. 10. Nous lions. 11. Tu nourris *(présent)*. 12. Il suit. 13. Ils offrent. 14. Je tousse. 15. Tu remplis *(présent)*. 16. Il accomplit. 17. Ils mentent. 18. Il avale. 19. Ils partent. 20. Que vous écoutiez.

14. Traduire : 1. J'ai été récompensé. 2. As-tu parlé? 3. Avez-vous été punis? 4. La leçon avait été récitée. 5. A-t-il été entendu? 6. Elles ont été comprises. 7. N'as-tu pas sonné? 8. Sommes-nous privés de vin? 9. N'êtes-vous pas fatigués? 10. Le voyage vous a-t-il fatigués?

15. Conjuguer au passé simple et au passé composé, au futur simple et au futur antérieur, les verbes : comprare, dormire, vendere, fuggire, lavorare.

16. Conjuguer à l'indicatif et au subjonctif présents : ricevere, lanciare, vogare, deviare, sciare, cucire, proibire, stancare.

17. Conjuguer à l'imparfait de l'indicatif et du subjonctif : credere, lavare, aprire, chiudere, cuocere, ubbidire, mangiare.

18. Conjuguer au passé composé et au conditionnel passé *(voix passive)* **:** credere, amare, vestire, ubbidire, stancare.

19. Traduire : 1. En entrant. 2. En regardant. 3. En portant. 4. Ayant reçu. 5. Ayant été fatiguée. 6. En vendant. 7. En lisant. 8. Ayant regardé. 9. En dormant. 10. En obéissant. 11. Ayant été obéis. 12. Ayant cousu. 13. Ayant été aimées. 14. Ayant grossi. 15. Ayant vieilli. 16. Ayant payé. 17. Ayant été. 18. Ayant eu. 19. Ayant été frappé. 20. En ayant été punie.

20. Traduire : 1. Pierre apprend vite, mais il oublie (v. *dimenticare*) aussi vite. 2. Le maître défend (v. *proibire*, sur *capire*) de bavarder (v. *chiacchierare*) en classe. 3. Pourquoi Charles et Louis bavardent-ils? 4. Les filles jouèrent dans le jardin. 5. Ne lis pas ce *(codesto)* livre. 6. Nous ne partirons pas demain. 7. Il regardait les personnes qui passaient. 8. Nous sommes entrés dans la maison. 9. Avez-vous reçu (v. *ricevere*) la lettre que je vous *(vi)* ai envoyée? Non, nous ne l'avons pas reçue. 10. Nous espérons (v. *sperare*) qu'ils trouveront les cahiers qu'ils ont perdus, sinon (*se no*) ils seront punis par le professeur.

21. Traduire : 1. Nous répondrons aux questions *(domande)* du maître. 2. Vous écouterez (v. *ascoltare*) les réponses *(risposte)* des élèves. 3. Ils mangèrent le pain que j'avais apporté (v. *portare*). 4. Ils se *(si)* crurent tous guéris. 5. Tu ne croirais pas facilement combien *(quanto)* j'ai payé cette *(questa)* maison. 6. Il passa en riant. 7. Étant entrées en classe, elles ouvrirent la fenêtre (v. *aprire*). 8. Nous écrirons l'exercice au tableau. 9. Ayant oublié l'heure, Louise *(Luigia)* n'est pas venue au lycée. 10. Je me *(mi)* suis réveillé de bonne heure *(per tempo)*, mais je ne suis pas encore bien réveillé.

7 SUFFIXES

50 / *Tableau des suffixes les plus usités.*

NOMS	Augmentatifs *(Accrescitivi)*	Péjoratifs *(Dispregiativi)*	Diminutifs gracieux *(Vezzeggiativi)*
	-one, -otto	***-accio*** [1]	**-ino, -etto** **-ello, *-uccio***
Ragazzo	**ragazzone**	**ragazzaccio**	**ragazzino**
—	**ragazzotto**		**ragazzetto**
Ragazza	**ragazzona**	**ragazzaccia**	**ragazzina**
—	**ragazzotta**		**ragazzetta**
Asino	**asinone**	**asinaccio**	**asinello**
			asinuccio

● N.B. — 1° Ne pas confondre **-etto** *(dim.)* avec **-eto** *(plantation)* : **oliveto :** *olivaie.*

2° A cela il faut ajouter les diminutifs composés :

-icino, -ettino, -icello, -erello, -ellino, -uccino, -uccetto.

cuoricino,
petit cœur
fa freschettino,
il fait frisquet
fiumicello,
petite rivière
fiorellino,
petite fleur
venticello,
brise.

librettino,
petit livre
praticello,
petit pré
vecchierello,
bon petit vieux
lettuccino,
petit lit
cappuccetto rosso,
chaperon rouge.

51 / *Emploi des suffixes.*

a) Ces suffixes ne peuvent pas s'employer avec tous les mots (se régler d'après l'usage, ou consulter un dictionnaire).

Par exemple on ne dira pas **cucchiaietto** mais **cucchiaino** *(petite cuiller)*, plus usité et plus précis, ni **occhiello** pour traduire *petit œil* mais **occhietto** (**occhiello** a pris le sens limité de *boutonnière*).

De même **il torrone** n'est pas la *grosse tour* **(torrione)** mais le *nougat*, **il nasello** est le *merlan*, **la penna** est le *porte-plume*, il **pennino,** *la plume* et si **lo stagno** est *l'étang* (et *l'étain*), **lo stagnino** est le *rétameur*.

1. **Accio** (quelquefois **-azzo**) est un augmentatif péjoratif. Le péjoratif a prévalu ; cependant le sens augmentatif réapparaît dans certains cas : **un coltellaccio,** *un coutelas.*

b) Le suffixe peut avoir perdu son sens :

fratello,	**sorella,**	**poveretto**	**giovanotto,**
frère	*sœur*	*le pauvre*	*jeune homme*

ou donner un sens nouveau, plus précis :

un violino,	**un pennello,**	**un boccone,**	**un libretto,**
un violon	*un pinceau*	*une bouchée*	*un livret*
un nipotino,	**un portone,**	**un catenaccio,**	**il vetrone,**
un petit-fils	*un portail*	*un verrou*	*le verglas.*

c) **-one** et **-ino,** qui sont les plus employés, donnent généralement, avec les noms de choses féminins, des dérivés masculins :

una tavola, **un tavolone, un tavolino.**
une table.

d) **-otto, a**[1] indique une grandeur **moyenne :**

un ragazzotto,
un garçonnet (robuste).

e) **-uccio (-uzzo)** a parfois un sens *péjoratif :*

un libruccio, **una cameruccia,**
un mauvais petit livre *une pauvre petite chambre*

un medicuzzo,
un mauvais médecin.

Il peut indiquer la fragilité ou même l'affection :

uccelluccio, **Carluccio**
chétif oiseau. *Charlot*

f) Les noms en **-one (ona)** prennent les suffixes **-cione, -cino, -cello :**

bastone, **bastoncione, bastoncino, bastoncello.**
bâton

1. Quelques noms de petits d'animaux se forment :
a) avec le suffixe **otto, a** : *b)* plus souvent avec le suffixe composé **acchiotto** :

lepre,	**leprotto,**	**orso,**	**orsacchiotto,**
lièvre	*levraut*	*ours*	*ourson*
rondine,	**rondinotto,**	**volpe,**	**volpacchiotto,**
hirondelle	*hirondeau*	*renard*	*renardeau*
aquila,	**aquilotto,**	**lupo,**	**lupacchiotto,**
aigle	*aiglon*	*loup*	*louveteau.*

• N.B. — **Anatra,** *canard,* **anatroccolo,** *caneton* ; **leone,** *lion,* **leoncello,** *lionceau.*

52 / *Autres suffixes moins employés.*

a) *Augmentatif moyen :* **-*o*ccio.**

grassoccio, *grassouillet*	**belloccio,** *assez beau.*

b) *Péjoratif :* **-astro, -*a*glia.**

un giovinastro, *un jeune garnement*	**la plebaglia,** *la populace.*

c) *Diminutifs :* **-olo (-olino, -*o*ttolo, -icciuolo).**

una bestiola, *une petite bête*	**un frescolino,** *une bonne petite fraîcheur*
un viottolo, *un sentier*	**un corpicciuolo,** *un petit corps*

un cagnolino,
un chiot.

d) *Diminutifs péjoratifs :* **-*o*nzolo, -*u*colo.**

un mediconzolo, *un mauvais médecin*	**un poetucolo,** *un poète sans talent*

-acchiolo, -ici*a*ttolo.

un furbacchiolo, *un petit malin*	**un omiciattolo**[1], *un petit bout d'homme.*

-*i*ccio, -igno, -*o*gnolo, s'emploient surtout pour les couleurs incertaines (comme **-astro**)[3].

verde *(vert)*, **verdiccio, verdigno, verdognolo.**
giallo *(jaune)*, **gialliccio, giallognolo, giallastro.**

e) *Augmentatifs péjoratifs*[2] *:* **-*a*cchio, -acchione, -accione :**

penna, *plume*	**pennacchio,** *panache*	
furbo, *rusé*	**furbacchione,** *gros malin*	**un omaccione**[1], *un colosse rébarbatif.*

1. Noter que les dérivés de **uomo**, de **buono** et de **cuore** perdent la diphtongue **uo**, l'accent tonique portant sur le suffixe (cf. § 45) : **ometto, bonino, coricino.** 2. Ne pas prendre le suffixe **er*e*ccio** pour un péjoratif : **un uccello boschereccio** : *un oiseau des bois.* — 3. Notons aussi les formes non péjoratives : **roseo, argenteo, aureo, cinereo...**

f) *Suffixe* **ìo** (cf. § 6) :

Indique un bruit confus qui continue, ou un lent travail.

ronzìo, *bourdonnement*	**calpestìo** *piétinement,*	**lavorìo,** *travail incessant.*

g) Les suffixes **-ame** et **-ume** indiquent une collection, un ensemble [1] (**-ume** donne parfois un sens légèrement péjoratif) :

vasellame, *vaisselle*	**bestiame,** *bétail*	**salumi,** *salaisons*
dolciumi, *pâtisseries, douceurs, sucreries*		**untume,** *crasse.*

53 / « -Ato, -ata, -ito, -ita, -uto, -uta ».

Les désinences de participes passés servent à former un assez grand nombre de substantifs dérivés, abstraits ou concrets, indiquant l'*action* ou son *résultat :*

il lastricato, *le pavé*	**la calata,** *la descente*	**il muggito,** *le mugissement*
la salita, *la montée*	**il contenuto,** *le contenu*	**la caduta,** *la chute.*

Le suffixe **-ata** a aussi d'autres sens :

1° *Un coup :*

una bastonata,	*un coup de bâton.*
una manata,	*un coup donné avec la main* [2].
una pedata,	*un coup de pied.*
una coltellata,	*un coup de couteau.*
un' occhiata,	*un coup d'œil.*
una fucilata, / **una schioppettata,**	*un coup de fusil.*

2° *La trace :*

una manata,	*la marque d'une main.*
una pedata,	*la trace d'un pied.*

3° *Le contenu :*

una manata di riso,	*une poignée de riz.*
una boccata d'aria,	*une gorgée d'air.*
una bracciata di fieno,	*une brassée de foin.*

1. On notera que souvent, comme en français, certains mots à sens collectif ne sont pas employés au pluriel : **pollame,** *volaille,* **bestiame,** *bétail...* 2. Donner un coup de main à quelqu'un : *dare una mano a uno.*

4° *La durée :*

giornata, *journée.*	**nottata,** *nuit.*	**serata,** *soirée.*

Quelquefois avec un sens particulier :

annata, *année* (sens de *récolte* et d'*événements* qui ont caractérisé l'année)[1].
mesata, *mensualité (paye).*

risata, *éclat de rire.*	**nevicata,** *chute de neige.*	**scalinata,** *escalier monumental.*

54 / *Suffixes de verbes.*

Les verbes forment aussi des dérivés avec divers suffixes, en voici quelques-uns :

a) *Diminutifs gracieux :*

cantare, *chanter* **canterellare,** *chantonner*	**picchiare,** *frapper* **picchiettare,** *tapoter*	**saltare,** *sauter* **salterellare,** *sautiller.*
giocare, *jouer* **giocherellare,** *folâtrer*	**piovere,** *pleuvoir* **piovigginare, pioviscolare,** « *pleuviner* »	

b) *Diminutifs d'approximation :*

cantare, *chanter* **canticchiare,** *fredonner*	**mangiare,** *manger* **mangiucchiare,** *manger du bout des lèvres*	**dormire,** *dormir* **dormicchiare,** *sommeiller*

Avec des adjectifs et des noms : **verde,** *vert,* **verdeggiare,** *verdoyer,* **rosso,** *rouge,* **rosseggiare,** *rougeoyer,* **bocca,** *bouche,* **boccheggiare,** *agoniser, haleter,* **bordo,** *bord,* **bordeggiare,** *tirer des bordées,* **fianco,** *flanc,* **fiancheggiare,** *flanquer.*

c) *Diminutifs péjoratifs :*

gridare, *crier* **gridacchiare,** *criailler*	**rubare,** *voler* **rubacchiare,** *filouter*	**vivere,** *vivre* **vivacchiare,** *vivoter*
piangere, *pleurer* **piagnucolare,** *pleurnicher*	**ridere,** *rire* **ridacchiare,** *ricaner*	**rodere,** *ronger* **rosicchiare,** *grignoter*
leggere, *lire* **leggicchiare,** *parcourir des yeux* (ou *commencer à lire*).		**scrivere,** *écrire* **scribacchiare,** *gribouiller, griffonner*

1. Dans le sens de simple durée, employer toujours **anno.**

Autres suffixes :

correre, *courir* — **scorrazzare,** *courir çà et là*
tagliare, *couper* — **tagliuzzare,** *déchiqueter.*

• N.B. — **Eggiare, izzare,** correspondent l'un et l'autre au suffixe français *iser :*
tiranneggiare, *tyranniser* — **organizzare,** *organiser.*

55 / *Suffixes d'adverbes.*

Quelques adverbes prennent, dans l'usage *familier*, des suffixes augmentatifs, diminutifs ou péjoratifs :

bene, *bien* — **benino,** *assez bien*
benuccio, *pas trop mal* — **benone,** *très bien*
presto, *vite* — **prestino,** *assez vite*
molto[1]**,** *beaucoup* — **moltino,** *plutôt beaucoup*
piano, *doucement* — **pianino,** *tout doucement.*

56 / *Diminutifs des prénoms les plus usuels.*

Agostino : *Gostino, Gosto, Tino.*
Alessandro : *Sandro, Sandrino.*
Alessandrina : *Sandrina, Rina.*
Andrea : *Andreuccio, Drea.*
Antonio : *Tonio, Tonino, Nino, Tino, Antonello, Nello.*
Bartolomeo : *Meo.*
Battista : *Bista, Titta.*
Beatrice : *Bice.*
Carolina : *Lina.*
Caterina : *Rina.*
Clotilde : *Tilde.*
Domenico : *Menico, Menicuccio, Memmo.*
Eleonora : *Nora.*
Elisa : *Lisa.*
Elisabetta : *Lisa, Betta.*
Enrico : *Rico, Riguccio.*
Ferdinando, **Fernando** : *Nando, Nandino.*
Filippo : *Pippo.*
Francesco, a : *Cecco, a, Checco, a, Cecchino, a, Checchino, a.*
Giovanna : *Gianna, Vanna.*

1. Noter aussi les diminutifs de **un poco : un pochino, un pocolino, un pochetto, un pochettino**; et la répétition **un po' po'** qui équivaut par ironie à un augmentatif (**un po' po' di naso** = *un nez énorme*).
Remarquer la différence : **è carino,** c'est charmant; **è caruccio,** c'est plutôt cher.

Giovanni : *Gianni*, *Nanni*, *Giovannino*, *Nino*, *Giovannello*, *Nello*.
Girolamo : *Mommo*.
Giuseppe : *Beppe*, *Peppe*.
Giuseppina : *Beppina*, *Peppina*.
Guido : *Guiduccio*, *Duccio*.
Isodoro : *Doro*.
Lodovico : *Vico*.
Lorenzo : *Renzo*
Luigi : *Gigi*, *Gigino*, *Gino*.
Luigia : *Gigia*, *Gigina*, *Gina*.
Margherita : *Ghita*, *Rita*.
Pietro : *Piero*, *Pierino*.
Salvatore : *Tore*.
Teresa : *Gegia*, *Teta*.
Tommaso : *Maso*, *Masino*.
Valentino : *Tino*[1].
Vincenzo : *Cencio*.

1. On remarquera que certains diminutifs comme *Rina*, *Tino*, etc., sont communs à plusieurs prénoms.

EXERCICES

1. Traduire : 1. Che buon frescolino, oggi! 2. Sì, ma ieri faceva un calduccio noiosetto *(plutôt ennuyeux)*. 3. Ho comprato una stoffa *(étoffe)* d'un marrone rossiccio. 4. Ho incontrato *(rencontré)* una vecchierella accompagnata da un ragazzone che pareva il suo figliolo. 5. Il portone del palazzotto è aperto. 6. Aspettatemi *(attendez-moi)* un momentino. 7. È partito per un mesetto. 8. Il finestrino della carrozza era chiuso *(fermé)*. 9. Ho scritto una letterina sopra un foglione di carta. 10. Come si chiama quel vecchione? 11. Dov'è il tuo fratellino? 12. Il piccolo dell'aquila si chiama aquilotto, quello del lupo lupacchiotto. 13. Ha sposato una donna belloccia. 14. Che tempaccio! 15. Come è carino questo cagnolino! 16. Quel giovinastro è partito. 17. Guarda quel vecchiettino : poveretto, non può traversare il fiumicello. 18. Il signorino è in viaggio. 19. Il vetturino è venuto col suo nipotino. 20. C'erano delle pedate sul viottolino, lungo il praticello.

2. Traduire : 1. Mi hanno dato una manata di grano *(blé)*. 2. Luigi ha dato a Pietro una manata passando. 3. Sentivamo le cannonate ma non le fucilate. 4. Portatemi un bicchierino di vino e un bicchierone d'acqua. 5. Bice è partita ieri l'altro. 6. Bista è uno scolaretto. 7. Renzo e Cencio sono amici. 8. Beppe e Menico studiano insieme *(ensemble)*. 9. Gigia e Rita sono le sorelline di Pippo. 10. Mommo e Masetto sono i fratelli maggiori di Nanni. 11. Rico sta benino. 12. Vanna e Cecco sono a casa. 13. Meo è fratello di Tino. 14. Gigino è un frugolino (**frugolo**, *petit diable)*. 15. Ghita è una ragazzetta bene educata. 16. Ha comprato un paio di orecchini d'oro. 17. I polsini ed il colletto di questa camicetta sono inamidati *(empesés)*. 18. Il padrino di Bice è il fidanzato di Betta. 19. Ci divertiamo a vedere salterellare gli agnellini nei praticelli lungo il fiumicello del paesetto. 20. Aveva un cappelluccio che non riusciva a coprire i capelli rossicci.

3. Traduire : 1. Mangia un boccone di pane. 2. Ha comprato un pezzuccio di carne *(viande)* per dieci persone. 3. Quel furbacchione mi ha giuocato un brutto tiro *(vilain tour)*. 4. Mi faceva sempre le boccacce *(grimaces)*. 5. Cammina *(il marche)* prestino. 6. Sta *(il va)* maluccio. 7. Portavano dei cappelloni. 8. La padroncina non c'era. 9. Pioviggina ancora. 10. Quell'omaccione non cessava di canticchiare. 11. Ho dormicchiato per un'oretta. 12. Quanto hai scribacchiato oggi! 13. Sì, ma tu non hai fatto che leggicchiare. 14. Il bambinaccio non ha finito di piagnucolare. 15. Il campicello verdeggia prestino quest'anno. 16. I nuvoloni (**nuvola**, *nuage*) rosseggiano nel cielo. 17. Mi hanno tagliuzzato il mio quadernone. 18. I ragazzini scorrazzavano nella stradetta. 19. Cecco, Sandro, Tonino e Nando giocherellano nel cortiletto (**cortile**, *cour*). 20. Lina ha sposato Vico.

4. Traduire : 1. Il a *(è)* réussi à pêcher deux petits poissons. 2. J'ai rêvé que de petits chevaux roses poursuivaient des chevreaux blanchâtres. 3. Le petit garçon n'est pas bien élevé. 4. J'ai cassé la plume de mon porte-plume. 5. Trois porcelets pataugeaient dans la mare. 6. Six petits canards blancs nagent dans l'étang. 7. Laisse-moi manger une bouchée de gâteau *(dolce)*. 8. Mes deux petits frères sont partis pour l'Amérique. 9. Elle a un joli petit nez. 10. Avec son petit pinceau il commença à peindre le paysage. 11. Ses deux petits-fils et ses quatre neveux font plus de bruit qu'un régiment *(reggimento)*. 12. Une bonne petite vieille somnolait sur le seuil de la petite maison. 13. Dans son petit lit l'enfant dormait et rêvait à de longues promenades *(gita)* en forêt. 14. Il prit une poignée de blé *(grano)* et la jeta à terre. 15. Ce jeune homme est bien audacieux! 16. Le petit cœur du petit oiseau battait fort. 17. Grassouillet et frisé, comme il est beau! 18. Le sentier traverse la forêt et va jusqu'à notre petite villa. 19. Comme cet ourson est amusant! 20. Après la mort du loup, la louve partit avec ses deux louveteaux.

5. Traduire : 1. La petite feuille jaunâtre est tombée dans l'allée *(viale)* de notre petit jardin. 2. Il prit une petite tranche de pain et une grosse tranche de saucisson. 3. Sur la colline on aperçoit la grosse tour du château. 4. Cette journée est pénible. 5. Il y a des traces de pieds dans la neige. 6. Donne-moi un coup de main. 7. Il reçut une tape dans le dos. 8. 1959 est une bonne année pour les vins de qualité. 9. Quel mauvais temps! 10. Une mauvaise nuit, ma chère, je n'ai pu que sommeiller quelques instants. 11. Il fredonnait un air à la mode qu'il avait entendu chanter le matin dans la rue. 12. Cesse de criailler, ma tête éclate. 13. Tu gribouilles, tu fais des taches, comment veux-tu avoir de bonnes notes? 14. A force de filouter il se retrouva en prison *(carcere)* : qui vole un œuf vole un bœuf. 15. Il ne s'est pas arrêté de pleurnicher pendant toute la soirée. 16. Il retrouva son chapeau déchiqueté. 17. Comment vas-tu? Pas mal, merci. Comment allez-vous? Très bien merci. 18. Tout doucement, il ouvrit la porte et resta étonné en voyant que personne ne dormait encore. 19. J'ai bien dû attendre une petite heure. 20. Il fait frisquet ce matin, n'est-ce pas?

6. Traduire : 1. Cavalieri era una grassottella, bianca e pienotta, coi capelli castagni, la boccuccia rotonda e chiusa; le fossette nelle guance, al mento, nelle manine. *(...)* Era vestita di flanella rossa, calda, con un grembiule bianco ricamato, con le calzette di lana rossa : aveva un panierino per la colazione. Passava il tempo a guardarsi le braccia *(...)* sorridente e rotondetta, gonfiando il bocchino, non capendo nulla, attirando i baci per quell' aspetto di pallottolina bianca rossa e pulituccia. *(Matilde Serao)*. 2. Netty non aveva forse ancora sessant'anni; ma a noi pareva vecchina, vecchina, gobbina gobbina : una buona faterella di cento anni, col visino chiaro di bimba *(...)* Spesso spesso cessavamo di sorriderle per guardare di sfuggita il cartoccio dei cioccolatini. *(V. Brocchi)*. 3. Che dice la pioggerellina — di marzo? *(Novaro)*. 5. Due ragazzine varano barchette, — ch'ella guarda ridendo perigliare *(P. Bettini)*. 6. Lavoratoroni del Nord, un poco d'indulgenza. *(...)*. Il corso di Catanzaro *(...)* : un corso con una sua aria specialissima sempre un po' festiva e chiacchierina, o chiacchierona di mezza vacanza. *(A. Baldini)*.

8 ADJECTIFS ET PRONOMS DÉMONSTRATIFS

57 / *Tableau des formes.*

	Adjectifs et Pronoms	Pronoms		Adverbes de lieu correspondants
	choses et personnes	*personnes seulement*	*choses seulement*	
1re personne	**questo, a, i, e,** ce...-ci, cette...-ci, celui-ci, celle-ci, ceux-ci, celles-ci, ceci	**questi**[1] *(masc. sing., sujet)* celui-ci		**qui, qua,** ici, *où je suis*
2e personne	**codesto, a, i, e,** ce...-ci, celui-ci, cela *(près de toi)*, etc.	**costui, ei**[2], plur. **costoro,** celui-ci, celle-ci, etc.	**ciò,** cela	**costì, costà,** là, *où tu es*
3e personne	**quello, a, i, e,** (et les formes : **quel, quell', quei, quegli**), ce...-là, celui-là, etc., cela	**quegli**[1], **quei**[1], *(masc. sing., sujet)*, celui-là **colui, ei**[2], plur. **coloro,** celui-là, celle-là, etc.		**lì, là, colà**[1], là, *où il est*

58 / *« Questo » et « quello ».*

Deux démonstratifs (adjectifs et pronoms) sont plus souvent employés que tous les autres : **questo,** *ce...-ci, celui-ci ;* **quello,** *ce...-là, celui-là.*

questo, a, *adjectif*, s'élide au *singulier* devant une voyelle :

quest'uomo, *cet homme* — **quest'ora,** *cette heure.*

1. Usage littéraire (cf. § 59 e). — 2. Noter que **costui** et **colui** ont les mêmes terminaisons que le pronom personnel **lui** (fém. **lei,** plur. **loro**) : voir § 71.

Comme adjectif, **quello** suit la règle de l'article contracté **dello** et de l'adjectif **bello** (voir §§ 12 et 27) :

del / **bel** / **quel**	**libro**	**dei** / **bei** / **quei**	**libri**	**della** / **bella** / **quella**	**storia**
dell' / **bell'** / **quell'**	**uccello**	**degli** / **begli** / **quegli**	**uccelli**	**dell'** / **bell'** / **quell'**	**ora**
dello / **bello** / **quello**	**zelo** / **spettacolo**	**degli** / **begli** / **quegli**	**zeli** / **spettacoli**	**delle** / **belle** / **quelle**	**storie** / **ore**

● N.B. — Comme pronom, il doit être employé avec les formes normales : **quello, a, i, e**[1] :

Voglio quelli,
je veux ceux-là

Quello non mi piace,
cela (celui-là) ne me plaît pas.

59 / Emploi de « questo » et « quello ».

a) En principe, **questo** s'emploie pour ce qui est *près*, dans le **temps** ou dans **l'espace**; **quello** pour ce qui est *loin*, dans le **temps** ou dans **l'espace** :

questo ragazzo,
cet enfant que voici

questa mattina,
ce matin (d'aujourd'hui)

quello scoglio,
ce rocher là-bas

quella notte,
cette nuit-là.

b) Par extension, **questo** se dit de ce qui se rapporte à la personne qui parle :

questa casa,
notre maison.

c) Cependant, si ce qui appartient à la personne qui parle est loin, il faut employer **quello,** et inversement **questo** pour ce qui ne nous appartient pas, mais qui est près de nous ou dont on vient de parler *(même s'il s'agit du passé).*

Quella casa è mia,
cette maison là-bas est à moi,

questa è di Giovanni,
celle-ci est à Jean.

Accanto alla chiesa c'era una bella casa. Questa casa apparteneva ai miei nonni...
A côté de l'église il y avait une belle maison. Cette maison appartenait à mes grands-parents.

1. Sauf le cas envisagé au § 59 *e*.

d) **quello** sert aussi à mettre en relief (latin *ille*), en bien ou en mal, *même ce qui est rapproché* ou dont on vient de parler :

Eccolo quel birbante!
Le voilà, ce coquin!

O quel giovanotto!
Hé là-bas, jeune homme!

e) Comme pronoms employés au singulier[1], **questi, quegli**[2] signifient *celui-ci, celui-là*, mais seulement comme *sujets* et pour désigner des *personnes :*

Questi piangeva, quegli (quei) rideva,
celui-ci pleurait, celui-là riait.

60 / « Codesto, costui » et « colui ».

a) Pour la personne à qui l'on parle, on emploie quelquefois **codesto, a, i, e,** qui s'élide devant une voyelle au singulier :

codesto cappello,
ce chapeau que tu as

codesta città,
votre ville

codest'aria,
cet air que vous avez.

codesto libro,
ce livre (près de vous).

● N.B. — Il ne faut pas abuser de **codesto** qui a souvent un sens péjoratif.
Che significano codesti modi?
Que signifient ces façons?

b) A **codesto** correspond, comme pronom pour les personnes (sujet ou complément), **costui,** féminin **costei**, pluriel pour les deux genres **costoro.**

Costui a nettement un *sens péjoratif :*

Chi è costui?
Quel est cet individu?

c) **Colui** (fém. **colei,** plur. pour les deux genres : **coloro**) correspond à **quello.** Comme pronom, désignant uniquement des *personnes*, il est plus employé que **quegli,** et peut faire fonction de sujet ou de complément; il peut servir également à traduire l'expression française *l'autre ;* il a quelquefois un sens légèrement péjoratif :

Vorrei sapere perché colui non è venuto,
je voudrais savoir pourquoi cet homme (ce type-là) n'est pas venu
Allora colui gli disse,
alors, l'autre lui dit...

● N.B. — Ne pas confondre **colui,** *celui-là,* et **con lui,** *avec lui.*

1. Usage plutôt littéraire. — 2. Devant une voyelle ou **s** impur on trouve toujours **quegli.** Devant une consonne autre que **s** impur on trouve quelquefois **quei.**

61 / « Cela ».

Cela se rend (v. §§ 59 et 60) par **questo, codesto** ou **quello** :

Che cos'è questo?	**Che cos'è quello?**
Qu'est-ce que ceci?	*Qu'est-ce que cela, là-bas?*

Che cos'è codesto?
Qu'est-ce que cela (près de toi)?

Pour les trois cas, on dit très souvent **ciò** :

Cos'è ciò che si vede laggiù?	**Ciò non mi piace,**
Qu'est-ce que l'on voit là-bas?	*cela ne me plaît pas.*

NOTER : **cioè** : *c'est-à-dire*; **perciò** : *c'est pourquoi*;
acciocché (littér.) : *afin que.*

62 / « Celui qui, celui que, ce qui, ce que, celui de, » etc.

a) Celui qui, *celle qui*, *ceux qui*, *celui de*, etc., se rendent par :

quello, a, i, e, che, ...di (personnes et choses),
colui, colei, coloro, che, ...di (pour les personnes seulement) :

Questo libro non è quello che cercavo,	*ce livre n'est pas celui que je cherchais.*
Quelli che parleranno saranno puniti,	*ceux qui parleront seront punis.*
Colei che aspettavo non è venuta,	*celle que j'attendais n'est pas venue.*
Colui che spende troppo morrà povero[1],	*celui qui dépense trop mourra pauvre.*
Questa casa non è quella di Pietro,	*cette maison n'est pas celle de Pierre.*

b) Ce qui, *ce que*, se rend par : **quello** (ou **quel**) **che...** ou par : **ciò che** :

Quello che (ou **quel che**, ou **ciò che**) **dici non è vero,**
ce que tu dis n'est pas vrai.

● N.B. — 1° Pour traduire *celui qui, celui que, ce qui, ce que, celui de*, etc., en règle générale, ne pas employer **questo** :

ciò che voglio,	**quello di legno,**
ce que je veux	*celui en bois*

2° On emploiera **quello** même avec un simple adjectif :
Di questi due tappeti, mi piace più quello rosso,
de ces deux tapis, c'est le rouge que je préfère.

3° **Questo** ne se justifierait que pour quelque chose *de rapproché*, que l'on indiquerait d'une manière précise :
Questo che leggo è un bel libro,
ce livre, que je lis ici, est un beau livre.

1. Pour rendre *celui qui* (personnes), on emploie aussi l'indéfini **chi** (v. § 88).

63 / *Remarques particulières.*

a) **Questa** se trouve sous la forme ancienne **sta** (latin *ista*) dans les expressions : **stamattina** *(stamani)*, ce matin; **stasera**, *ce soir ;* **stanotte**, *cette nuit.* Mais on peut dire aussi bien **questa mattina**, etc.

b) Voilà, c'est là se rendent souvent en italien par : **questo, codesto, quello è**, etc. :

Questo è un bello spettacolo,	**Codesta è una burla,**
voilà un beau spectacle	*c'est là une plaisanterie* (que vous faites).

c) On remarquera que, dans ce cas, le *démonstratif s'accorde par attraction* (comme en latin) avec le substantif.

● N.B. — 1° On observera que dans les deux derniers exemples ci-dessus, le démonstratif a un sens fort. Quand on le peut, on l'omet volontiers en italien :

Che cos'è questo?	**È un coltello,**
Qu'est-ce que ceci?	*c'est un couteau.*

2° On peut renforcer le démonstratif en employant **stesso** ou **medesimo** (cf. § 121).

Quella stessa (medesima) sera accadde un altro incidente,
ce même soir il arriva un autre accident.

3° *Ce disant, ce faisant,* se rendent par : **ciò dicendo, ciò facendo;** *sur ce*, se traduit par : **in quella, su quella**[1] (sous-entendu **cosa** ou **ora**) :

Su quella arrivò Pietro,
sur ces entrefaites, Pierre arriva.

4° Les expressions comme : *Voilà qui est beau, curieux*, se rendent aussi par le féminin (sous-entendu : **cosa**) :

Questa è proprio buffa!
Voilà qui est vraiment drôle!

Le féminin est employé même sans démonstratif :

È buffa!
C'est drôle!

5° *Les adverbes* **qui, qua, costì, costà, lì, là, colà** (ou **laggiù**) correspondent aux démonstratifs **questo, codesto, quello,** etc. On peut les employer avec les démonstratifs pour préciser, mais on ne le fera qu'à bon escient, afin d'éviter d'inutiles lourdeurs :

Questo ragazzo qui,
ce garçon qui est ici.

Par contre, l'adverbe précis rend inutile le démonstratif ou le possessif :

Il tempo che avete costà,	**Le usanze di qui,**
le temps qu'il fait dans votre pays	*les usages de notre pays.*

Inversement, le démonstratif approprié épargnera l'emploi d'un adverbe :

Questo luogo,
ce lieu où nous sommes.

1. **In quel di Siena, in quel di Lucca,** signifie : *sur le territoire de Sienne, de Lucques.* **Non sei più quello** : *tu n'es plus le même* (celui d'autrefois).

EXERCICES

1. Compléter : 1. Prendiamo dei libri in ... biblioteca. 2. Cerchiamo ... che sono interessanti. 3. Tu prendi ... ed io prendo ... 4. Guarda ... che tu scrivi. 5. Capiamo ... che leggiamo. 6. ... che lavora non s'annoia. 7. ... che studiano riusciranno bene. 8. Ecco ... quadro di cui ti ho parlato. 9. Mi piacciono molto i fiori, ma preferisco ... che crescono in primavera. 10. Non voglio ... scherzi. 11. Mangia ... che ti piace. 12. Hai comprato il libro verde ed io ho comprato ... rosso. 13. ... fu proprio un grand' uomo. 14. Io prendo ... strada e tu prendi ... 15. Era ... anno del terremoto. 16. Guardiamo ... uccelli su quei begli alberi. 17. Dammi ... penna. 18. Conosci l'Inghilterra? Io non sono mai stato in ... paese. 19. Tu parli l'inglese, ma io non conosco ... lingua. 20. ... sono bugie.

2. Compléter : 1. È ... la tua casa? 2. ... è la parola vera. 3. ... che parlano saranno puniti. 4. Costoro non studiano ... che hanno bisogno di sapere. 5. Il Tasso e il Parini sono due poeti italiani : ... del secolo XVIII°, ... del secolo XVI°. 6. ... strada conduce a Firenze, ... conduce a Pisa. 7. ... che non sanno leggere devono imparare. 8. ... legge bene, ... legge male. 9. Lei esagera, svegliarmi a ... ora! 10. Non darmi ... libri, prendi ... che stanno costì! 11. O bella! ... è divertente! 12. Chi è ... omaccione? 13 ... che non fanno il proprio dovere hanno torto. 14. Qui mettete ... armadio, lì ... tavola. 15. Su ... cominciò a piangere. 16. Partiremo ... notte. 17. O ... ragazzo! 18. Mi piacciono i vini di qui ma preferisco ... bianco. 19. ... che è fatto è fatto. 20. Chi è ...? Non l'ho mai incontrato, non mi sembra simpatico.

3. Traduire : 1. Voici des livres que j'ai achetés, tu liras ceux que tu préféreras. 2. Écoute ce qu'il dit. 3. Tu prendras ce cheval-ci et je prendrai celui-là. 4. Celui qui n'est pas franc n'est aimé de personne *(nessuno)*. 5. Je voudrais *(vorrei)* connaître celle qui a parlé ainsi. 6. Tu ne comprends pas ce que tu lis. 7. Regarde, voilà cette maison dont je parlais. 8. Ces fleurs que tu as ne poussent qu'en automne. 9. Le marchand n'a pas d'encre rouge, il n'a que de la noire. 10. Vois ces arbres dans ce pré, là-bas. 11. Dans notre ville, nous trouvons tout ce que nous désirons. 12. Les élèves travaillent-ils bien dans votre école? Oui, Monsieur le Directeur, ils travaillent assez bien. 13. Je ne suis jamais allé à Paris, je visiterais volontiers *(volentieri)* cette ville. 14. Celui-ci fut un grand poète, mais celui-là fut un grand soldat. 15. Qu'est-ce qu'il désire, celui-là? 16. Qu'est-ce que tu as dans cette main? — C'est un crayon. 17. Celui-ci, c'est celui que je cherchais depuis ce matin. 18. Je ne mangerai pas ce soir. 19. Je n'ai pas dormi cette nuit. 20. Ceux qui travaillent bien seront récompensés.

4. Traduire : 1. En ce temps-là la vie était facile. 2. Écoute ce que je vais faire. 3. Prends ce que ces gens-là te donneront. 4. C'est celle-là qu'il me faut. 5. Celle-ci ne me plaît pas. 6. Notre maison n'est pas aussi confortable que celle que nous avions autrefois. 7. Pourquoi me faites-vous ces yeux? 8. Cela est facile. Regardez-moi faire. 9. Allez jusqu'à cet arbre-là puis revenez ici. 10. Qui est cet individu? Il ne me plaît guère. 11. Ici mettons ce verre et là enlève cette assiette. 12. A cette heure-là il n'y avait plus personne dans cette rue. 13. Il portait ce chapeau depuis dix ans! Ce fameux chapeau, comme on en a parlé quand il l'a perdu! 14. Dans notre ville il n'y a qu'un cinéma : celui-ci. 15. Celles qui n'iront pas au théâtre pourront aller au cirque. 16. Ces lunettes *(occhiali, m)* ne sont pas celles de mon père. 17. Autrefois tu étais mon ami : mais tu n'es plus le même. 18. En cette heure solennelle je vais vous dire la vérité. 19. Prenez la première rue à droite après ces feux de croisement *(semaforo)* là-bas. 20. Ces gens-là ne sont pas sympathiques.

9 ADJECTIFS ET PRONOMS POSSESSIFS

64 / Tableau des formes.

Masculin		Féminin	
Singulier	*Pluriel*	*Singulier*	*Pluriel*
il mio,	**i miei,**	**la mia,**	**le mie,**
il tuo,	**i tuoi,**	**la tua,**	**le tue,**
il suo,	**i suoi,**	**la sua,**	**le sue,**
il nostro,	**i nostri,**	**la nostra,**	**le nostre,**
il vostro,	**i vostri,**	**la vostra,**	**le vostre,**
il loro,	**i loro,**	**la loro,**	**le loro,**

AUTRES POSSESSIFS :

il proprio, *son (propre), le sien, leur, le leur*

i propri, *ses, les siens, leurs, les leurs*

la propria, *sa, la sienne, leur, la leur*

le proprie, *ses, les siennes, leurs, les leurs*

altrui, *d'autrui.*

• N.B. — **Loro** (latin : *illorum*) est invariable; **miei, tuoi, suoi,** sont des pluriels irréguliers.

65 / Emploi du possessif.

En italien, l'adjectif possessif s'emploie généralement avec l'article, comme le pronom possessif :

Ecco il mio bastone,
voici ma canne

Questo bastone è il mio,
cette canne est la mienne.

On le met souvent après le nom :

i figli suoi,
ses enfants

le case loro,
leurs maisons.

66 / Possessif sans article.

On omet l'article devant le possessif dans un certain nombre de cas définis :

a) Dans certaines *expressions usuelles*, où généralement le possessif vient après le nom :

di bocca mia, tua, sua, etc.	*de ma bouche*, etc.
a casa mia, tua, sua, etc.	*chez moi*[1], *chez toi*, etc.
per colpa mia, tua, sua, etc.	*par ma faute*, etc.
a danno mio, tuo, suo, etc.	*à mon détriment*, etc.
a parer mio, tuo, suo, etc.	*à mon avis*, etc.
a piacer mio, tuo, suo, etc.	*à mon gré*, etc.
di testa mia, tua, sua, etc.	*à ma tête*, etc.
di (in) mano mia, tua, sua, etc.	*de (dans) ma main*, etc.
a modo mio, tuo, suo, etc.	*à ma guise*, etc.
mio malgrado, etc.	*malgré moi*, etc.
a mia insaputa, etc.	*à mon insu*, etc.
a spese mie, etc.	*à mes frais*, etc.
per vostra regola, etc.	*pour votre gouverne*, etc.

b) Quand le possessif se rapporte à un *attribut indéterminé :*

Il signor Frattini è mio amico,
Monsieur Frattini est mon ami (un de mes amis).

c) Devant un nom employé en *apposition* à un autre :

Carlo, mio compagno di scuola...
Charles, mon camarade d'école...

d) Quand on s'adresse aux gens *(vocatif)* de vive voix ou par lettre :

mio caro amico,	**caro signor mio,**
mon cher ami	*cher monsieur.*

e) Devant les titres honorifiques :

Sua Maestà,	**Sua Eccellenza,**
Sa Majesté	*Son Excellence.*

f) Devant les termes de parenté suivants, mais seulement au *singulier*, et quand ces noms sont employés à la *forme simple* et *sans adjectif* (cependant la règle n'est absolue que pour les degrés de parenté directe : *père, mère, fils, fille ;* et **loro** veut toujours l'article) :

Padre,	**madre,**	**figlio,**	**figlia,**	**fratello,**	**sorella,**	**marito,**	**moglie,**
père,	*mère,*	*fils,*	*fille,*	*frère,*	*sœur,*	*mari,*	*femme,*
cugina,	**cugino,**	**zio,**	**zia,**	**genero,**	**nuora,**	**nipote,**	
cousine,	*cousin,*	*oncle,*	*tante,*	*gendre,*	*bru,*	*neveu, nièce.*	

1. *Chez moi, chez toi,* etc., peut se rendre aussi par **da me, da te,** mais **da** n'indique pas nécessairement *la maison.*
Dans certains cas même, **da,** se rapportant au sujet, a un autre sens :
Tornò da sé a casa sua *il retourna tout seul* (ou *par ses propres moyens*) *chez lui. Chez Pierre* se dira **a casa di Pietro** *(dans sa maison)*, ou **da Pietro** *(auprès de lui, dans sa maison, ou ailleurs). Chez soi* = **a casa propria** (parfois : **a casa nostra.** cf. §§ 70, 125, n. 1.).

mio fratello,	**mia moglie,**	**tuo zio,**	**il loro padre,**
mon frère	*ma femme*	*ton oncle*	*leur père.*

● N.B. — 1° Quand les noms de parenté sont employés soit sous une forme *diminutive*[1], soit au *pluriel*, soit avec *loro*, soit accompagnés par *des adjectifs* ou *des compléments* déterminatifs, il faut l'article devant le possessif :

la mia mamma,	**il mio fratellino,**
ma maman	*mon petit frère*
le nostre sorelle,	**il loro padre,**
nos sœurs	*leur père*
il mio caro cugino,	**il mio zio d'America,**
mon cher cousin	*mon oncle d'Amérique.*

2° Lorsque **Signore,** *Monsieur,* **Signora,** *Madame,* etc., précèdent un terme de parenté, le possessif se met avant **Signore,** etc. :

il vostro Signor padre,
monsieur votre père.

67 | « A qui est ce...? c'est à moi ».

La préposition française *à*, marquant la *possession*, se rend soit par **di** (devant un nom ou un pronom), soit (devant un pronom personnel) par le possessif *sans article*[2] :

Di chi è questo libro?	**È di Pietro,**
A qui est ce livre?	*Il est à Pierre.*

Noter la différence : **È mio** = *il est à moi.*
È il mio = *c'est le mien.*

68 | « Un mio, questo mio, quel suo ».

L'article indéfini **un,** ou un adjectif indéfini ou démonstratif remplacent souvent l'article défini, devant le possessif :

un mio amico,	**ogni suo pensiero,**
un de mes amis	*chacune de ses pensées.*

69 | Omission et remplacement du possessif.

a) En italien, le possessif s'emploie moins qu'en français, on s'en passe volontiers quand le sens reste clair.

1. Même si le sens diminutif a disparu comme dans : **figliuolo,** *fils;* **nipotino,** *petit-fils*; mais **sorella** et **fratello,** dérivés de **suora** et de **frate** (aujourd'hui = *religieuse* et *moine*), sont considérés comme des formes simples et ne prennent pas l'article. — 2. Pour la 3e pers. on peut employer **di : è di lui** ou **è suo.**

On ne l'emploie pas, en général, pour les parties du corps, de l'habillement, les objets personnels ou d'usage quotidien, les parents connus, etc. :

Teneva il cappello in mano, *il tenait son chapeau à la main*
Ho dimenticato l'orologio, *j'ai oublié ma montre*
È uscito col padre, *il est sorti avec son père*
Ho perso l'ombrello *j'ai perdu mon parapluie.*

b) Le possessif est très souvent remplacé par un *pronom personnel :*

Si mise il cappello, *il mit son chapeau*
Gli[1] **(le) si gettò ai ginocchi,** *il se jeta à ses genoux.*

c) En cas d'équivoque, **suo, a,** est souvent remplacé par **di lui, di lei** *(de lui, d'elle;* cf. latin : *ejus) :*

Paolo ha incontrato suo fratello e i figli di lui (ou : **i di lui figli**), *Paul a rencontré son frère et les fils de celui-ci.*

70 / « Proprio, altrui ».

a) L'adjectif **proprio** remplace souvent **suo** ou **loro.**

Quand le possessif se rapporte au *sujet* de la proposition *(condition nécessaire)*, l'emploi de **proprio** est facultatif :

Carlo abita la propria (la sua) casa, *Charles habite sa maison (à lui).*

Quand le possessif se rapporte à un *sujet indéfini*, l'emploi de **proprio** est, en principe, obligatoire (cf. § 125, n. 1) :

Bisogna sempre fare il proprio dovere, *il faut toujours faire son devoir.*

b) **Altrui,** *d'autrui* (voir § 116 *c*), s'emploie sans préposition :

Non desiderate il male altrui, *ne désirez pas le malheur d'autrui.*

1. **Gli (le) :** compléments d'attribution (*datif* latin). Par une tournure analogue on dit : **il denaro andò in tasca a Pietro,** *l'argent alla dans la poche de Pierre.* (**A Pietro** étant complément d'attribution, cet exemple ne contredit pas la règle du § 67.)

EXERCICES

1. Mettre tous les adjectifs possessifs singuliers et pluriels devant les noms : *figlio*, fils, *sorella*, sœur, *babbo*, papa, *nonna*, grand-mère, *giardino*, jardin, *penna*, porte-plume.

2. Traduire : 1. Di chi è quel cane? 2. È mio. 3. Leggi un mio libro. 4. Guardiamo la loro casa. 5. Tornano a casa loro. 6. Sarò a casa mia domani. 7. Lavoreremo a modo nostro. 8. I vostri fratelli lavorano bene. 9. Mia moglie è malata. 10. Ho perduto l'ombrello. 11. Non ho preso il cappello. 12. È partito col padre. 13. È rimasto *(resté)* a casa sua. 14. L'ho detto a vantaggio suo. 15. Questa parola non è uscita di bocca mia. 16. A parer mio, Paolo è un buon figliolo. 17. Leggeva sempre quel suo libro verde. 18. Questo lapis è mio, codesto è il tuo. 19. Come sta la vostra Signora madre? 20. La mia sorellina è a scuola.

3. Traduire : 1. La mia buona madre è molto stanca. 2. I nostri cugini abitano a Torino. 3. Caro mio Pietro, ti consiglio di agire a piacer tuo. 4. Sua Santità ha dato un'udienza. 5. Questa casa è di un mio amico. 6. Tua madre e la mia erano amiche. 7. Pietro non è nipote di Carlo, ma gli è cugino. 8. Mi era caduto il cappello. 9. È uscito col cane. 10. Ci era morta la sorella. 11. Ognuno pensa al proprio interesse. 12. Non badare ai fatti altrui. 13. Per colpa tua i tuoi fratelli non torneranno da noi. 14. Il mio amico è Giovanni, è un tuo parente. 15. È morto loro il padre durante l'estate. 16. I mariti passeggiano con le mogli. 17. Gli hanno rotto il bel vaso, che il suo nonno gli aveva offerto per il suo compleanno *(anniversaire)*. 18. Colui che non abita nella propria casa è a disagio. 19. Vive del proprio. 20. È più facile capire i figli altrui che i propri.

4. Traduire : 1. Je partirai avec l'un de mes parents. 2. Ton frère est-il chez lui? 3. Madame votre tante est-elle malade? 4. J'ai un livre à toi. 5 A qui est ce parapluie? 6. Il n'est pas à moi, il est à vous ou à Pierre. 7. J'agirai à ma guise. 8. Il a dit cela malgré nous. 9. Leur père est professeur. 10. Mon petit frère est laborieux. 11. Il a perdu son oncle. 12. Sa canne est tombée. 13. Il n'a pas pris son portefeuille *(portafogli)*. 14. Nous rentrons chez nous. 15. Voici leur maison. 16. Ils habitent une maison à eux. 17. Il fera son devoir. 18. Pierre a quitté sa maison. 19. Merci, mon cher ami. 20. Leur mère est partie.

5. Traduire : 1. Son Altesse est contente. 2. Il ne faut pas prendre le bien d'autrui. 3. Charles a écrit cela de sa main. 4. Tes amis seront les miens, notre maison sera la leur. 5. Tu es chez toi. 6. Nous sommes chez nous. 7. Elles sont chez elles. 8. Jean ne retrouvait plus son chemin. 9. Ils ne pensent qu'à leurs droits *(diritti)*, et ils oublient leurs devoirs *(doveri)*. 10. Il faut être content de son sort *(sorte,* f*)*. 11. Il mit *(mise)* la main dans sa poche *(tasca)*. 12. Les affaires *(affari,* m*)* d'autrui ne m'intéressent pas. 13. J'ai agi à ma guise mais à mon détriment. 14. Malgré nous il enleva sa veste et sortit sous la pluie. 15. A son insu on lui prit son portefeuille : elle resta sans un sou. 16. Antoine, mon ami, à mon avis, tu as tort. 17. Ils le nourrirent à leurs frais comme si c'était un de leurs parents. 18. Mon cher collègue, je suis d'accord avec vous. 19. Elle est partie avec sa grand-mère et les petits-fils de celle-ci. 20. Mon oncle Charles est plus vieux que sa femme.

6. Traduire : 1. Mon frère et mon grand-père ont le même métier : ils sont boulangers *(fornaio)*. 2. Mes deux cousins ont préféré être artisans *(artigiano)* plutôt qu'ouvriers *(operaio)* dans une grande usine *(officina)*. 3. Notre maison a été construite en deux ans par un architecte *(architetto)* et un entrepreneur *(imprenditore)* très connus. 4. Notre mère aurait voulu que nous soyons peintres en bâtiment *(imbianchino)*, mais, nous avons choisi une profession plus spécialisée : mon frère est technicien *(tecnico)*, moi, je suis menuisier *(falegname)*. 5. Celui qui a réparé notre voiture *(macchina)* se prétendait carrossier *(carrozziere)* et mécanicien *(meccanico)* mais il n'était ni l'un ni l'autre. 6. Vos livres n'ont pas tous été édités *(pubblicati)* par la même librairie *(libreria)*. 7. Notre libraire *(libraio)* habituel est celui-là. 8. Ma petite sœur va toujours chez le même coiffeur *(parrucchiere)*, moi, au contraire, je préfère aller tantôt *(ora)* chez un coiffeur *(barbiere)* tantôt *(ora)* chez un autre.

9. Notre jardin aurait bien besoin qu'un jardinier *(giardiniere)* vienne y travailler une fois par semaine. 10. Notre pays est à la fois agricole *(agricolo)* et industriel *(industriale)* : ouvriers, paysans *(contadino)* et mineurs *(minatore)* constituent des groupes importants de travailleurs. 11. Nous croyions nos chaussures bien cirées *(lucidare)* mais le cireur a réussi à les faire briller plus encore. 12. Mon père s'arrête toujours quelques minutes pour bavarder avec son cordonnier *(calzolaio)* quand il passe devant sa boutique. 13. Ma grand-mère maternelle m'a raconté plusieurs fois des histoires dans lesquelles on parlait des petits ramoneurs *(spazzacamino)*. Maintenant, dans nos maisons modernes, ils n'ont plus autant de travail qu'avant. 14. Votre plombier *(idraulico)* habituel vient toujours avec beaucoup de retard, alors vous pensez *(figurarsi)* si mon plombier, qui ne vous connaît pas, va venir tout de suite *(subito)*! 15. Le vent et les enfants font notre fortune, m'a avoué *(confessare)* un jour le vitrier *(vetraio)*. 16. Mon grand-père paternel était opticien *(ottico)*, son fils était oculiste *(oculista)*; pour changer, je suis devenu horloger *(orologiaio)*. 17. Mes deux sœurs veulent être modistes *(modista)*. 18. Mon oncle Alfred prétend qu'un meunier *(mugnaio)* ne peut dormir comme le veut la tradition. 19. A qui est cet outil *(arnese)*? Au maçon *(muratore)* qui vient de sortir. 20. Être voleur *(ladro)* n'est pas un métier : on ne peut gagner sa vie en prenant l'argent *(denaro)* d'autrui.

7. Traduire : 1. Notre beau-fils *(genero)* n'est pas riche, mais s'il réussit à devenir entrepreneur *(imprenditore)* les choses changeront. 2. Ma belle-mère *(suocera)* estime qu'actuellement il vaut mieux être médecin ou chirurgien *(chirurgo)* que fonctionnaire *(funzionario)*. 3. Mon beau-père *(suocero)* croit que les fonctionnaires font leur travail avec plus de soin que les membres des professions libérales. 4. Il m'a *(essere)* toujours semblé que ces discussions étaient futiles : chacun doit faire son métier le mieux possible. 5. Jean, le fils de notre boucher *(macellaio)*, a déjà dit qu'il ne fera pas le même métier que son père. 6. Leur gendre est devenu charcutier *(salumaio)* malgré eux. 7. L'enquête *(inchiesta)* a révélé que ses deux petites filles ne mangeaient pas à leur faim tous les jours et qu'il n'allait jamais chez le laitier *(lattaio)* leur acheter du lait. 8. Mon oncle, mettons-nous à vendre des œufs et du beurre et vous verrez que notre magasin recommencera à attirer nos anciens clients. 9. Pour garder nos deux jeunes enfants nous avons dû engager *(assumere)* une bonne d'enfants *(bambinaia)*. 10. Qu'allez-vous faire de votre vieille bonne *(serva)*? 11. Elle continue à travailler dans notre maison, elle fait presque partie de la famille. 12. Nos draps ont été brodés *(ricamare)* par une vieille paysanne qui travaille pendant tout l'hiver dans sa ferme *(fattoria)* à broder et à faire de la dentelle *(merletto)*. 13. A qui est la bague *(anello)* que la cuisinière *(cuoca)* a trouvée dans son four? 14. Ce n'est pas en enviant autrui qu'on obtient une situation convenable, c'est en faisant son travail. 15. La richesse d'autrui m'importe peu, ce qui compte c'est que mon propre avenir soit assuré.

8. Traduire : 1. Mon atelier *(officina)* est le plus important du quartier *(quartiere)*. 2. Le commerçant *(commerciante)* qui gagne le plus d'argent par ici *(da queste parti)* est notre pharmacien *(farmacista)*. 3. Mon métier de professeur demande autant d'efforts que d'autres, et à mon avis, il est plus épuisant *(spossante)* pour les nerfs. 4. Les souliers de ma sœur sont aussi beaux que ceux de son amie Lucie. 5. Les cheveux de ces garçons sont aussi longs que sales *(sudicio)*. 6. Ce n'est pas à toi que je dirai que mes vêtements sont les plus élégants de tous. 7. Mon cher ami, qui peut le plus peut le moins, voilà ma devise. 8. Mes sœurs aînées *(maggiore)* dépensent plus d'argent que moi pour leurs vêtements. 9. Elle est aussi astucieuse *(astuta)* que sa sœur cadette *(minore)* mais elle est moins intelligente que sa cousine *(cugina)*. 10. Que ton chapeau soit aussi beau que cher, qui en doute *(dubitare)*?

10 PRONOMS PERSONNELS SIMPLES

71 / *Tableau des formes.*

		PRONOMS SUJETS	PRONOMS COMPLÉMENTS		
		N.B. — Ne s'emploient, en principe, que pour préciser ou mettre en relief le sujet[1].	Formes faibles *(avant le verbe en français)*		Formes fortes *(après le verbe en français)*
			Comp. dir. d'objet *(accusatif latin)*	Comp. dir. d'attribution *(datif latin)*	Comp. dir. d'objet mis en relief Comp. ind. avec préposition
Singulier	1re p	**Io**, je, moi	**mi,** me		**me,** moi
Singulier	2e p.	**Tu**, tu, toi	**ti,** te		**te,** toi
Singulier	3e p.	**Egli, esso, lui,** il, lui	**lo,** le	**gli,** lui (masc.)	**lui (esso)** } lui
Singulier	3e p.	**Essa (ella), lei,** elle	**la,** la	**le,** lui (fém.)	**lei (essa)** } elle
Pluriel	1re p.	**Noi**, nous	**ci,** nous		**noi,** nous
Pluriel	2e p.	**Voi**, vous	**vi,** vous		**voi,** vous
Pluriel	3e p.	**Essi**, ils **Esse**, elles **Loro**, eux, elles	**li** / **le** } les	**loro**[2], leur	**loro,** { **essi,** eux / **esse,** elles
3e pers. de politesse	Sing.	**Ella, Lei,** vous *(Votre Seigneurie)*	**La,** vous *(Votre Seigneurie)*	**Le,** vous *(à Votre Seigneurie)*	**Lei,** vous *(Votre Seigneurie)*
3e pers. de politesse	Plur.	**Loro**, vous *(Vos Seigneuries)*	**Le,** vous *(Vos Seigneuries)*	**Loro,** vous *(à Vos Seigneuries)*	**Loro,** vous *(Vos Seigneuries)*
Pronom réfléchi			**si,** se		**sé,** soi[3]
Pronoms neutres			**ne,** en	**ci** / **vi** } y	

1. A noter les formes contractées : **i'** = **io; ei (e'** devant une consonne) = **egli; la, gli** (*populaires*) = **ella, egli.** — 2. **Loro,** bien qu'employé comme pronom faible est une forme forte (Cf. 73 c). — 3. Selon les cas (cf. § 72 c) peut également se traduire par **lui, elle, eux, elles.**

72 | *Remarques sur l'emploi des pronoms.*

a) **Egli, ella**[1] ne peuvent être employés que comme *sujets.* **Egli, ella, lui, lei, loro** ne s'emploient, en principe, que pour les *personnes* (le pluriel **loro** appartient aux deux genres, et signifie *eux* ou *elles*).

Esso, a, i, e s'emploie pour les *personnes* et les *choses.*

b) Les pronoms compléments français *lui* et *les* se rendent en italien par des pronoms de différentes formes :

Gli parlo, *je lui parle (à un homme)*	**le parlo,** *je lui parle (à une femme)*
li vedo, *je les vois (des hommes)*	**le vedo,** *je les vois (des femmes).*

● **N. B. — Ne pas confondre gli**[2] ***singulier (lui)*** **avec li** ***pluriel (les)*** **; le** ***singulier (lui*** **: à elle) avec le** ***pluriel (les).***

c) Lui, elle, elles, eux, compléments se rapportant au sujet, se rendent par le *réfléchi invariable* **sé** :

Non pensa che a sé,
il ne pense qu'à lui
Non pensano che a sé,
ils (elles) ne pensent qu'à eux (elles).

d) **Ci** peut signifier *y (à cela)* ou *nous*[3], **vi**, *y* ou *vous.* Le contexte seul peut indiquer le sens réel :

Ci mette, *il y met* ou *il nous met*	**vi mette,** *il y met* ou *il vous met.*

e) Moi et *toi*, sujets, se rendent par **io** et **tu**, sauf après une *comparaison* et dans les *exclamations :*

Siamo venuti io[4] **e Luigi,**
nous sommes venus Louis et moi.

1. Les pluriels archaïques **eglino** et **elleno** sont remplacés dans l'usage moderne par **essi, esse** ou par **loro. Egli** est parfois employé explétivement avec un sens *neutre* : **egli è vero** = *il (cela) est vrai.* — 2. *a*) Cependant, on trouve encore quelquefois **gli** employé comme complément direct pluriel, à la place de **li**, devant une voyelle ou devant une consonne liquide (l, m, n, r) :

Gli ammirava, *il les admirait* **gli lasciava,** *il les laissait.*

b) En *poésie*, l'article **il** (pluriel : **i**) est parfois employé comme pronom complément direct au lieu de **lo** (pluriel, **li**) :

Il vedo, *je le vois.*

3. Dans la langue archaïque **ne** est quelquefois employé pour **ci** *(nous)* :

Quanto ne circonda. *tout ce qui nous entoure.*

4. On remarquera que l'Italien n'apporte pas la même attention que le Français à se nommer après les autres.

Mais on dira : **il professore ci ha chiamati me e Luigi**, *le professeur nous a appelés, Louis et moi (* **me** = complément).

Sei grande quanto me,	**Povero me!**
tu es aussi grand que moi	*Malheureux que je suis!*

73 / *Place des pronoms compléments.*

a) Les pronoms *faibles* se placent comme en français[1], exception faite pour les modes suivants :

infinitif, participe (présent[2] *et passé), gérondif,*

où les pronoms faibles se mettent, en italien, après le verbe et ne forment qu'un seul mot avec celui-ci (l'**e** final de l'infinitif tombe) :

vestirsi,	**lav*a*ndoti,**	**spett*a*ntemi,**
s'habiller	*en te lavant*	*(me) revenant*
vest*i*tosi,	**prend*e*ndolo,**	**riguard*a*ntelo,**
s'étant habillé	*en le prenant.*	*le concernant*

A l'*impératif* le pronom faible se met, comme en français, après le verbe, mais ne forme qu'un mot avec celui-ci, sans trait d'union (*sauf pour la* 3e *personne de politesse*, qui appartient au subjonctif, cf. § 79).

l*e*vati,	**vest*i*tevi,**
lève-toi.	*habillez-vous.*

Mais on dira : **Si vesta, Signore,** *habillez-vous, Monsieur (que Monsieur s'habille).*

● N.B. — **Ecco** *(voici, voilà)* se construit comme un impératif :

***e*ccomi,**	***e*ccoti,**	***e*ccolo,**
me voici	*te voici*	*le voici*, etc.

b) Les pronoms *forts* se placent généralement après le verbe, comme en français; on les emploie avec les *prépositions :*

Vo con te,	**Parlo di lui,**
je vais avec toi	*je parle de lui.*

Ou bien pour mettre le *complément en relief :*

Ti vedo,	**Vedo te,**
je te vois	*c'est toi que je vois*

1. L'usage ancien admettait le pronom faible après toutes les formes verbales (**dic*e*vasi,** *on disait*). Des formules courantes comme : **aff*i*ttasi,** *à louer (on loue)*; **leggesi,** *on lit,* etc., sont encore employées de nos jours. — 2. Cf. page 173.

Gli parlo, *je lui parle* — **Parlo a lui,** *c'est à lui que je parle*
Ci scrive, *il nous écrit* — **Scrive a noi,** *c'est à nous qu'il écrit*

● N.B. — La *différence* de sens étant *très nette,* ne jamais employer les formes fortes sans nécessité.

c) **Loro**, quoique employé comme pronom faible, est une forme forte; employé avec ou sans préposition, il se met toujours après le verbe :

Sto con loro, *j'habite avec eux (elles)* — **Ho scritto loro una lettera,** *je leur ai écrit une lettre*
Parlo a loro, *je leur parle* (ou : *c'est à eux que je parle*).

● N.B. — 1. L'usage familier emploie de plus en plus souvent le singulier **gli** (forme faible) au lieu du pluriel **loro** (forme forte) et dira : **gli ho scritto una lettera.**
2. La *place des pronoms compléments avant ou après* le verbe (à l'indicatif et au subjonctif) *commande la forme.* Il ne faut donc jamais employer, par exemple, les formes *fortes*, **lui, lei, noi, voi,** avant le verbe, ni les pronoms *faibles*, **gli, le, ci, vi,** après le verbe (ou avec des prépositions). Dire : **ci dice** (et non : *noi dice*); **vado con lui** (et non : *con gli*).

d) Les formes fortes, employées avec l'infinitif, le gérondif, les participes, l'impératif, ne se joignent jamais au verbe comme les formes faibles :

Guarda te prima di guardare gli altri,
regarde-toi toi-même avant de regarder les autres
Per guardare noi non vedeva gli altri,
pour nous regarder, nous, il ne voyait pas les autres.

e) Avec moi, avec toi, avec soi, se traduisent par **con me, con te, con sé**; mais l'usage subsiste, en littérature et dans certaines régions, des formes dérivées du latin : **meco** *(mecum)*, **teco** *(tecum)*, **seco** *(secum)*.

f) Élision. Seuls peuvent s'élider devant un verbe commençant par une voyelle (ou par **h**), les pronoms faibles : **lo, la, ne, mi, ti, si, ci**[1], **vi.**

m'aspetterai, *tu m'attendras.*

74 | *Impératifs monosyllabiques.*

La 2e personne du singulier de l'impératif de certains verbes étant monosyllabique et, par conséquent, accentuée, provoque le redoublement de la consonne initiale du pronom *faible* complément (voir p. 11, *c*) :

1. **Ci,** bien entendu, ne peut s'élider que devant **i** et **e**, et comme pronom *(nous)*, il ne s'élide en fait que devant **i :**
C'inviterai, *tu nous inviteras.* — **Ci esamina,** *il nous examine.*

andare, *aller*,	**va**	**vacci**, *vas-y* [1]
dare, *donner*,	**dà**	**dammi**, *donne-moi*
dire, *dire*,	**di'**	**dille**, *dis-lui (à elle)*
fare, *faire*,	**fa**	**fallo**, *fais-le*
stare, *rester*,	**sta**	**stacci**, *restes-y* [1].

Exception au redoublement : **gli** (2 consonnes initiales).

75 / *Tournures particulières.*

a) Le pronom complément indirect d'attribution (forme *faible*) est souvent employé à la place du pronom complément circonstanciel de lieu (forme *forte*); cela donne des tournures plus légères :

Mi è vicino : è vicino a me,
il est à côté de moi
Mi sedeva davanti : sedeva davanti a me,
il était assis devant moi
Ci veniva dietro : veniva dietro a noi,
il venait derrière nous.

b) Bien entendu, l'emploi du pronom fort reste toujours possible, mais parfois les deux tournures présentent quelque différence de sens (rapprochement plus ou moins marqué) :

Mi parlava in faccia,	**Parlava in faccia a me,**
il me parlait en face	*il parlait en face de moi.*

76 / *Pronoms entre deux verbes.*

Quand une forme pronominale faible est complément d'un infinitif, lui-même complément d'un autre verbe, comme **andare**, *aller*, **dovere**, *devoir*, **potere**, *pouvoir*, **sapere**, *savoir*, **venire**, *venir*, **volere**, *vouloir*, et quelques autres [2], on peut en italien mettre le pronom avant le premier verbe ou après le second :

Je veux te dire = **Voglio dirti**, ou **ti voglio dire**.

Si trois verbes se suivent, il peut y avoir parfois trois tournures possibles :

Lo devo andare a prendere
Devo andarlo a prendere } *je dois aller le prendre.*
Devo andare a prenderlo

● N.B. — Tous les verbes n'admettent pas cette variété de constructions (**fare**, **lasciare**, **mettere**, **vedere**, p. ex.); il est prudent, en cas de doute, de suivre l'usage du français.

1. Éviter **vavvi** et **stavvi**. — 2. **Mandare**, *envoyer* ; **cominciare**, *commencer* ; **finire**, *finir*, etc.

77 / *Pronoms neutres.*

a) Le pronom français *le* remplaçant devant le verbe *être* un mot (nom, adjectif, participe) déjà employé, ne se traduit généralement pas en italien. On répète le mot en question, ou, si la proposition est négative, simplement le verbe *être :*

Siete malato? — **Sì, sono malato,**
Etes-vous malade? — *Oui, je le suis*

Lo credevano malato, ma non è (fam : **non lo è**),
on le croyait malade, mais il ne l'est pas.

b) Le *en* français est souvent rendu par **lo** ou **la** (féminin indéterminé v. § 63, *N. B.* 3° et § 144 *b*) :

Avete un ombrello? Non l'abbiamo (Non ce[1] **l'abbiamo),**
Avez-vous un parapluie? Nous n'en avons pas

Averla con uno[2]**,** *en vouloir à quelqu'un* — **Finiamola,** *finissons-en.*

78 / *Conjugaison pronominale (§ 143).*

Curarsi[3], *se soigner*

INDICATIF PRÉSENT

Mi curo, je me soigne
Ti curi, etc.
Si cura,
Ci curiamo,
Vi curate,
Si curano.

IMPÉRATIF

curati, soigne-toi, etc.
Si curi[4]**,**
Curiamoci,
Curatevi,
Si curino[4]**,**

IMPÉRATIF NÉGATIF

Non ti curare ne te soigne
(non curarti) pas, etc.
Non si curi,
Non ci curiamo
(non curiamoci),
Non vi curate (Non curatevi),
Non si curino.

PARTICIPE PRÉSENT[5]

Curantesi, se soignant,

1. **Ce** = **ci** (§ 80, *a*) : explétif employé familièrement avec **avere.** — 2. Cf. **Prendersela con uno :** *s'en prendre à quelqu'un.* — 3. Des verbes comme **prenderne,** *en prendre,* **pensarci,** *y penser,* **crederlo,** *le croire,* **parlargli,** *lui parler,* etc., se conjuguent de la même façon que **curarsi,** sauf aux temps composés, où ils prennent l'auxiliaire **avere.** — 4. Ces formes de la 3e personne de politesse appartiennent en réalité au subjonctif, ce qui explique la place du pronom : *que (Monsieur) se soigne.* — 5. Temps peu employé.

Gérondif		Participe passé	
Curandosi,	en se soignant,	**Curatosi,** **Curatasi**, etc.	s'étant soigné, soignée, etc.

a) Les formes de l'impératif négatif qui sont données entre parenthèses sont moins usitées que les autres, mais aussi correctes.

b) Les temps composés se conjuguent avec **essere** :

Mi sono curato,
je me suis soigné.

c) L'*accord* se fait *avec le sujet*, même, en général, pour les verbes faussement réfléchis :

Si è messa il cappello,
elle a mis son chapeau
Si è bevuto due litri di vino[1],
il a bu, à lui tout seul, deux litres de vin.

d) Le pronom ne fait corps avec le *participe passé* que quand celui-ci est employé sans auxiliaire, dans une proposition participe (ablatif absolu latin) :

Si è lavato le mani,
il s'est lavé les mains
Lavatosi (ou lavatesi) le mani, uscì,
s'étant lavé les mains, il sortit.

● **N.B. — Dans cette dernière tournure, l'accord peut se faire avec le sujet ou avec le complément.**

79 / *Troisième personne de politesse.*

a) Usage. Lorsqu'on adresse la parole à quelqu'un avec qui l'on n'est pas en relation familière, la politesse exige qu'on lui parle à la 3e personne, c'est-à-dire en s'adressant à *Sa Seigneurie.*

Dans les formules officielles, on emploie les expressions **Vostra Signoria**[2], **La Signoria Vostra**, et les abréviations **V. S., La S. V.**, mais dans le langage courant on demande à quelqu'un :

Come sta (Lei)?
Comment va-t-elle (Votre Seigneurie)? = Comment allez-vous?
Come si chiama (Lei)?
Comment s'appelle-t-elle (Votre Seigneurie)? = Comment vous appelez-vous?

1. L'emploi du réfléchi explétif est courant en italien (voir § 144). — 2. Dans l'usage populaire : **Vossignoria,** ou, simplement, **Signoria** (désormais très rare).

Lei (et **loro**) sont souvent sous-entendus et l'on dit : **Come sta?** *(Comment allez-vous?).*

Cette 3e personne équivaut pratiquement au *vous* français. C'est ce qu'on appelle **dare del Lei,** *donner du* **Lei,** c'est-à-dire parler à la 3e personne. On emploie cependant aussi le **voi (dare del voi),** dans le langage populaire et dans certaines régions, notamment le Sud et le Nord, pour la correspondance administrative et commerciale, fréquemment, dans la langue du théâtre et dans l'usage courant, quand on s'adresse à plusieurs personnes à la place de **loro.**

Le tutoiement **(dare del tu)** est employé plus souvent qu'en français (entre étudiants, entre collègues; le professeur tutoie les élèves, etc.).

b) Formes.

Sujets : **Ella**[1] *(cérémonieux)*, ou **Lei**, pluriel **Loro**[2].

Compléments :

	Singulier	Pluriel
FORMES FAIBLES	**La vedo**, je vous vois **Le parlo**, je vous parle	**Le vedo,** je vous vois **Parlo (a) Loro,** je vous parle
FORMES FORTES	**Vedo Lei**, c'est vous que je vois **Parlo a Lei**, c'est à vous que je parle	**Vedo Loro**, c'est vous que je vois **Parlo a Loro,** c'est à vous que je parle

● N.B. — Bien entendu, du moment que l'on parle à la 3e personne, le pronom réfléchi correspondant sera toujours **si, sé** et les possessifs, **suo, a, e, suoi** et **loro** :

Si levi,
levez-vous (sing.).

Mi dia il suo[3] **nome,**
donnez-moi votre nom

Pensino a sé,
pensez à vous (plur.) (cf. § 72, *c*)

Prendano la roba loro,
prenez vos affaires.

c) Accord. L'adjectif ou le participe devraient normalement s'accorder toujours avec le pronom féminin, comme dans les formules officielles :

Ella è pregata...
V. S. est priée...

V. S. sarà avvertita,
V. S. sera avertie.

1. Contraction populaire : **La.**

La venga, *venez donc.* **La guardi,** *regardez.*

2. Expression fréquente : **Lor Signori :** « *ces Messieurs* ». — 3. Quand **suo** peut créer quelque équivoque, on emploie **di Lei :**

Ho incontrato Carlo col fratello di Lei (plus rarement : **col di Lei fratello**), *j'ai rencontré Charles avec votre frère.* (**Con suo fratello** indiquerait le frère de Charles.) Cf. § 69, *c*.

Mais dans l'usage courant, quand on s'adresse à un homme, on met l'adjectif ou le participe passé au masculin (même si l'on emploie **Lei**) :

Lei è troppo buono, Signore,
vous êtes trop bon, monsieur.

D'ailleurs, il vaut mieux ne pas abuser du pronom sujet et dire : **È troppo buono**, ce qui est évidemment plus logique.

d) Orthographe. Dans la correspondance, les formes de la 3e personne de politesse (pronoms personnels et adjectifs possessifs) s'écrivent généralement avec une majuscule, même pour les formes unies aux verbes **(dirLe, ringraziarLa)**.

EXERCICES

N. B. — *Il n'y a pas de forme de politesse dans les quatre exercices suivants.*

1. Traduire : 1. Loro ci guardano, ma noi non li guardiamo. 2. Vestiti subito. 3. Non ho bevuto vino stamattina, ma ne berrò un poco stasera. 4. Quando l'incontrerò le dirò di venire a trovarci. 5. Lei non mi piace, ma lui è simpaticissimo. 6. Levatevi. 7. Gli porterò questo libro domani. 8. No, bisogna portarlo subito. 9. Scriverò loro una bella lettera per scusarmi. 10. Datela a me, posso portarla io. 11. Ne parlo tutti i giorni. 12. Sì, ma presto non ne parlerai più. 13. Perché? bisogna parlarne sempre. 14. Parlane tu, io non ne voglio più parlare. 15. Compratevi un cappello nuovo, questo l'avete comprato due anni fa. 16. È vero, l'ho comprato a Parigi. 17. Dove hai trovato codesti libri? Lí ho trovati a casa nostra. 18. Dove hai portato le mie valigie? 19. Le ho portate alla stazione. 20. Guardandomi, rideva.

2. Traduire : 1. Vi ha dato il vostro biglietto? 2. No, non l'ha dato a noi, l'ha dato a voi. 3. Cerca noi. 4. Cercaci. 5. Ci cerca. 6. Guarda lui. 7. Inviterà me e il mio nonno. 8 Povero me!... Siamo stati puniti io e mio fratello. 9. Esse sono partite, noi partiremo domenica. 10. Vo a Parigi, ci vieni con me? No, non posso venirci subito. 11. Ci sto bene qui. 12. Pensi sempre a ciò? 13. Sì, ci penso ancora. 14. Lavatevi le mani. 15. Vedendolo, gli parlò così. 16. Tu non vieni con noi? No, rimango a casa. 17. Desideri altro? 18. Accortosi dell'errore tacque. 19. Fammi un piacere : dille la verità. 20. Diede loro un premio *(récompense)*.

3. Traduire : 1. Prends ce livre et apporte-le ici. 2. Tu en parleras à ton frère. 3. Montrez-nous ce journal. 4. Où l'avez-vous acheté? 5. J'ai rencontré Jeanne et je lui ai dit *(detto)* ce que tu m'as dit. 6. Je t'avais prié de ne pas lui dire cela. 7. Je l'avais oublié. 8. Il faut que j'écrive à mon père, il y a quinze jours que je ne lui ai écrit. 9. Écris-lui tout de suite et tu n'y penseras plus. 10. Fais-moi ce plaisir, vas-y et apporte-leur leur cahier. 11. Eux sont partis, mais elles, elles sont restées chez elles. 12. Il faut que tu travailles bien. 13. Il me regarde, moi, mais moi, je ne le regarde pas, lui. 14. J'écrirai à ma sœur pour lui dire de venir me voir chez moi. 15. Regardons-le. 16. Ne le prends pas. 17. Bois-en un peu. 18. N'en parlons plus. 19. Mets-y un bouton. 20. Mets-le là.

4. Traduire : 1. Je le porterai à mon frère. 2. Nous nous habillerons. 3. S'étant habillée rapidement, elle sortit. 4. Soignez-vous bien. 5. Il faut se lever pour y aller. 6. En y allant, nous lui raconterons cela. 7. Il pleurait en me parlant. 8. En leur écrivant, tu ne l'oublieras pas. 9. Il vous écrira à vous, mais pas à nous. 10. Il le voit, lui. 11. Mon frère et moi, nous y sommes allés. 12. Mon oncle nous a invités, ma sœur et moi. 13. Nous leur parlerons dimanche, à lui et à ma tante. 14. Que pensera-t-il en nous voyant? 15. Fais-le. 16. Dis-moi. 17. Restes-y. 18. Peigne-toi *(pettinare)* mieux. 19. Lavons-nous vite. 20. La première fois que nous nous sommes rencontrés, toi et moi, c'était en 1956 devant un cinéma.

5. Traduire en employant voi, puis en employant la 3ᵉ personne de politesse, les expressions suivantes : 1. Écrivez votre nom. 2. Comment vous appelez-vous? 3. Parlez-vous italien? 4. Où est votre livre? 5. Apportez-le. 6. Je vous ai prié. 7. C'est vous qui le dites. 8. Levez-vous. 9. C'est à vous de partir. 10. Nous en parlerons avec vous. 11. C'est une lettre pour vous, Monsieur. 12. Pardonnez-moi. 13. J'ai oublié de vous dire cela. 14. Entrez, Messieurs, je vous prie. 15. Je vous ai dit d'entrer, Messieurs. 16. Soignez-vous. 17. Brossez vos chaussures. 18. Dites-leur d'entrer. 19. Prenez vos parapluies et vos imperméables et sortez sous la pluie. 20. Vous ne venez pas avec nous?

6. Traduire :

Signor Direttore,

La prego, innanzi tutto, di volermi scusare per il mio ritardo a rispondere alla Sua cortesissima lettera del 9 corrente. Le buone notizie ch'Ella mi ha comunicate mi hanno fatto un grandissimo piacere e La ringrazio proprio di cuore. Ho visto ieri mio fratello e gli ho fatto i di Lei saluti. Egli mi ha incaricato di trasmetterLe i suoi più rispettosi ricordi, e mi ha detto che appena sarà libero verrà a salutarLa. Anch'io spero di poterLe annunziar presto una mia visita e La prego intanto di voler gradire, Signor Direttore, i più distinti saluti ed ossequi del Suo.

Devot^{mo}

7. Tourner la lettre ci-dessus à la 2ᵉ personne du pluriel (*vous* français).

8. Traduire : en employant d'abord la 3ᵉ personne de politesse, puis la 2ᵉ personne du pluriel.

Chère Madame,

Votre si aimable lettre nous a fait à tous un bien grand plaisir. Nous l'avons reçue au moment où nous pensions justement à vous. Permettez-moi d'abord de vous remercier pour la bonne nouvelle *(notizia)* que vous nous annoncez; nous serons très heureux de recevoir votre agréable *(gradita)* visite dimanche prochain. Mes enfants viendront vous chercher *(prendere)* à la gare. Quant à moi, je vous prierai de m'excuser si je vous attends *(futur)* simplement à la maison, où je suis retenue par quelques *(alcuni)* amis que je vous présenterai.

A bientôt donc, chère Madame, présentez, je vous prie, mes meilleurs compliments *(saluti)* à Monsieur N... et croyez-moi toujours,

Votre bien dévouée.

9. Conjuguer à l'indicatif présent, à l'impératif affirmatif et négatif, et au gérondif les verbes : *Vestirsi, ricordarsi, andarci, parlarne, pensarci.*

11 PRONOMS PERSONNELS GROUPÉS

80 / *Formes et règles d'emploi.*

a) Les pronoms faibles **mi, ti, gli, le, si, ci, vi,** changent de forme quand ils sont suivis des pronoms **lo, la, le, li, ne.** L'i final se transforme en **e.**

Ti *di*co, *je te dis*
se prononce d'une seule émission de voix, avec l'accent tonique sur **i** de **dico.**

Te lo *di*co, *je te le dis,*
se prononce avec deux accents toniques, l'un sur **te**[1] (atténué mais très sensible), l'autre (plus fort) sur **i** de **dico.**

b) **Gli** (masc. sing.) et **le** (fém. sing.) donnent l'un et l'autre **glielo, a, i, e, gliene,** qui s'écrivent généralement en un seul mot, avant comme après le verbe :

Glielo dirò, *je le lui dirai (à lui ou à elle)*
Bisogna parlargliene, *il faut lui en parler.*

c) Les pronoms groupés se mettent à la même place que les pronoms *faibles* simples (v. § 73). Ils s'écrivent en deux mots[2], comme en français, quand ils sont avant le verbe; après le verbe, ils s'unissent à celui-ci de manière à ne former qu'un seul mot, et sans jamais déplacer l'accent tonique :

d*i*temelo, *dites-le-moi*
and*a*tevene, *allez-vous-en.*

d) **Mi, ti, gli,** etc. viennent toujours avant **lo, la, li, le, ne :**

p*o*rtamelo, *apporte-le-moi*
r*e*ndiglielo, *rends-le-lui*

• N.B. — **Si** se met avant **lo** [3], **la, li, le, ne,** mais toujours après **mi, ti, gli, ci, vi.**

Se ne accorse subito, *il s'en aperçut tout de suite*
Gli si disse il contrario, *on lui dit le contraire.*

81 / *Modèles de conjugaison.*

	Avec substantif complément	Avec pronom complément
Indicatif présent		
	Je mets mon chapeau, etc.	Je me le mets, etc.
	Mi metto il cappello,	**Me lo metto,**

1. Cela explique l'emploi des formes fortes : **me, te, se.** — 2. Des contractions comme **ten vai** *(tu t'en vas)*, **sen va** *(il s'en va)*, pour **te ne vai, se ne va,** sont d'usage littéraire ou dialectal. — 3. **se lo, se ne...** cf. § 124, n. 1.

Ti metti il cappello,	**Te lo metti,**
Si mette il cappello,	**Se lo mette,**
Ci mettiamo il cappello,	**Ce lo mettiamo,**
Vi mettete il cappello,	**Ve lo mettete,**
Si mettono il cappello.	**Se lo mettono.**

Impératif

Mets ton chapeau, etc.	Mets-le-toi, etc.
Mettiti il cappello,	**Mettitelo,**
Si metta il cappello,	**Se lo metta,**
Mettiamoci il cappello,	**Mettiamocelo,**
Mettetevi il cappello,	**Mettetevelo,**
Si mettano il cappello.	**Se lo mettano.**

Forme négative

Ne mets pas ton chapeau, etc.

Non ti mettere (non metterti) il cappello,
Non si metta il cappello,
Non ci mettiamo (non mettiamoci) il cappello,
Non vi mettete (non mettetevi) il cappello,
Non si mettano il cappello.

Ne te le mets pas, etc.

Non te lo mettere (non mettertelo),
Non se lo metta,
Non ce lo mettiamo (non mettiamocelo),
Non ve lo mettete (non mettetevelo),
Non se lo mettano.

Infinitif, gérondif, participe

Infinitif :	**Mettersi il cappello,** mettre son chapeau	**Metterselo,** se le mettre
Gérondif :	**Mettendosi il cappello,** en mettant son chapeau	**Mettendoselo,** en se le mettant
Participe passé :	**Messosi il cappello,** **Messasi,** etc. ayant mis son chapeau	**Messoselo,** **Messaselo,** etc. se l'étant mis

• N.B. — **Pentirsene,** *s'en repentir,* se construit comme **Metterselo.**

Conjugaison transitive, avec complément d'attribution

Masc.	**Gli metto il cappello,** je lui mets son chapeau	**Glielo metto,** je le lui mets *(2 genres)*
Fém.	**Le metto il cappello,** je lui mets son chapeau	
Genres	**Metto loro il cappello,** je leur mets leur chapeau	**Lo metto (a) loro,** je le leur mets *(2 genres)*
Infinitif :	**Mettergli (le) il cappello**[1]**,** lui mettre son chapeau	**Metterglielo,** *(2 genres)* le lui mettre
Gérondif :	**Mettendogli (le) il cappello** en lui mettant son chapeau	**Mettendoglielo,** *(2 genres)* en le lui mettant
Participe passé :	**Messogli (le) il cappello,** lui ayant mis son chapeau	**Messoglielo,** *(2 genres)* le lui ayant mis

Rassegnarcisi, *s'y résigner*

Indicatif présent	Impératif
je m'y résigne, etc.	résigne-t'y, etc.
Mi ci rassegno	
Ti ci rassegni	**Rassegnatici,**
Ci si rassegna	**Ci si rassegni**
Vi ci rassegniamo	**Rassegniamovici**
Vi ci rassegnate	**Rassegnatevici**
Ci si rassegnano	**Ci si rassegnino**

Impératif négatif	Gérondif
ne t'y résigne pas, etc.	en s'y résignant
Non ti ci rassegnare **(non rassegnartici)**	**Rassegnandocisi,**
Non ci si rassegni	Participe passé s'y étant résigné (és, ée, ées)
Non vi ci rassegniamo **(non rassegniamovici)**	**Rassegnatocisi,** **Rassegnaticisi**
Non vi ci rassegnate **(non rassegnatevici)**	**Rassegnatacisi**
Non ci si rassegnino	**Rassegnatecisi**

● N.B. — A la première personne du pluriel **vi ci** signifie *y nous* et à la 2e *vous y* : le double sens de **vi** et de **ci** permet de ne pas dire **ci ci,** ni **ci vi,** ni **vi vi** *(à éviter).*

1. **Loro** n'est jamais uni au verbe : **metter loro il cappello — metterlo loro.**

82 / Tournures particulières.

a) On en[1] : **se ne;** *il y en a :* **ce n'è** (sing.), **ce ne sono** (plur.).

b) Les formes **megli, mele** (le = *à elle*), **ne lo,** etc., que l'on rencontre quelquefois, sont à éviter.

Au lieu de **rendendomegli** (migli) **simpatico,** on dira : **rendendomi simpatico a lui,** *en me rendant sympathique à lui.*

c) Trois pronoms peuvent se suivre :

Gli se ne parlerà, *on lui en parlera*	**Ve lo si**[1] **renderà,** *on vous le rendra.*

1. Pour *on le,* voir § 124.

EXERCICES

1. Conjuguer à l'indicatif présent, à l'impératif (affirmatif et négatif), au gérondif et au participe passé les verbes : *pentirsene,* s'en repentir; *parlargliene,* lui en parler.

2. Employer avec *vedo,* je vois, *domando,* je demande, **la série de pronoms faibles et forts :**

Exemple :

mi guardo, je me regarde	*guardo me,* c'est moi que je regarde.
mi parlo, je me parle à moi-même	*parlo a me,* c'est à moi-même que je parle (v. § 73, *b*).

3. Conjuguer à l'indicatif présent, à l'impératif affirmatif et négatif, au gérondif et au participe passé, les verbes :

levarsi le scarpe,	enlever ses chaussures
levarsele,	(se) les enlever
ricordarsene,	s'en souvenir
prepararcìsi,	s'y préparer,

4. Employer la série des pronoms réfléchis avec les expressions :

compro un cappello, j'achète un chapeau	*lo compro,* je l'achète

sur le modèle suivant :

mi metto un cappello, *ti metti,* etc.	*me lo metto,*

5. Traduire : 1. Non te lo dirò. 2. Bisogna portarglielo. 3. Gliene parlerò domani. 4. Dammene un poco. 5. No, non te ne voglio dare. 6. Allora non gliene dare neanche a lui. 7. Ce lo porteranno stasera. 8. Scrivetecelo. 9. Guardatela. 10. Datene anche a loro. 11. Gliene manderò anche a Lei, Signore. 12. Sono andato a trovarlo. 13. Ce l'ho trovato. 14. Mettendocelo. 15. Mi camminava sempre dietro. 16. La ruota gli è passata sul piede. 17. Gli si gettò al collo. 18. Dille che l'ho scritto a lei. 19. Bisogna comprargliene due. 20. Gli son morti tutti i parenti.

6. Traduire : 1. Il est à côté de moi. 2. Dis-le-moi. 3. Fais-le-lui porter. 4. Écrivez-le-nous. 5. Nous lui en porterons. 6. Il faut lui en parler. 7. Tu penseras à leur en acheter. 8. Si tu vois Françoise, tu lui rappelleras qu'elle nous en a promis. 9. Voici votre chapeau, mettez-le, je vous prie, Monsieur (3ᵉ pers.). 10. Son père est mort. 11. Mon crayon est tombé. 12. Je vous l'apporterai demain. 13. Je pense qu'il faut lui en acheter. 14. Je l'y ai porté. 15. Souvenez-vous-en bien. 16. Vous vous en repentirez. 17. En l'y mettant. 18. Il faut te l'écrire. 19. Il y en a, des hommes. 20. Il n'y en a pas, du pain. 21. Nous nous levons. 22. En vous y préparant. 23. Vous vous y résignerez. 24. Nous nous y résignerons. 25. Résignons-nous-y tous. 26. Ah ! te voilà ! 27. Tenez, voici votre crayon. 28. J'ai mal à la tête (cf. *dolere* p. 150 n.1). 29. Où y en a-t-il encore? Il n'y en a plus. 30. Dans *(fra)* une heure il n'en restera plus.

7. Remplacer partout dans les expressions suivantes la 2ᵉ personne du pluriel par la 3ᵉ personne de politesse (verbes, pronoms possessifs) : 1. Voi siete. 2. Vi vedo. 3. Vi scriverò. 4. Vostro padre. 5. A casa vostra. 6. Voi direte. 7. Partirò con voi. 8. Il vostro paese. 9. Vestitevi. 10. Levandovi. 11. La vostra lettera. 12. Sarete pregato. 13. Parlo a voi. 14. Vi parlo. 15. Non vi conosco, Signori. 16. Ve lo dico. 17. Vi prego. 18. Scusatemi. 19. Portatemi quel libro. 20. Non posso dirvelo. 21. Eccovi il libro, prendetevelo. 22. Parlatemene. 23. Prendete il portamonete : mettetevelo in tasca. Ricordatevi di non spendere troppo, ricordatevene bene. 24. Ve ne pentirete. 25. Voi dovete adattarvici. 26. Adattandovici. 27. Ve lo scriverò a voi, ma a lui non gliene parlerò. 28. Vi saluto. 29. Vi darò un premio. 30. Parlatemi con calma.

8. Traduire : 1. Souvenez-vous de passer chez le pharmacien, car moi, je ne pourrai pas y aller. 2. Si je ne m'en souviens pas *(futur)*, tu y iras ce soir. 3. Ton père t'en a-t-il parlé? 4. Non, il ne m'en a rien dit. 5. Nous nous sommes décidés à aller à Rome, mais nous en reviendrons dans huit jours. 6. Donnez-moi cette lettre, je *(vous)* la mettrai à la poste. 7. Pierre a acheté une belle chemise neuve et a voulu *(se)* la mettre tout de suite pour s'en aller au bal. 8. Sa mère la lui a lavée et il l'a *(se l'est)* remise le lendemain. 9. Il faut que je finisse mon devoir ce soir, tu me le rappelleras, n'est-ce pas? 10. Tu as eu tort de ne pas t'en souvenir plus tôt *(prima)*. 11. On lui a offert du vin, il n'en voulait pas, mais son père le lui a fait boire. 12. Tu as pris ce livre dans la bibliothèque, va l'y reporter. 13. Y a-t-il encore du sucre dans le sucrier *(zuccheriera)?* Non, il n'y en a plus. 15. J'*(y)* en avais remis ce matin. 16. Je vous le répète, vous ne devez en parler à personne, même pas à votre frère. 17. Soyez-en certain, je ne lui en parlerai pas. 18. Nous vous l'avions déjà dit : cette lettre, vous n'auriez pas dû la lui envoyer. 19. Nous ferons ce travail si vous nous y encouragez *(incoraggiare)*. 20. Si vous avez besoin d'argent, faites-le-nous savoir. 21. Voulez-vous venir au théâtre? Je n'y suis pas allé depuis longtemps et j'aimerais bien y aller. 22. Eh bien, je vous y mènerai ce soir. 23. Je crois que vous vous y amuserez beaucoup. 24. La dame avait un beau salon et elle nous y fit entrer fort aimablement. 25. Je vois que vous avez beaucoup de microsillons. 26. Pourriez-vous m'en prêter quelques-uns? 27. Très volontiers, ils sont sur cette étagère : choisissez-les vous-même, il y en a de très intéressants. 28. Vous êtes trop aimable, je vais vous en prendre quelques-uns, et je vous les rapporterai le plus tôt possible. 29. Ne vous tourmentez pas, gardez-les tant que vous en aurez envie *(voglia)*. 30. Je vous en suis très reconnaissant, car lorsque j'écoute de la musique, je ne m'en fatigue jamais.

9. Conjuguer à l'indicatif présent, à l'impératif affirmatif et négatif, au gérondif et au participe passé :

Tagliarsi le unghie	se couper les ongles
Tagliarsele	se les couper
Ficcarselo in testa	se l'enfoncer dans la tête
Andarsene	s'en aller

10. Mettre au pluriel de la même personne les expressions suivantes :

Mettendotele. Andandomene. Me lo prendo. Pentitene. Faccelo vedere. Rendimelo. Te lo dico. Vattene. Se ne vada. Me ne ha parlato. Scrivendotelo. Metticelo. Mangiatelo. Vattelo a prendere. Dammene. Bevitelo. Vergognandotene.

11. Traduire à la 2e personne du pluriel, puis au singulier à la 3e personne de politesse : 1. Je ne vous avais pas reconnu. 2. Je vous prie de m'en excuser. 3. Pardonnez-moi de vous déranger. 4. J'ai besoin de ce livre, pourriez-vous me le passer? 5. Je vous en serais reconnaissant. 6. Le voici, ne vous excusez pas, c'est un plaisir pour moi. 7. Je vous remercie de votre amabilité *(gentilezza)*. 8. Quand vous aurez besoin de moi, ne vous gênez pas *(far complimenti)*. 9. Encore une fois *(di nuovo)*, merci. 10. Je serai toujours heureux de vous revoir et de pouvoir vous rendre service *(fare un piacere)*.

12 Traduire : 1. Quando hai un lavoro da fare, fallo subito. 2. Datti un po' di pena se vuoi riuscire. 3. Perché hai fatto ciò? diccelo, per favore. Vattel'a pesca *(qui le sait?)*. 4. Bisogna chiamare il medico : vacci subito. 5. Se tua madre ti sgrida perché hai rotto il vetro, falle capire che non l'hai fatto apposta. 6. Questa stoffa è proprio carina, fattene un bel vestito. 7. Non ti allontanare stammi sempre accanto. 8. Facci un favore, vattene un po' in là. 9. Se hai coraggio, fatti avanti. 10. Stammi a sentire, va da tua zia e dille che l'aspettiamo; diglielo gentilmente. 11. Se sei ammalato, stattene a casa. 12. Hai dimenticato il tuo compito a casa, vallo a prendere. 13. Se ti piace questo quadro, stallo a guardare quanto ti pare. 14. Questi tuoi compagni sono poco seri, stanne lontano. 15. Se hai qualcosa contro di me, dimmelo francamente. 16. Questo bicchiere è sudicio, portatemene un altro. 17. Quando qualcosa non va bene ditemelo subito. 18. Glielo dirò non appena sarà tornato a casa. 19. Rendiceli prima di mezzogiorno. 20. Pagategliele il doppio *(double)*.

13. Traduire : 1. Quand tu te trouves bien quelque part, restes-y le plus lontemps possible. 2. Donne-moi, s'il te plaît *(per favore)* l'adresse que je t'ai demandée. 3. Je te la donnerai demain, je ne l'ai pas ici. 4. Fais-nous entendre un peu de bonne musique. 5. Ta sœur connait beaucoup de chansons, dis-lui qu'elle nous en chante une ou deux. 6. Qu'est-ce que c'est que cette boîte, fais-la nous voir un peu. 7. Dis-nous où tu l'as trouvée. 8. Va-t-en tout de suite. 9. Fais-le ou ne le fais pas, ce sera pareil *(lo stesso)*. 10. Si tu as de l'argent, donne m'en un peu. 11. J'ai soif, va me chercher un peu d'eau, allons, vas-y. 12. Si tu n'y vas pas, j'irai *(me)* la chercher moi-même. 13. Elle parle ta poupée *(bambola)*, ma petite? allons *(su)*, fais-la parler. 14. Fais-toi une raison : dans la vie, il faut travailler. 15. Reste près de moi *(reste-moi à côté)*. 16. Donne-m'en la preuve. 17. Porte-le lui tout de suite *(subito)* sinon *(se no)* il ne sera pas content. 18. Quand elle veut quelque chose, il faut le lui donner sans hésiter. 19. En nous le répétant il a eu tort. 20. Dis-le nous sans te faire prier.

12 PRONOMS RELATIFS

83 / *Formes.*

Les pronoms relatifs italiens sont :

che (invariable), *qui*, *que (sujet ou complément)*,
cui (invariable), *dont*, *auquel*, *à laquelle*, etc. *(toujours complément*, avec ou sans préposition),

il quale, la quale,	*lequel*, *laquelle*	*sujet ou complément.*
i quali, le quali,	*lesquels*, *lesquelles*	

A ces formes on peut ajouter les adverbes : **dove,** *où*, **donde (onde),** *dont (d'où)*, et les relatifs indéfinis :

quanto (a, i, e), qui signifie *tout ce que (qui)*,
chi (invariable) qui signifie *celui qui, quiconque.*

● N.B. — Ces deux indéfinis ont une valeur double d'*antécédent* et de *pronom relatif.* Cependant, *il est très important* de ne pas confondre **chi** avec **che** (voir plus bas, § 88).

84 / *Emploi de « che ».*

a) **Che** est invariable et traduit le français *qui* et *que*, masculin ou féminin :

L'uomo che parla, *l'homme qui parle*
La ragazza che entra, *la jeune fille qui entre*
Il bambino che vedo, *le petit enfant que je vois.*

b) **Che** pouvant être sujet ou complément, certaines tournures offrent souvent deux sens possibles :

L'uomo che guarda Giovanni,
l'homme qui regarde Jean (ou : *l'homme que regarde Jean).*

On peut éviter un tel inconvénient en disant, selon le cas :

L'uomo che Giovanni guarda, ou :
L'uomo guardato da Giovanni[1]**.**

c) **Che** a souvent un sens neutre[2]. On dit couramment :

Di che bere, *de quoi boire.*
Di che mangiare, *de quoi manger.*
Grazie. — Non c'è di che. *Merci. — Il n'y a pas de quoi.*

1. Tournures populaires incorrectes à éviter :
Una cosa che tutti la sapevano, *une chose que tout le monde* la *savait.*
Un ragazzo che conosco suo padre, *un enfant* que *je connais* son *père.*

2. Quand il est précédé d'une préposition il est *toujours* neutre et ne peut pas être employé pour les personnes ; pour celles-ci on emploiera **cui,** ou **il quale, la quale.**

d) **Ciò che (quel che, quello che)** signifie *ce qui*, *ce que* (voir § 62) :

Ciò che fo, *ce que je fais* — **Quel che dico,** *ce que je dis.*

● N.B. — Dans l'interrogation indirecte *ce que* peut se rendre aussi par **che cosa : dimmi che cosa vuoi,** *dis-moi ce que tu veux* (cf. §§ 33 et 90).

e) **Il che,** signifie aussi *ce qui*, *ce que*, mais on ne peut pas l'employer à la place de **ciò che** et de **quel che,** car **il che** se rapporte à toute la proposition qui précède :

Abbiamo appreso la tua guarigione, il che ci ha fatto tanto piacere a tutti,
nous avons appris ta guérison, ce qui nous a fait bien plaisir à tous.

● N.B. — **Il che,** pronom relatif précédé de l'article, a entraîné **un che** *(quelque chose)*, **un non so che** *(un je ne sais quoi)*, **un gran che** *(grand-chose)* :

Aveva un che di strano, *il avait quelque chose d'étrange* — **Un non so che di poetico,** *un je ne sais quoi de poétique*
Quest'opera non è un gran che,
cette œuvre ne vaut pas grand-chose (n'a rien de rare).

85 / « Il quale » et « cui ».

Il quale est plus lourd que **che,** mais il est plus précis.

a) On ne l'emploie plus guère comme complément d'objet direct; mais, comme sujet, il sert parfois à écarter une ambiguïté possible :

La madre di quel giovane, la quale partirà domani...,
la mère de ce jeune homme, laquelle partira demain...

ou simplement à éviter deux **che** se suivant de trop près :

Quel signore che tu conosci, il quale partirà domani...,
ce monsieur que tu connais, qui partira demain...

b) Comme *complément indirect* on emploie **il quale** ou **cui,** avec toutes les *prépositions*, pour les *personnes* et pour les *choses* :

L'uomo al quale (a cui) penso,
l'homme auquel je pense

Il treno col quale (con cui) partirò,
le train par lequel je partirai

La nave sulla quale (su cui) era salito,
le navire sur lequel il était monté

I ragazzi dei quali (di cui) parlo,
les garçons dont je parle.

• N.B. — 1° **Cui** *est invariable et n'est jamais sujet.*
2° Éviter l'emploi populaire de **per cui** (sans antécédent) dans le sens de *c'est pourquoi* - Dire : *perciò*.

86 / « Cui » sans préposition.

On peut employer **cui** sans préposition :

a) Pour traduire le français *dont* (génitif latin : *cujus*) suivi d'un substantif *sujet*[1] :

Questa ragazza, la cui madre è morta,
cette jeune fille dont la mère est morte.

Dans ce cas, on met **cui** entre l'article et le substantif qui suivent le français *dont*. Mais on dit aussi, plus simplement (dans la conversation) :

...di cui la madre è morta. (ou : **di cui è morta la madre**)[2]

b) Comme complément d'attribution (*datif* latin : *cui*)[3] :

La persona cui scrivo,
la personne à qui j'écris.

Mais on dit plus souvent : **a cui scrivo.**

87 / Relatifs de temps.

Pour traduire l'adverbe *où* employé comme pronom relatif indiquant le *temps* où se passe quelque événement, ne jamais employer **dove** ni **ove**, réservés au sens de *lieu ;* employer **che**, mais surtout **in cui** ou **nel quale, nella quale**, etc. :

L'anno in cui (nel quale) scoppiò la guerra,
l'année où éclata la guerre

L'ora in cui (nella quale) accadde la disgrazia,
l'heure où arriva l'accident

1. Quelquefois complément (tournure plus littéraire) :
... la cui madre conosco, *...dont je connais la mère.*
... nella cui casa abito, *...dont j'habite la maison.*

2. Tournures grammaticalement équivalentes (la première est plus rare dans la littérature d'aujourd'hui) :
cf. **« O anima cortese mantovana - di cui la fama ancor nel mondo dura »** (Dante - *Inf.* 11 58-59).
« Un sol boccone... di cui mi dura ancora la dolcezza nel cuore » (A. Panzini - *Le Ostriche di S. Damiano*).

3. Et quelquefois complément direct d'objet (archaïque) :
« **E caddi come l'uom cui sonno piglia** » *(Dante).*
Et je tombai comme un homme que le sommeil prend.

I tempi in cui (nei quali) viviamo,
les temps où nous vivons.

● N.B. — On dit couramment : **il giorno che nacqui, ..., l'anno che morì..., nel momento che...,** moins souvent : **l'ora che..., il mese che...**

88 / « Chi ».

a) **Chi,** dans le sens de *celui qui*, peut être considéré comme un *relatif*, mais c'est un *pronom indéfini* ayant le sens de *quiconque, tout homme qui* (à la fois *antécédent* et *relatif*).

Chi rompe paga,
qui casse, paie

Ascolta chi ti vuol bene,
écoute celui qui t'aime bien.

Chi est l'équivalent de **colui che** ou de **coloro che** (voir § 62) :

Ascolta colui (coloro) che ti vuol (vogliono) bene.

b) Ne pas confondre **chi** avec le *relatif* simple **che** *(sujet)* :

L'amico che ti vuol bene,
l'ami qui t'aime bien.

c) Ni avec **cui** (voir aussi § 93) :

Parlo con chi m'ascolta,
je parle avec qui m'écoute (ici : *qui* = *celui qui*).

mais : **L'uomo con cui parlo,**
l'homme avec qui je parle (ici : *qui* = *lequel*).

● N.B. — *Sens particuliers* : 1° **chi** répété a le sens du *qui* répété français :

Chi dormiva, chi leggeva,
qui dormait, qui lisait (les uns dormaient, les autres lisaient).

2° *Si quelqu'un..., si on...* (*si quis* latin) :

Chi mi domandasse ciò non risponderei,
si quelqu'un me demandait cela, je ne répondrais pas.

3° *Quelqu'un qui ...* :

Cerco chi mi dia un buon consiglio,
je cherche quelqu'un qui me donne un bon conseil.

Remarquer l'emploi du *subjonctif* dans ces deux derniers exemples (voir § 152, *d*).

89 / « Quanto, a, i, e ».

Quanto est aussi un relatif indéfini à valeur double, antécédent et relatif :

Ecco quanto[1] ho potuto trovare,
voici tout ce que j'ai pu trouver.

1. Ici, **tutto** est sous-entendu devant **quanto.**

Dans ce cas, **quanto** est un neutre; il a quelquefois le simple sens de *ce que* **(ciò che)** :

Quanto ho detto è vero,	**A quanto pare,**
ce que j'ai dit est vrai	*à ce qu'il semble.*

Il s'emploie aussi comme *adjectif* :

In quanti[1] libri ho letto, ho trovato...,
dans tous les livres que j'ai lus, j'ai trouvé...

1. C'est l'équivalent de : **in tutti i libri che (in tanti libri quanti ne) ho letto (i).**

EXERCICES

1. Traduire : 1. Il fanciullo che ascolta i genitori è amato da tutti. 2. Preferisco chi mi dice la verità a chi mi lusinga *(flatte)*. 3. Quella casa che vedete è la mia. 4. L'uomo che istruisce è come un secondo padre. 5. Ecco la statua che ho comprata. 6. La volpe *(renard)* di cui tutti conoscono la furbizia *(ruse)* fu ingannata *(trompé)* dalla cicogna. 7. La donna che parla molto lavora poco. 8. Ho passato la mia giornata a leggere, il che è stato per me un vero riposo. 9. Mi ha domandato ciò che volevi. 10. Mio cugino, per cui mi facevo tanto pensiero *(souci)*, è guarito. 11. L'ortolano *(jardinier)*, la cui figlia si è sposata, vuol lasciare il paese. 12. La madre di questo giovane, il quale è andato a fare il soldato, è rimasta *(restée)* sola. 13. Quell'artista, che tu conosci, il quale è famoso in tutto il mondo, passerà tre giorni in questa città. 14. La penna colla quale scrivo è un regalo *(cadeau)* di mio padre. 15. La cosa cui penso mi fa tremare. 16. I ragazzi di cui i genitori sono assenti resteranno a scuola. 17. Era l'anno che morì il re. 18. Fu il giorno che arrivò Pietro. 19. Era l'ora in cui andiamo tutti a letto. 20. L'epoca nella quale viviamo non è davvero *(vraiment)* tranquilla.

2. Traduire : 1. Écoute cet oiseau qui chante là-bas. 2. L'oiseau dont je vois le nid est une hirondelle *(rondine)*. 3. Je vous rends le parapluie que vous m'avez prêté. 4. Un phare *(faro)* est une tour *(torre)* sur laquelle est allumé *(acceso)* un feu *(fuoco)* qui sert à guider les navires *(le navi)* pendant la nuit. 5. L'encre avec laquelle j'écris est bleue. 6. Ma mère, pour laquelle j'ai tant d'affection *(affetto*, m), est malade. 7. Ne faites pas aux autres ce que vous ne voulez pas qu'on vous fasse à vous-même. 8. La terre nous donne le blé *(grano)* qui sert à faire le pain que nous mangeons. 9. Lis les livres que je t'ai apportés. 10. Cette maison que tu vois, qui est à mon oncle, est la plus ancienne du village. 11. Le cordonnier *(calzolaio)*, dont le fils est soldat, habite à côté de nous. 12. C'était l'année où j'ai perdu mon père. 13. C'est l'heure où nous sortons chaque jour. 14. Le jour où nous avons appris ce malheur fut un triste jour. 15. L'ami auquel j'écris est un grand voyageur *(viaggiatore)* dont la famille vit en Russie *(Russia)*. 16. Nous avons reçu un télégramme *(telegramma)*, ce qui nous a donné une certaine émotion *(commozione)*. 17. Il n'y a pas grand-chose à manger. 18. J'éprouve un je ne sais quoi en le voyant. 19. Il avait quelque chose de l'artiste. 20. J'ai perdu le cahier dans lequel j'avais copié cette poésie.

3. Traduire : 1. Ascolta chi ti dà buoni consigli. 2. L'uomo con cui vai non è serio. 3. Ama l'amico che ti dà buoni consigli. 4. Chi dorme non piglia pesci (*proverbe*). 5. L'autore di cui parlo è morto venti anni fa. 6. Ecco quanto ho potuto sapere. 7. In quante guerre si è trovato, si è sempre distinto per il suo valore. 8. Chi mangiava, chi beveva, chi parlava. 9. Chi volesse sapere come ha fatto lo dovrebbe domandare a lui. 10. Non ho fatto gran che stamattina.

4. Traduire : 1. Dans tous les endroits où je l'ai rencontré, il était toujours seul. 2. Voilà tout ce que j'ai acheté. 3. Il m'a dit tout ce qu'il a vu. 4. Qui paie ses dettes (*debiti*, m.) s'enrichit (v. *arricchirsi*). 5. Qui parlait, qui riait, qui sautait. 6. L'homme de qui je parle n'est pas ici. 7. Le poète à qui je pense est un poète italien. 8. L'homme avec qui tu parlais est mon ami. 9. Je ne connais pas la personne que j'ai rencontrée. 10. Dis-moi quelle est la personne à qui tu as parlé. 11. Le camarade *(compagno)* avec qui tu travailles est un bon élève. 12. Les amis dont nous nous souvenons se souviennent de nous. 13. Mon frère est le garçon dont le cartable est jaune. 14. Je trouverai bien quelqu'un qui m'aide. 15. A ce qu'on dit, Pierre arrivera ce soir. 16. L'homme dont le portrait *(ritratto)* est dans l'entrée est mon grand-père. 17. Le jeune garçon dont le peintre a réussi ce beau portrait est mort l'année où je suis arrivé dans cette ville. 18. Ce fut le jour où nous accueillîmes Jacques parmi nous. 19. Voilà tout ce que j'ai pu trouver : nous n'aurons que deux apéritifs. 20. L'artiste auquel je pense n'a jamais connu le succès, c'était pourtant un pianiste dont tout le monde reconnaissait le talent.

5. Traduire : 1. L'agent *(vigile)* à qui je me suis adressé était très aimable *(cortese)*. 2. Les automobilistes dont je crains les réactions sont ceux qui conduisent depuis peu. 3. Les chauffeurs *(autista)* de taxis dont la voiture est lente *(lenta)* et vieille font payer aussi cher que ceux dont les voitures sont neuves. 4. Les uns klaxonnaient *(strombettare)*, les autres s'énervaient, tous attendaient que la circulation *(traffico)* devînt plus rapide. 5. Si quelqu'un voulait me remplacer au volant *(volante)* je serais très content. 6. Tout ce que je peux vous dire c'est que j'ai mis deux heures pour traverser la ville. 7. Je cherche quelqu'un qui m'indique où est l'hôpital *(ospedale)*. 8. A ce qu'ils disent, c'est encore loin; avec cette voiture dont le moteur marche mal je ne sais si nous y arriverons avant la nuit. 9. Dans tous les voyages que j'ai faits j'ai rencontré les mêmes difficultés et les mêmes joies. 10. Qui veut voyager loin ménage sa monture.

6. Traduire : 1. Le costume qui me va le mieux est celui que je portais hier. 2. Le gilet *(gilè)* dont le tissu *(tessuto)* ressemble à celui de mon pardessus ne me plaît pas. 3. Il y a de quoi acheter des vêtements neufs. 4. Permettez-moi de vous donner ce mouchoir *(fazzoletto)* que vous avez laissé tomber. 5. Ce que je dis c'est qu'il est impossible de porter une cravate *(cravatta)* de cette couleur avec cette chemise. 6. Ils m'ont offert pour mon anniversaire *(compleanno)* une paire de souliers et un pull-over, ce qui m'a fait un grand plaisir. 7. Il y avait quelque chose de vieillot *(vecchiotto)* dans sa tenue *(tenuta)*. 8. Un je ne sais quoi d'étrange montrait qu'il n'était pas d'ici. 9. Ce tailleur *(sarto)* n'est pas très habile : ce qu'il a fait n'est rien de rare. 10. Il est impossible de mettre cette chemise dont le col est trop étroit et les manches *(manica)* trop longues. 11. Le chapeau dont son père lui fit cadeau *(regalare*, trans.*)* avait servi plus de dix ans. 13. Le pantalon auquel je fais allusion *(alludere)* est encore chez le teinturier *(tintore)*. 13. Le foulard *(sciarpa)* avec lequel il sort le dimanche vient d'Italie. 14. La jeune fille dont je parle est mannequin *(indossatrice)* chez un grand couturier. 15. La dame dont le manteau est déchiré ne s'en est pas aperçue. 16. A ce qu'il paraît, il est ivre *(ebbro)*. 17. Donne-moi de quoi m'habiller *(vestirsi)*. 18. Ce que vous faites n'est pas bien. 19. Ce qu'elle dit est faux *(falso)*. 20. Le garçon avec qui je parle est mon cousin.

13 ADJECTIFS ET PRONOMS INTERROGATIFS ET EXCLAMATIFS

90 | Formes.

Che?! *(invariable)*,	quel, quelle, quoi, que, qu'est-ce que?!
Quale, i?!	quel, quelle?! lequel, laquelle, lesquels?
Chi?!	qui, qui est-ce qui?!
Quanto, a, i, e?!	combien de?! que de!

● N.B. — 1° A ces formes, on peut ajouter le substantif **cosa?** qui a pris la valeur d'un interrogatif familier : **Cosa fai?**
Que fais-tu?

2° Le *est-ce que* français ne se traduit jamais (voir § 33, *c*).

91 | « Che ».

a) **Che** est invariable, et est plus usité que **quale** comme adjectif :

Che giorno è? (Che ora è?) — *Quel jour sommes-nous?*
Che ore sono? — *Quelle heure est-il?*
Che caldo! — *Quelle chaleur!*

b) **Che** employé comme pronom a la valeur d'un neutre :

Che dici? — *Que dis-tu?*
Che fai? — *Que fais-tu?*
A che pensi? — *A quoi penses-tu?*

On dira de même :

In che? — *Dans quoi?*
Con che? — *Avec quoi?* etc.
Ma che! Che! — *Mais quoi! Allons donc!*

92 | « Quale ».

a) **Quale, i**[1], comme *adjectif*, est moins employé, mais paraît plus précis que **che** :

Quale persona cercate? — *Quelle personne cherchez-vous?*
Quale spettacolo! — *Quel spectacle!*

1. La forme contractée **qual** (sing., masc. et fém.), s'emploie comme *adjectif* devant une voyelle et une consonne (autre que *s impur* et *z*) :

Qual giorno? — *Quel jour?*
Qual pazienza! — *Quelle patience!*

Devant une voyelle on trouve **qual** et **qual'**. Comme *pronom*, il faut employer **quale** ou **qual'** pour les *deux genres*.

N.B. — *a*) Devant *s impur* et *z* il faut toujours employer la forme entière **quale.**
b) Le pluriel contracté archaïque **quai** est d'usage poétique.

b) Avec un substantif précédé d'un adjectif, on emploie surtout **che** :

Che bello spettacolo !
Quel beau spectacle!

c) Comme *pronom interrogatif*, c'est **quale** qui s'emploie exclusivement :

Quali sono i giorni che sceglieremo?
Quels sont les jours que nous choisirons?

d) Lequel français, *interrogatif*, se rend simplement par **quale**, sans article :

Qual è?
Lequel est-ce?

Di queste due case, quale preferite?
De ces deux maisons, laquelle préférez-vous?

● N.B. — De même *auquel, à laquelle, auxquels, auxquelles, duquel, de laquelle, desquels, desquelles?...* se disent : **a quale, a quali, di quale, di quali?...**

93 | « Chi » interrogatif.

Chi interrogatif s'emploie comme le *qui* interrogatif français :

Chi è?
Qui est-ce?

A chi parli?
A qui parles-tu?

Dans l'interrogation indirecte, on emploie également l'interrogatif **chi,** qu'il convient de ne pas confondre, alors, avec les relatifs **che** et **cui** :

Vorrei sapere chi parla,
je voudrais savoir qui parle.

(mais on dira : **L'uomo che parla,** *l'homme qui parle.*)

Dimmi con chi vai,
dis-moi avec qui tu vas.

(mais on dira : **L'uomo con cui (col quale) vai,** *l'homme avec qui tu vas.*)

94 | « Que de...! Combien de ...! Que...! » avec un verbe.

Que de, combien de, se rendent par **quanto, a, e, i** :

Quanta pena !
Que de peine!

Quante persone?!
Combien de personnes?!

Quanti ragazzi!
Que de garçons!

a) On remarquera que **quanto** est ici adjectif et s'accorde, le *de* français ne se traduit pas (voir § 110, *N. B.* 1°).

b) Le *que* exclamatif français, *employé avec un verbe*, ne se rend jamais par **che** mais par **come** ou **quanto** *(adverbes)* :

> **Come (quanto) sono contento!**
> *Que je suis content!*
> **Quanto (come) ha lavorato bene!**
> *Qu'il a bien travaillé!*

EXERCICES

1. Traduire : 1. Qu'il chante bien! Qu'il est grand! Qu'il est gai! 2. Que de choses il m'a racontées! 3. Que de personnes il connaît! 4. Combien de temps faut-il *(occorre)*? 5. Combien de maisons as-tu? 6. De ces deux chevaux, lequel préfères-tu? 7. Voyez, Monsieur, ces étoffes, laquelle prendrez-vous? 8. Quel jour est-ce? 9. Quelle heure est-il? 10. Quels sont les jours que vous préférez? 11. A qui est cette canne? 12. Elle est à moi. 13. Dis-moi avec qui tu vas. 14. Quelle journée! 15. Quelle belle journée! 16. Que le temps me paraît long! 17. Si quelqu'un voulait parler, il raconterait tout. 18. Tu aurais besoin de quelqu'un qui pût te prêter de l'argent. 19. Qu'il fait beau aujourd'hui! 20. Que de choses j'ai à faire!

2. Traduire : 1. A qui as-tu écrit? — J'ai écrit à ceux à qui j'avais oublié d'écrire hier. 2. Nous ne savons pas qui est venu. 3. Quelle heure est-il? Il est midi. Il est minuit. 4. Quelle splendeur! 5. Combien de livres as-tu achetés? 6. Avec qui parlais-tu? 7. Dis-moi qui tu hantes *(ici bazzicare)* je te dirai qui tu es. 8. Que de vent depuis hier! 9. Que le ciel est beau! 10. Quelles belles fleurs!

3. Traduire : 1. Non andare con chi ha cattive frequentazioni. 2. Ti ricordi a chi hai parlato? 3. Di chi è questo terreno? 4. È di chi l'ha pagato. 5. Ma che credi? 6. Che ore sono? 7. In che mese siamo? 8. Quali sono i giorni della settimana? 9. Quale stoffa volete? 10. Ecco due autori, quale preferisce, Lei, Signore? 11. Quanti poveri in questo mondo! 12. Quanto siamo tristi! 13. Quant'acqua! 14. Come lavora presto! 15. Chi è? Sono io. Avanti! 16. Quanti dischi hai a casa? 17. Qual'è quello più moderno? 18. Che volete da me? 19. Che caldo! Come si starebbe bene sulla spiaggia! 20. Vuoi comprare questa casa? Ma che! non hai nemmeno abbastanza denaro per comprarti una macchina!

4. Traduire : 1. Carlo non sapeva più da che parte rifarsi *(par où commencer)*. 2. Se tu sapessi quanta fatica m'è costato questo lavoro! 3. Credevo che fosse partito, ma che! è rimasto a casa. 4. Potresti dirmi da quale porta è uscito? 5. Se aveste visto quale spettacolo! 6. Che ci volete fare? questo ragazzo è cocciuto come un asino. 7. Voi non sapete chi ha scritto la Divina Commedia? 8. Ma che avete imparato a scuola? 9. A chi parli, Pietro? 10. Io parlo a chi mi ascolta. 11. Luigi è l'amico di cui mi ricordo più caramente. 12. Di chi si ricorderà, lui? 13. Si ricorderà di chi gli ha fatto del bene. 14. Non scriverà più ai compagni di cui ha dimenticato il nome. 15. Dimmi un po', quanti errori hai fatto nel tuo compito? 16. Che voto ti ha dato il maestro? 17. Quanti ragazzi hanno avuto più di te? 18. Quale fu il miglior voto? 19. Non sapevi quali regole bisognava applicare? 20. Tra i tuoi compagni, quale preferisci?

5. Traduire : 1. Que la nature est belle au printemps! 2. Que je suis content de vivre à la campagne! 3. Que de belles promenades nous pouvons faire! 4. Que le temps passe vite! 5. Que faites-vous, mon ami, ne voyez-vous pas qui arrive? 6. Je serais content de savoir qui vous cherchez. 7. Chez quel tailleur *(sarto)* vous faites-vous habiller? 8. Je ne sais que penser. 9. Quelle raison a-t-il d'être fâché (*stizzito*)? 10. Je sais bien ce que vous allez me dire. 11. Dis-moi chez qui tu es allé. 12. Savez-vous qui je suis? 13. Qui êtes-vous, Monsieur? et que désirez-vous? 14. Je me demande de qui Pierre a voulu parler. 15. Quel beau temps, aujourd'hui! que vous en semble? 16. Qu'est-ce que vous avez donc? qu'est-ce donc qui vous tourmente? 17. En quoi vous ai-je fait de la peine? 18. Auquel de ces deux élèves donnerez-vous le prix d'italien? 19. Lequel a le mieux travaillé? 20. Celui à qui je pense est absent aujourd'hui.

6. Compléter : 1. ... bravo fanciullo! 2. ... ragazzo studioso! 3. ... è studioso questo scolaro! 4. ... lavora bene! 5. ... libri avete comprato! 6. ... ne avete letto! 7. ... preferite leggere? 8. Da ... siete stato più interessato? 9. A ... pensate? 10. Ma ...! non è vero! 11. Ma ... ve l'ha detto? 12. Con ... siete andato in Italia? 13. Badate di ... vi fidate. 14. ... farete a pagare la macchina? 15. Ho riveduto Pietro : ... è cambiato! 16. Di ... vi lamentate? 17. ... ne dite di questa trovata? 18. ... bella cosa! 19. ... mi piacerebbe andare in Italia! 20. ... dorme bene questo bambino! ... ve ne pare?

7. Traduire : 1. Voici du vin rouge et du vin blanc, duquel boirez-vous? 2. A quoi pensez-vous? 3. De quoi ai-je l'air? 4. Tu parles de Jean? mais quoi, ne sais-tu pas qu'il est parti? 5. A quelle heure part le train pour Rome? 6. Combien de temps met-il? 7. A quelle heure arriverons-nous? 8. Combien de pages as-tu écrites? 9. Avec quoi as-tu écrit? 10. Quelle belle écriture! 11. Mais que de fautes tu as faites! 12. Quel temps faisait-il dimanche dernier? 13. Quelle belle journée nous avons eue jeudi! 14. Je voudrais savoir à qui parler. 15. L'homme à qui je parle n'a pas l'air de me comprendre. 16. Dans quoi puis-je faire cuire ces œufs? 17. Qu'il fait froid aujourd'hui! 18. Quel bon feu nous avons ici! 19. Qu'il est agréable de se chauffer! 20. Qu'il est triste de penser à ceux qui ont froid!

8. Compléter : 1. Con... amici andate più volentieri? 2. Vi siete sporcato i pantaloni : su ... vi siete seduto? 3. Ma per ... lavorate? per me o per voi? 4. Avrei voluto sapere di ... parlava mio zio : di me o di te? 5. Io vado a spasso con ... voglio. 6. Per ... ragione mi avete mancato di parola? 7. In ... mese partirete in vacanza? 8. Con ... macchina partirete? 9. ... roba avete da portare! 10. ... farete a metter tutto nella macchina? 11. ... sole! 12. ... si sta bene! 13. A... parlavi ieri sera? 14. A. ... ora si parte domani ? 15. Per ... hai comprato questo? 16. ... sei diventato pigro! 17. ... vestiti! 18. ... meraviglia! 19. ... disgrazia! 20. ... sono felici!

9. Traduire : 1. Que d'eau il est tombé cette nuit! 2. Que de patience il faut avoir avec les enfants! 3. Combien en avez-vous, Madame? 4. Huit! que me dites-vous? comment faites-vous? 5. Quoi? ce n'est pas difficile : les plus grands s'occupent des petits, et moi je m'occupe de tous. 6. Quel est cet homme? que veut-il? 7. Il demande qui habite ici. 8. A quelle heure avez-vous commencé à travailler? 9. Combien d'heures avez-vous faites? 10. Que sais-je? neuf ou dix heures. 11. Que dites-vous? 12. Que de bijoux *(gioielli)* sur une seule personne! 13. Qu'en dis-tu? 14. Quel ennui! *(noia)*. 15. Pour qui travaillez-vous? 16. Avec qui es-tu sorti *(andar fuori)* avant-hier? 17. Qui t'a dit ces mensonges? *(bugia*, fem.*)*. 18. Comme je serais content si mon père était là! 19. Que de joie dans ses yeux et quel sourire à (traduire *sur*) ses lèvres! 20. Que de tableaux *(quadro)* anciens et que de belles lampes *(lampada)* dans cet appartement!

14 ADJECTIFS NUMÉRAUX

95 / Adjectifs numéraux cardinaux.

0 **zero**	17 **diciassette**	41 **quarantuno**[1]
1 **uno**	18 **diciotto**	42 **quarantadue,** etc.
2 **due**	19 **diciannove**	50 **cinquanta**
3 **tre**	20 **venti**	60 **sessanta**
4 **quattro**	21 **ventuno**[1]	70 **settanta**
5 **cinque**	22 **ventidue**	80 **ottanta**
6 **sei**	23 **ventitré**[2]	90 **novanta**
7 **sette**	24 **ventiquattro**	100 **cento**
8 **otto**	25 **venticinque**	101 **centuno (centouno),** etc.
9 **nove**	26 **ventisei**	200 **duecento (dugento)**
10 **dieci**	27 **ventisette**	300 **trecento,** etc.
11 ***u*ndici**	28 **ventotto**[1]	1000 **mille**
12 **d*o*dici**	29 **ventinove**	1001 **milleuno,** etc.
13 **tr*e*dici**	30 **trenta**	2000 **duemila**
14 **quatt*o*rdici**	31 **trentuno**[1]	
15 **qu*i*ndici**	32 **trentadue,** etc.	
16 **s*e*dici**	40 **quaranta**	
100.000 **centomila**	1.000.000 **un milione**	1.000.000.000 **un miliardo**

96 / Règles générales d'emploi.

a) Les adjectifs numéraux cardinaux sont invariables, sauf **zero, uno, mille** (pl. **mila**), **milione** et **miliardo** :

Trecento franchi,
trois cents francs.

b) On les écrit généralement sans trait d'union, groupés par tranches de trois chiffres, unités, milliers, millions, milliards, etc. :

Un milione trecentottantanovemila cinquecentoventitré,
un million trois cent quatre-vingt-neuf mille cinq cent vingt-trois

mais on trouve souvent aussi les milliers liés aux centaines, en un seul mot :

Ventisettemilatrecento,
vingt-sept mille trois cents.

1. Noter la chute du **i** de **venti**, du **a** de **trenta, quaranta,** etc., du **o** de **cento** devant le **u** de **uno** et le **o** de **otto :**

centottanta,
cent quatre-vingts.

2. Noter l'accent tonique sur le **é.**

surtout pour les millésimes :

Milleottocentosessanta,
mille huit cent soixante.

c) Les nombres s'élident fréquemment devant un nom :

ott'anni, *huit ans*	**vent'anni,** *vingt ans.*

d) On ne dit pas en italien : *onze cents*, *douze cents*, etc., mais : *mille cent*, **millecento,** *mille deux cents*, **milleduecento,** etc.

97 / « Uno ».

a) **Uno** suit la règle de l'article indéfini **uno,** avec lequel il se confond (v. § 23) :

un libro, *un livre*	**uno scolaro,** *un écolier*	**un'ora,** *une heure*	**una scolara,** *une écolière.*

b) Mais employé sans substantif, il devient pronom indéfini et prend la forme entière :

Ne voglio uno, *j'en veux un*	**uno dei ministri,** *l'un des ministres.*

Il peut avoir un pluriel :

gli uni, *les uns*	**le une,** *les unes.*

c) Les nombres terminés par **uno** s'accordent en genre avec le substantif qui les suit, et celui-ci reste au singulier[1] :

ventuna pagina, *vingt et une pages*	**quarantun franco,** *quarante et un francs.*

Mais si le nom est avant le nombre, il se met au pluriel; c'est le cas de certaines formules commerciales ou administratives :

Un uomo di anni ventuno, *un homme âgé de 21 ans*	**Un sigaro di lire quarantuna,** *un cigare de 41 lires.*

1. Exception : on dit cependant **ventunmila (mila** n'est pas un substantif), mais **ventun migliaio,** *vingt et un milliers.* Noter que cet usage n'est plus respecté partout (journaux, etc.).

d) **Un** a parfois le sens de *à peu près*, *environ* (français *quelque*) (cf. § 192 g) :

C'era un venti persone,
il y avait quelque vingt personnes.

98 / Millésimes.

a) Le millésime, même écrit en chiffres, est très souvent précédé de l'article :

Il 1914 fu una data storica, *1914 fut une date historique*

È morto nel 1965 *il est mort en 1965*

Sono nato nell' 81[1] **(= nell'ottantuno),**
je suis né en 81.

● N.B. — On remarquera la forme **nell'** devant 81.

b) Les siècles se désignent comme en français :

il quindicesimo secolo[2],
le quinzième siècle.

mais plus souvent d'après le chiffre des centaines de chaque siècle :

il Trecento, *le* XIVe *siècle (1300 à 1399)*

il Quattrocento, *le* XVe *siècle (1400 à 1499)*

Cette manière de compter commence à partir du **Duecento** (XIIIe siècle) et va jusqu'au **Novecento** (XXe siècle).

● N.B. — Le nombre ainsi employé s'écrit généralement avec une majuscule.

99 / L'âge.

a) Pour demander son âge à quelqu'un, on dit :

Quanti anni ha?
Quel âge avez-vous?

Il répond :

Ho trentadue anni, *j'ai trente-deux ans*

ho cinquant'anni, *j'ai cinquante ans.*

Approcher de (« friser ») *la trentaine*, *la cinquantaine*, se dit :

Esser sui trenta, **esser sui cinquanta.**

1. Ne pas confondre cette apostrophe avec celle qui marque souvent la chute du nombre des siècles : **nel '48,** *en 48*. — 2. Ou : **il secolo decimoquinto** (v. adj. numér. ordinaux, § 104).

b) Le suffixe **-enne**, forme des adjectifs indiquant l'âge :

un giovane diciottenne, *un jeune homme de dix-huit ans* — **un uomo sessantenne,** *un homme de soixante ans.*

● N.B. — 1° A partir de quarante ans, on peut employer aussi les formes correspondant au français (*quadragénaire*, etc.) :

un sessagenario,
un sexagénaire.

2° Le suffixe **ennio,** qui indique une durée, ne doit pas être confondu avec **enne** qui indique l'âge :

un biennio, un triennio, un quinquennio, un millennio,
une période de deux ans, trois ans, cinq ans, un millénaire [1].

100 / *L'heure.*

a) Comme le nombre indiquant l'heure est le plus souvent supérieur à l'unité, on emploie le pluriel pour demander et indiquer l'heure. (Mais on emploie aussi le singulier même si la réponse doit être au pluriel.)

Che ore sono? Che ora è? — Sono le due, le tre, etc.
Quelle heure est-il? — Il est deux heures, trois heures, etc.

Sono le tre e un quarto, le tre e venti, le tre e mezzo [2], **le quattro meno venti** (ou : **venti alle quattro**)**; mancano dieci minuti alle quattro,** etc.
il est trois heures un quart, trois heures vingt, trois heures et demie, quatre heures moins vingt; il est quatre heures moins dix, etc.

Sono le tre del mattino (di notte),
il est trois heures du matin.

Sono le tre del dopopranzo (pomeriggio),
il est trois heures de l'après-midi.

● N.B. — On pourra dire aussi :
Le dieci della mattina (antimeridiane);
Sono le tre di sera (pomeridiane).
Antimeridiane et **pomeridiane** sont plutôt du langage administratif.

b) Mais si l'heure est au singulier, on mettra le verbe **essere** au singulier :

È mezzogiorno, *il est midi* — **È mezzanotte,** *il est minuit*

È la mezza, *c'est la demie* — **È il tocco (l'una),** *il est une heure* [3].

1. *Millénaire* dans le sens d'anniversaire se dit **millenario.** — 2. Cf. § 13 N.B. — 3. **Il tocco :** *le coup (unique).*

101 / Le quantième.

Pour demander le quantième du mois, on emploie le pluriel avec le verbe **avere** :

Quanti ne abbiamo[1]**?**
Le combien sommes-nous? (quel est le quantième?)

et l'on répond : **Ne abbiamo otto,** ou simplement : **Otto;**

mais *jamais :* **l'otto,** *le huit;* à moins qu'on ne dise :

Oggi è l'otto,
aujourd'hui c'est le huit.

102 / Le temps en général.

a) **Il y a...** (voir § 35).

b) **In** et **fra**[2].

In = *temps nécessaire,* **fra** = *temps d'attente :*

Questa casa è stata costruita in dieci anni,
cette maison a été construite en dix ans
Questa casa sarà terminata fra dieci anni,
cette maison sera terminée dans dix ans
Arriverà fra pochi giorni,
il arrivera dans quelques jours
Ha finito questo lavoro in pochi giorni,
il a fini ce travail en peu de jours.

103 / « Da » et « dopo ».

Da signifie *depuis* (v. § 192 *a*) :

Lo conosco da dieci anni,
je le connais depuis dix ans.

1. Mot à mot : *Combien en avons-nous (de jours du mois déjà passés)?* C'est pourquoi on ne peut employer dans la réponse ni le verbe *essere* ni l'article.
Ne pas confondre avec la question : **Che giorno è (oggi)?** *Quel jour sommes-nous?* qui appelle la réponse : **Oggi è giovedì, è sabato,** etc. *(c'est jeudi, c'est samedi).*

2. On emploie également **dentro** (et **entro**) qui indique une limite à ne pas dépasser :
Questo compito va consegnato dentro la settimana,
ce devoir doit être rendu avant la fin de la semaine (dans la semaine).

Dopo signifie généralement *après* :

dieci anni dopo, *dix ans après* — **dopo dieci anni,** *après dix ans.*

Cependant, dans certains cas, les deux sens peuvent se confondre :

Da (dopo) quel giorno non l'ho più incontrato,
depuis (après) ce jour je ne l'ai plus rencontré.

Mais on devra employer **da** si l'on veut marquer un point de départ dans le temps :

L'aspetto da quel giorno,
je l'attends depuis ce jour-là.

104 | Adjectifs numéraux ordinaux.

primo[1],	premier	**ventesimo,**	vingtième
secondo,	second	**ventunesimo,**	vingt-et-unième
terzo,	troisième	**ventiduesimo,**	vingt-deuxième
quarto,	quatrième	**ventitreesimo,**	vingt-troisième
quinto,	cinquième	**ventiquattresimo,**	vingt-quatrième
sesto,	sixième	**venticinquesimo,**	vingt-cinquième
settimo,	septième	**ventiseesimo,**	vingt-sixième
ottavo,	huitième	**centesimo,**	centième
nono,	neuvième	**millesimo,**	millième
decimo,	dixième	**milionesimo,**	millionième
undicesimo,	onzième	**penultimo,**	avant-dernier
dodicesimo,	douzième...	**ultimo,**	dernier

• N.B. — 1. Le suffixe **esimo** sert à former les ordinaux à partir de 11. Mais des formes savantes, moins employées, subsistent :

undecimo ou **decimoprimo,** onzième
duodecimo ou **decimosecondo,** douzième, etc.
vigesimo, vingtième
vigesimo primo ou **ventesimo primo,** vingt et unième
ventesimo secondo, vingt-deuxième, etc.

2. Le numéral ordinal est formé en ajoutant **esimo** au numéral cardinal après avoir enlevé la dernière lettre **non accentuée.**

ventise(i), → **ventiseesimo**
ventitré, → **ventitreesimo**

1. Ne pas confondre **primo** avec l'adverbe **prima** *(d'abord, avant). Premièrement, deuxièmement, troisièmement,* etc., peuvent se rendre par **primo, secondo, terzo,** etc., mais on dit mieux : **in primo luogo, in secondo luogo, in terzo luogo,** etc.

3. On dit : **i primi due,** *les deux premiers,* **gli altri tre,** *les trois autres,* **gli ultimi cinque...** *les cinq derniers.*

4. Noter : **Ai primi di Novembre,** *dans les premiers jours de novembre,* **Agli ultimi di Giugno,** *dans les derniers jours de juin.*
Alla metà del mese, *au milieu du mois.* **Alla fine di maggio,** *à la fin de mai.*

105 / Remarques.

Il faut traduire par les adjectifs ordinaux les adjectifs cardinaux français qui suivent :

a) le nom des rois, des empereurs, des papes :

Francesco Secondo, *François II* — **Pio Decimo,** *Pie X*

b) les mots *chapitre, acte, scène, chant,* etc.[1] :

capitolo terzo, *chapitre III* — **atto secondo,** *acte II.*

● N.B. — Ne pas confondre **ultimo,** avec **scorso :**
l'ultimo mese dell'anno, *le dernier mois de l'année* — **il mese scorso,** *le mois dernier (écoulé).*

106 / Multiplicatifs.

semplice, simple ; **unico,** unique
doppio, duplice, double
triplo, triplice, triple
quadruplo, quadruplice, quadruple
quintuplo, quintuplice, quintuple
sestuplo, sestuplice, sextuple
decuplo, décuple
centuplo, centuple

● N.B. — Les formes en **plo (pio)** sont à la fois substantifs et adjectifs :
il doppio[2], *le double* — **un peso doppio,** *un poids double.*

Les formes en **plice** ne sont qu'adjectifs et n'indiquent pas, en général, la quantité, mais la complexité des éléments.

On ne dira pas : **un peso duplice,** mais on dira : **un duplice aspetto,** *un double aspect.*

1. Avec les pages on emploie de préférence l'adjectif cardinal (**pagina quarantadue, trecentottantatré...**). — 2. On dit aussi : **due volte tanto (tre volte tanto...).**

107 / Collectifs.

paio (m),	paire	**quindicina,**	quinzaine
paia (pl. f),	paires	**ventina,**	vingtaine
ambo, ambe,	(deux choses ensemble)	**trentina,** etc.	trentaine, etc.
		centinaio (m),	centaine
coppia (f),	couple	**centinaia** (pl. f),	centaines
diecina,	dizaine	**migliaio** (m),	millier
dozzina,	douzaine	**migliaia** (pl. f).	milliers

● N.B. — 1° On dit souvent en italien :

un paio di giorni, un paio di mesi, *deux jours, deux mois,* **una coppia d'uova,** *deux œufs.*

2° On peut rattacher aux adjectifs numéraux collectifs les termes suivants :

un duetto, *un duo*
una terzina, *un tercet*
un terno, *un terne* (à la loterie)
un terzetto, *un trio*
una quartina, *un quatrain*
un quartetto, *un quatuor*
una china (quintina, cinquina), *une quine*
un quintetto, *un quintetto*
una sestina, *un sizain*
un sestetto, *un sextuor*
un settimino, *un septuor*
un'ottava, *une octave*
una novena, *une neuvaine*
una quarantena, *une quarantaine (40 jours).*

108 / Règles particulières.

a) *Un à un, deux à deux,* etc., se disent :

a uno a uno (ad uno ad uno), a due a due[1], etc.

b) *Tous les deux, toutes les deux, tous les trois,* etc., se disent :

tutti e due (tutt'e due), tutti e tre,
tutte e due (tutt'e due), tutte e tre, etc.

Ambedue (ambidue), entrambi (e), *l'un et l'autre* sont plutôt d'usage littéraire :

Sono venuti ambedue (entrambi),
ils sont venus tous les deux.

Avec un substantif on dira :

Le due mani ou **ambe le mani** *(littér.), les deux mains.*

1. De même on dit : **a poco a poco,** *peu à peu.*

c) *Aller (venir) à quatre, à six*, etc., se dit : **andare (venire) in quattro, in sei**, etc.

On dit aussi avec **in** :

Eravamo in venti, *nous étions vingt.*

d) **Per uno** a un sens distributif et signifie *pour chacun :*

Hanno ricevuto mille lire per uno,
ils ont reçu mille lires chacun.

e) Les fractions s'indiquent par les adjectifs ordinaux :

un terzo,	**un quarto,**
un tiers	*un quart*, etc.

Un demi se dit : **un mezzo** [1]; *une moitié :* **una metà.**

1. **Mezzo** signifie aussi *milieu* ou *moyen* : **a mezza strada,** *à mi-chemin ;* **il miglior mezzo** : *le meilleur moyen..*

EXERCICES

1. Écrire en toutes lettres : 2, 7, 12, 17, 23, 36, 41, 56, 71, 87, 96, 105, 111, 268, 479, 681, 994, 1 170, 2 318, 12 070, 568 211, 2 324 883.

2. Écrire en toutes lettres : $\frac{1}{2}$, $\frac{3}{4}$, $\frac{1}{3}$, $\frac{2}{5}$, $\frac{3}{7}$, $\frac{5}{8}$, $\frac{6}{9}$, $\frac{7}{10}$, $\frac{10}{15}$, $\frac{8}{21}$, $\frac{15}{56}$, $\frac{19}{72}$, $\frac{82}{95}$.

3. Compléter par des indications en toutes lettres : 1. Sono nato ... Ho ... anni. Avrò ... anni fra ... 2. Luigi XIV è nato nel ... , è morto nel ... a ... anni e dopo ... anni di regno. 3. Il mese di Gennaio ha ... giorni. 4. Saremo in vacanza fra ... giorni. 5. Che ore sono? ... ... 6. Che ora era dieci minuti fa? Dieci minuti fa erano ... 7. Che ora sarà fra mezz'ora? Fra mezz'ora sarà (saranno) ... 8. A che ora vi alzate? Mi alzo ... . A che ora uscite dal liceo la mattina? Usciamo dal liceo ... . 9. Da quanto tempo studiate l'italiano? Studio l'italiano da ... . 10. Sono stato ... in italiano, ... in francese, ... in storia, ... in matematica.

4. Traduire : 1. Giacomo Leopardi, il gran poeta italiano dell'Ottocento è nato a Recanati nel millesettecentonovantotto e morto a Napoli nel milleottocentotrentasette, in età di trentanove anni. 2. Mio padre ha sessantun anni, mia madre ne ha cinquantuno. 3. Il mese di marzo ha trentun giorno (i). 4. Questo libro costa Lit. *(lires italiennes)* 1 975. 5. Michelangelo, uno dei più grandi pittori italiani, è vissuto alla fine del Quattrocento e nei primi due terzi del Cinquecento. 6. Luigi Nono, re di Francia, fu santificato. 7. Leone Decimo apparteneva alla famiglia fiorentina dei Medici. 8. Paolo si sposerà fra tre settimane. 9. Suo fratello è sposato da cinque anni. 10. A che ora parte il treno? 11. Alle diciotto e trentacinque. 12. Quanti ne abbiamo oggi? 13. Ne abbiamo undici. 14. Mio cugino Andrea è sui trenta. 15. È stato arrestato un giovane ventiduenne accusato d'omicidio. 16. Il viaggio si farà in tre giorni. 17. Arriveremo a Londra fra due ore. 18. Pierino è stato quarto in inglese e ottavo in tedesco. 19. Entrerete a due a due. 20. Quanti sarete? Saremo in quindici.

5. Traduire : 1. È il tocco, bisogna andare a prendere Luigi che arriva col treno dell'una e dieci. 2. Li ho veduti tutti e due. 3. Ce n'erano delle centinaia e delle migliaia. 4. Trascorreremo a Parigi un paio di settimane. 5. Portava due piatti per mano. 6. Nel mezzo del cammin di nostra vita mi ritrovai in una selva oscura *(Dante*, Inf. 1). 7. Gli altri cinque sono scomparsi. 8. Costa il doppio. 9. Sono venuti in sette a consolarmi. 10. Sono andati via ad uno ad uno. 11. Ai primi del mese andremo in riva al mare. 12. Agli ultimi di luglio veniva sempre a salutarmi. 13. Alle 13.40 arriva il treno per Genova; c'è poi la coincidenza per Torino alle 15.15. 14. Un pollo per due, è troppo! 15. Tutte e due sono buone allieve. 16. Tre mesi fa ero ancora studente. 17. Non è più studentessa da cinque anni. 18. Un anno prima aveva già comprato una macchina ed aveva avuto un incidente stradale. 19. Le prime tre saranno promosse, le ultime due saranno bocciate, le altre ripeteranno la classe. 20. I marinai non contano le distanze in chilometri ma in miglia.

6. Traduire : *(Écrire les nombres en toutes lettres)*. 1. Mon petit frère a huit ans, ma sœur aînée, dix-huit ans. 2. Dante, né à Florence *(Firenze)* en 1265, est mort à Ravenne *(Ravenna)* en 1321. 3. Trois semaines font vingt et un jours. 4. Ce chapeau coûte 3 895 lires (*lit.* lires italiennes). 5. Les uns sont partis, les autres sont restés. 6. C'est un des plus beaux livres que j'aie jamais lus. 7. Je l'ai connu il y a quelque dix ans. 8. Botticelli est un peintre *(pittore)* florentin *(fiorentino)* du XVe siècle. 9. Le Tasse *(Il Tasso)* est un grand poète du XVIe siècle. 10. Le XIXe siècle a commencé en 1801 et a fini en 1900. 11. Ce jeune homme est à peine âgé de vingt ans. 12. Mon oncle frise la soixantaine. 13. Il y avait deux ans que mon grand-père était mort. 14. Il y aura bientôt deux heures que j'attends. 15. Je suis allé en Italie il y a six mois. 16. Je finirai ce travail en huit jours. 17. Je partirai dans trois mois. 18. J'habite Rome depuis cinq ans. 19. Quelle heure est-il? 20. Il est trois heures moins dix.

7. Traduire : 1. Le combien est-ce aujourd'hui? 2. C'est le 7. 3. Pierre a été le 3e en histoire, le 10e en géographie. Louise a été 1re en italien, mais seulement 15e en mathématiques. 4. Victor-Emmanuel *(Vittorio Emanuele)* III abdiqua en 1946. 5. S. S. Paul VI a succédé à Jean XXIII. 6. Nous commencerons l'acte V. 7. Il est arrivé la semaine dernière. 8. Trente est le triple de dix. 9. Dix milliers font cent centaines. 10. Je les ai rencontrées toutes les deux. 11. Reprenez chapitre 4, ligne 22. 12. Pour le millénaire *(millenario)* de cette ville on organisera de grandes fêtes. 13. En dix ans l'économie italienne a fait de grands progrès. 14. L'Italie des années 1950-60 *(del decennio)* n'est plus celle des années 1940-50. 15. Il en aurait fallu deux fois plus; ceci est insuffisant. 16. Au XVIe siècle la civilisation *(civiltà)* italienne était particulièrement brillante. 17. Il est une heure juste, nous n'avons plus beaucoup de temps à passer ici. 18. Quelle heure peut-il être? Il doit être au plus six heures moins vingt. 19. Louis XV ne prévoyait *(prevedere)* pas le sort *(sorte*, fem.) de Louis XVI. 20. Louis XI a été surnommé « l'universelle araignée » *(ragno)*.

8. Traduire : 1. Pour faire cela ils devraient être sept ou huit. 2. Je me suis assuré *(assicurare)* contre les dommages *(danni)* causés *(cagionare)* par les tiers. 3. A mi-chemin il s'arrêta et constata qu'il avait fait la moitié du parcours. 4. Il a reçu une paire de gifles *(schiaffo)* mais il ne s'en est pas vanté. 5. Dépêchez-vous *(spicciarsi)*, on vend pendant quelques heures treize œufs à la douzaine. 6. Dans une quinzaine d'années je serai trop vieux. 7. Que dis-tu? Dans quinze ans tu seras encore une jeune homme. 8. C'est toi qui le dis; je me rends compte que, il y a dix ans, j'étais plus vigoureux et plus rapide que maintenant. 9. Avant la fin du mois je devrai avoir payé ces traites *(tratta)*. 10. Le concert d'il y a deux jours a été réussi : j'aime beaucoup le sextuor qui a joué *(suonare)*.

15 ADJECTIFS ET PRONOMS INDÉFINIS

109 | Tableau des formes.

ADJECTIFS OU PRONOMS		FORMES EXCLUSIVEMENT PRONOMINALES
QUANTITATIFS	INDÉFINIS PROPREMENT DITS	
poco, a, hi, he, peu (de) **troppo, a, i, e,** trop (de) **molto, a, i, e,** beaucoup (de) **alquanto, a, i, e,** quelque peu (de) **parecchio, a, e, i,** « pas mal », plusieurs **tanto, a, e, i,** tant (de), autant (de) **altrettanto, a, i, e,** tout autant (de) **quanto, a, i, e,** que (de), combien (de) N.B. — A cela on peut ajouter les adverbes *(invariables)* employés comme adjectifs et pronoms quantitatifs : **più** (plus), plusieurs **abbastanza,** assez (de) **meno,** moins **assai,** beaucoup	**uno, a,** un, une **alcuno, a, i, e,** quelque **qualche** *(invar. sing.)* quelque **altro, a, i, e,** autre **certo, a, i, e,** certain **medesimo, a, i, e,** même **stesso, a, e, i.** même **nessuno, a,** aucun, personne **punto, a, e, i,** aucun **tutto, a, e, i,** tout **ogni** *(inv. sing.),* chaque **ciascuno, a,** chaque, chacun **qualunque** *(inv. sing.)* quelconque **qualsiasi (qualsisia, qualsivoglia),** quel (le) qu'il (elle) soit **tale, i,** tel	**gli uni, le une,** les uns, les unes **qualcuno, a, (qualcheduno, a),** quelqu'un, une **altri** *(inv. touj. sujet),* un autre **altrui** *(inv. toujours complém.),* autrui **niente,** rien **nulla,** rien **un nonnulla,** un rien **qualcosa (qualche cosa),** quelque chose **ogni cosa,** tout **chi,** celui qui, quiconque **chiunque,** quiconque **(chicchessia),** qui que ce soit **(checché**[1]**),** quoi que **(checchessia),** quoi que ce soit **(taluno, a, i, e),** quelqu'un, certain

N.B. — **Alcuno, ciascuno, nessuno,** etc., employés comme adjectifs suivent la règle de **uno.**

Ex. : **alcun momento, nessuno scolaro, ciascun'ora.**
quelque moment, aucun écolier, chaque heure.

1. *A éviter* (pédantesque). Dire : **qualunque cosa** (v. § 113, *b*).

110 / Quantitatifs.

Les indéfinis de quantité (sauf **assai, abbastanza, più, meno**) s'accordent en genre et en nombre avec le nom auquel ils se rapportent,

aussi bien comme adjectifs :

poca memoria,
peu de mémoire
molte persone,
beaucoup de personnes
parecchie cose,
plusieurs choses
troppi libri,
trop de livres

que comme pronoms :

Dei libri, me ne hai dati pochi,
des livres, tu m'en as donné peu
Lettere, ce ne sono troppe,
des lettres, il y en a trop.

● N.B. — 1° On remarquera que le *de* français, dans *beaucoup de, peu de,* etc., ne se traduit pas en italien (cf. § 94).

2° Quand ils sont adverbes, c'est-à-dire lorsqu'ils se rapportent non pas à un nom, mais à un *adjectif*, à un *verbe* ou à un *adverbe*, ces mêmes mots sont invariables :

Francesca è molto stanca, ha lavorato tanto!
Françoise est très fatiguée, elle a tant travaillé!
Siamo poco ricchi,
nous sommes peu riches.

3° **Abbastanza, assai, più, meno,** employés devant un substantif, se construisent comme les autres quantitatifs (sans **di**) :

abbastanza lavoro,
assez de travail
assai pane,
beaucoup de pain
meno tempo,
moins de temps.

111 / « Poco, troppo ».

a) Un peu de, se dit : **un poco di, un po' di**[1] *(invariable)* :

un poco di pane,
un peu de pain
un po' d'acqua,
un peu d'eau
un altro po',
encore un peu.

b) Le peu de, le trop de se rendent en italien en employant l'article défini devant l'adjectif quantitatif, et en faisant l'accord de l'*article* et de l'*adjectif* :

La troppa pazienza sua,
le trop de patience qu'il a.

1. **Un po' di** signifie parfois *un bout de (un petit)* :

un po' di giardino,
un bout de jardin.

Un po' po' (familier) a un sens ironique d'exagération (v. § 55, n. 1).

112 / « Tanto... quanto ».

a) Ces deux termes corrélatifs établissent une comparaison (voir § 14). Quand ils se rapportent à deux substantifs, ils s'accordent naturellement avec ceux-ci :

Ha tanta (altrettanta) pazienza quanto coraggio,
il a autant de patience que de courage.

b) **Tanto** a souvent le sens de *beaucoup* [1] :

Conosco tante persone,
je connais beaucoup de personnes.

113 / « Per quanto, per... che ».

a) Quelque... que, pour... que... se rendent par **per quanto,** ou **per... che :**

Per quante ricerche abbia fatte non ho trovato nulla,
Quelques recherches que j'aie faites, je n'ai rien trouvé.

(Ici **quanto** est adjectif et s'accorde.)

Per quanto grandi (per grandi che) siano i re, sono quel che siamo,
Pour grands que soient les rois, ils sont ce que nous sommes.

(Ici **quanto** est adverbe et invariable.)

b) **Per quanto** a quelquefois le sens de *quoi que* ou *quoique :*

Per quanto tu faccia = qualunque cosa tu faccia,
quoi que tu fasses : tu as beau faire (v. §§ 154, 158, 163).

Per quanto sia intelligente non è mai stato primo,
quoiqu'il soit intelligent, il n'a jamais été premier.

● N.B. — *Quelque temps qu'il fasse :* **qualunque tempo faccia.**

114 / « Parecchio ».

a) **Parecchio,** comme adjectif, est variable, on peut l'employer au singulier et au féminin :

parecchio lavoro,
beaucoup (pas mal) de travail

parecchia gente,
beaucoup (pas mal) de gens

parecchi giorni,
plusieurs jours (assez longtemps).

1. **Un tanto** signifie aussi *une certaine quantité.* **Un tantino :** *un petit peu (un tantinet).* **Quel tanto che basta per campare :** *le peu qui suffit pour vivre.* (Cf. locutions diverses § 175).

N.B. **Cotanto (= tanto, tanto grande)** est un archaïsme littéraire. *Cotanto amante :* un si grand amant. (Dante, Inf. V, 134).

b) Comme pronom neutre, ou comme adverbe, il est invariable :

C'era parecchio da fare, *il y avait pas mal de choses à faire.* **Ha cercato parecchio,** *il a cherché assez longtemps*

● N.B. — Ne pas confondre **parecchio** avec **qualche (alcuno), molto, abbastanza,** etc.

La gradation quantitative s'établit à peu près ainsi :

troppo *(trop)*, **moltissimo** *(très grande quantité)*, **molto** *(beaucoup)*, **parecchio** *(pas mal)*, **qualche, alquanto, alcuno** *(une certaine quantité)*, **abbastanza** *(une quantité suffisante)*, **un poco** *(un peu)*, **non molto** *(guère)*, **poco**[1] *(peu)*, **pochino** *(assez peu)*, **pochissimo** *(très peu)*, **troppo poco** *(trop peu)*.

115 / « Più ».

a) **Più** (invariable) est employé souvent dans le sens de *plusieurs :*

C'erano più persone,
il y avait plusieurs personnes

on pourrait dire aussi : **varie (parecchie) persone.**

b) **Il più,** signifie *la plupart*[2] :

Il più delle volte ou le più volte,
(la plupart des fois), la plupart du temps.

c) Cependant on dira : **per lo più**[3], *le plus souvent.*

116 / « Altri, altro, altrui ».

a) **Altri,** comme pronom singulier *(sans article)*, signifie *quelque autre, quelqu'un*[4] : **altri dirà,** *un autre dira.* Répété, il signifie *les uns, les autres* (il est l'équivalent de **chi... chi,** v. § 88, *N. B.* 1°) :

Altri diceva di sì, altri diceva di no,
les uns disaient oui, les autres disaient non.

b) **Altro**[5], comme neutre, est invariable, et signifie *autre chose* (*aliud* latin) :

Non ha domandato altro, *il n'a pas demandé autre chose* **Non fa altro che ridere,** *il ne fait (pas autre chose) que rire.*

1. *Quelques* dans le sens d'*un petit nombre* se rend par **pochi :** *Quelques sous* : **pochi soldi.** — 2. **I più :** *la plupart des gens (le plus grand nombre).* — 3. Archaïsme consacré par l'usage. Cf. **per lo meno,** *pour le moins, tout au moins.* — 4. Usage surtout littéraire; dans le langage familier on dira simplement : **un altro.** — 5. **Altro,** employé comme adjectif avec un nombre, se met avant celui-ci (cf. § 104 N.B. 3) :

Gli altri due, *les deux autres* **Altri tre giorni,** *trois autres jours.*

A retenir : **nient'altro, null'altro,** *rien d'autre*[1].

Locution familière : **dell'altro (a) = ancora :**

Dammene dell'altro *(cf. § 111 a),*
donne-m'en encore.

c) **Altrui** (v. § 70) n'est jamais sujet, mais toujours complément, direct ou indirect :

Chi fa torto altrui, torto si aspetti.
celui qui fait tort à autrui doit s'attendre à la pareille.

● N.B. — Sauf dans certaines locutions courantes (**il bene altrui, l'altrui,** *le bien d'autrui,* etc.), **altrui** tend à être remplacé par **gli altri (degli altri, agli altri).**

117 / « Qualche, qualcuno, ogni, ognuno, ciascuno ».

a) **Qualche** *(invariable)* est toujours du singulier et veut le nom au singulier :

qualche giorno, *quelques jours*	**qualche volta,** *quelquefois.*

Qualcuno, a, qualcheduno, a, sont aussi du singulier.

b) Mais le sens peut rester collectif :

È rimasto a Parigi qualche giorno (alquanti giorni, alcuni giorni),
il est resté à Paris quelques jours
Qualcuno penserà...
quelques-uns penseront.

c) On trouve souvent, comme adjectif : **un qualche...,** équivalent de *quelque*, ou de *un... quelconque :*

In un qualche modo,
en quelque façon (d'une façon quelconque).

d) **Ogni** est toujours singulier et invariable comme **qualche,** et veut le nom au singulier :

Ogni giorno, *chaque jour*	**Ad ogni ora**[2]**,** *à chaque heure.*

1. **Non mancherebbe altro :** il ne manquerait plus que cela.
2. Cf. l'adverbe **ognora,** *toujours.*

• N.B. — **Ogni cosa** *(chaque chose)*, équivalent de **tutto,** est considéré comme un neutre : **ogni cosa era pronto,** *tout était prêt.*

Exceptions :

ogni cinque giorni,	**ogni tre mesi,** etc.	**Ognissanti,**
tous les cinq jours	*tous les trois mois*, etc.	*la Toussaint.*

e) **Ognuno, a** est toujours du singulier, comme **ogni,** et ne peut être employé que comme pronom :

Ognuno è uscito,	**Ognuna di voi,**
chacun est sorti	*chacune de vous.*

f) **Ciascuno, a**[1] est adjectif ou pronom, et toujours singulier : comme adjectif, il est moins employé que **ogni.** (Au lieu de : **ciascuna volta,** *chaque fois*, dire : **ogni volta.**)

Comme pronom, il équivaut à **ognuno :**

Ciascuno lo sa,
chacun le sait.

118 / « Alcuno ».

a) **Alcuno, a, i, e,** adjectif et pronom, est *affirmatif* (cf. français : *d'aucuns pensent*) :

È rimasto a Parigi alcuni giorni,
il est resté à Paris quelques jours

Ho cercato gli amici, ne ho trovati alcuni,
j'ai cherché mes amis, j'en ai trouvé quelques-uns.

b) Dans une proposition négative et *seulement dans ce cas*, **alcuno** prend un sens négatif; il devient l'équivalent de **nessuno** (qui est d'ailleurs d'usage plus courant) :

Non c'è alcuna (nessuna) ragione,
il n'y a aucune raison.

Il en est de même avec **senza :**

Senza alcun pretesto,
sans aucun prétexte.

1. **Ciascheduno, caduno, cadauno** sont des formes archaïques à éviter.

119 / « *Nessuno, niente, nulla, punto* ».

a) **Nessuno, a**[1] est adjectif ou pronom, et toujours singulier :

nessun uomo,	**nessuno,**
aucun homme	*personne.*

b) **Niente, nulla,** *rien*, sont toujours pronoms neutres[2], et invariables :

Non c'è nulla (niente),
il n'y a rien.

c) Quand **nessuno, niente, nulla** viennent *avant le verbe*, il ne faut pas d'autre négation :

Nessuno è venuto,	**Niente (nulla) è possibile,**
personne n'est venu	*rien n'est possible.*

S'ils viennent *après le verbe*, il faut mettre **non** avant celui-ci[3] :

Non ho visto nessuno,	**Non c'è nulla d'impossibile,**
je n'ai vu personne	*il n'y a rien d'impossible.*

d) **Punto, a, i, e,** se met toujours après le verbe et s'accorde avec le nom :

Non ci sono punti libri,	**Non ha punta pazienza,**
il n'y a point de livres du tout	*il n'a pas de patience du tout.*

Il peut être adverbe et alors invariable :

Non era punto[4] **contenta,**
elle n'était pas du tout contente.

1. **Niuno, veruno** sont des formes archaïques, d'usage littéraire. Elles suivent les mêmes règles que **nessuno.** Il existait autrefois à côté du neutre **nulla**, l'adjectif et pronom **nullo, a,** Ex. : **null'uomo, nulla cosa,**
nul homme, nulle chose.

Aujourd'hui **nullo** n'est plus employé que dans le sens de *nul, non valable.* — 2. Cependant **niente** paraît être quelquefois employé comme adjectif ou comme adverbe dans le langage familier :

niente vino,	**l'aria non è niente fredda,**
pas de vin	*l'air n'est nullement froid.*

3. Dans les interrogations, **nessuno, niente, nulla, punto** peuvent perdre leur sens négatif et s'emploient alors souvent sans négation *(tolérance familière)* :

È venuto nessuno?	**C'è nulla per me?**
Personne n'est venu?	*Il n'y a rien pour moi?*
(Quelqu'un est-il venu?)	*(Y a-t-il quelque chose pour moi?)*

4. *Punto* a un sens beaucoup plus fort que le français *point*, qui ne se traduit généralement pas pour exprimer une simple négation : *il n'a point parlé* = **non ha parlato.**

120 / « Tutto ».

a) **Tutto, a, i, e** s'accorde toujours, même quand *tout* est considéré comme adverbe en français :

Tutti i giorni,	**Erano tutti allegri**[1],
tous les jours	*ils étaient tout joyeux.*

b) Tout le monde, dans le sens de *tous les gens*, se dit :

tutti (plur.) ou **tutta la gente** (sing.)

● N.B. — **Tutto il mondo** = *tout l'univers.*

c) Des expressions françaises comme : *en tout lieu, en toute saison* (*tout* singulier et sans article) se rendent par :

in ogni luogo ou **in tutti i luoghi;**
in ogni stagione ou **in tutte le stagioni.**

d) Tout ce que = **tutto ciò (quel) che** ou **quanto** (v. § 62, et § 89).

e) **Tutto, niente** et **nulla** compléments se mettent généralement après le verbe :

Hai preso tutto,	**Non ha detto niente (nulla),**
tu as tout pris	*il n'a rien dit.*

121 / « Stesso, medesimo ».

a) **Medesimo**[2] (à éviter) est plus affecté que **stesso.**
Au lieu de : **la medesima cosa,** *la même chose*, dire : **la stessa cosa.**

b) **Stesso** s'emploie (comme *même* en français) avant ou après le nom; s'il est avant, il y a deux sens possibles :

la stessa madre,	**la madre stessa,**
la même mère (ou *la mère elle-même*)	*la mère elle-même.*

c) **Solito, a, i, e** *(habituel)* remplace souvent **stesso,** mais seulement avec un sens d'habitude (cf. § 140 *solere* page 152) :

Esce sempre alla solita ora,
il sort toujours à la même heure.

1. Dans certains cas, la répétition de l'adjectif équivaut à *tout* (adverbe); **nero nero** : *tout noir ;* **caldo caldo,** *tout chaud ;* **solo solo,** *tout seul* (cf. § 18 c). — 2. Dans le langage administratif, **il medesimo** est souvent employé dans le sens de *celui-ci, le susdit* :
Abbiamo interrogato la figlia del medesimo,
nous avons interrogé la fille du susdit.

d) **Lo stesso,** neutre, signifie *la même chose* :

È lo stesso,
c'est la même chose.

Comme locution adverbiale, cela signifie *quand même* :

Partirò lo stesso,
je partirai quand même.

● N.B. — 1° Ne pas confondre **stesso,** *adjectif,* avec **anche, pure,** *adverbes* (v. § 172, *c*).
2° *Le même que...* : **lo stesso di (che).**

122 / « Tale... quale ».

a) Le corrélatif de **tale** est **quale** (**tale e quale** = *tel que*) :

Quale il padre, tale il figlio,
tel père, tel fils

La cosa è tale quale te la dico,
la chose est telle que je te la dis.

b) **Tale**[1] est fréquemment sous-entendu :

La cosa è quale[2] **te la dico.**

c) Ne pas confondre **tale... quale,** indiquant l'identité, la comparaison, avec **tale... che**[3], indiquant la conséquence :

La sua sciocchezza è tale che tutti ne ridono,
sa sottise est telle que tout le monde en rit.

d) **Un tale** = *un tel* (que l'on ne nomme pas).

On dit aussi : **il tale, quel tale, il signor Tale,**
il Tal dei Tali (allusion à la particule nobiliaire : *de*).

● N.B. — *Dérivés de* **tale : talvolta (talora)** = *quelquefois ;* **taluno** = *quelqu'un (certains) ;* **cotale** = *tel (littéraire* ou *péjoratif).*

123 / « Si » équivalent du français « on ».

Si dice,
on dit

Si parla italiano,
on parle italien.

1. Pour l'élision de **tale,** voir **quale,** § 92, note 1. — 2. **Quale** a ici la valeur de **come.** Dans les comparaisons littéraires, il correspond au premier *tel : tel le lion... tel...* = **quale il leone... tale...** — 3. Cf. **Talché :** *si bien que ;* **a tal segno che :** *à tel point que.*

Cette tournure, *la plus fréquente*, est une tournure *réfléchie ;* le mot qui en français est *complément* devient *sujet* en italien, quoique généralement placé après le verbe :

Si vende questo libro *(ce livre se vend)*,
on vend ce livre.

Deux règles découlent de ce fait :

1° Accord du verbe avec le sujet :

Si vendono questi libri *(ces livres se vendent)*,
on vend ces livres.

2° Emploi de l'auxiliaire **essere** aux temps composés :

Si è venduto questo libro *(ce livre s'est vendu)*,
on a vendu ce livre.

De même :

Si è detto,
on a dit

Si sarebbe detto,
on aurait dit.

124 / Place de « si ».

Si, ainsi employé, ne se sépare pas du verbe sauf avec **ne** (voir plus bas).
La négation se met avant **si** :

Non si parla,
on ne parle pas.

mi si, ti si, gli si (fem. **le si**) : *on me*, *on te*, *on lui*
ci si, vi si : *on nous*, *on vous.*

Mi si dice,
on me dit

Gli si parla,
on lui parle.

On le, *on la*, se rendent simplement par **si** :

Si vede[1],
on le (la) voit.

Come si sa,
comme on le sait.

On en = **se ne** :

Se ne parlerà,
on en parlera.

1. Éviter : **lo (la) si vede,** que certains emploient par souci de clarté, et qui est condamné par les puristes. Ne pas confondre en tout cas avec **se lo vede (davanti),** *(il se le voit [devant] =) il le voit devant lui ;* de même **lo si prende,** *on le prend*, avec **se lo prende,** *(il se le prend =) il le prend (pour lui).*

On y = **ci si** :

Ci si va, *on y va*	**Ci si crede,** *on y croit.*

On se = **ci si** (mot à mot : *nous se*) .

Ci si leva, *on se lève*	**Ci si veste,** *on s'habille.*

● N.B. — Le contexte seul peut dissiper certaines ambiguïtés : **si vede** = *il se voit* ou *on le voit*; **ci si** = *on nous* ou *on y*; **vi si** = *on vous* ou *on y*.

125 | « Si » pour « noi ».

a) **Si** remplace familièrement la 1re personne du pluriel[1] :

Si era giovani,
on était jeune (nous étions jeunes).

b) **Si** ayant ainsi, en règle générale, un sens *collectif*, on met l'attribut au pluriel comme dans des locutions analogues :

Bisogna essere modesti,
il faut être modeste.

126 | Deux autres équivalents de « on ».

a) Si la personne qui parle se considère elle aussi comme sujet *réel* ou *possible* du verbe, on peut employer la 1re personne du pluriel pour traduire *on* :

Amiamo la gente onesta,
on aime (nous aimons) les gens honnêtes.

b) Dans le cas contraire, on emploie la 3e personne du pluriel :

Dicono,
on dit (les gens disent, moi je n'en sais rien).

c) Nuances :

L'amiamo molto, *on l'aime beaucoup (nous l'aimons)*	**L'amano molto,** *on l'aime beaucoup (les autres l'aiment).*

1. Le possessif employé est alors **proprio** ou **nostro** : *on aime son pays*, **si ama il proprio paese**; *on faisait son travail tous les jours*, **si faceva il nostro lavoro ogni giorno.**

127 | *Autres tournures possibles, mais moins fréquentes.*

a) Avec **gente** (toujours *fém. sing.*) :

La gente dice,
(les gens disent) on dit.

b) Avec **uno** (anglais : *one*) :

Quando piove, uno sta a casa,
quand il pleut, on reste chez soi.

c) **2e personne du singulier** (comme en *latin*) :

Tu vedi, tu trovi,
on voit, on trouve.

d) **2e personne du pluriel** *(moins fréquent)* :

Vedete, trovate,
on voit, on trouve.

e) **Le passif** (pas toujours possible[1], mais cependant utile pour supprimer certaines ambiguïtés) :

La porta fu aperta,
on ouvrit la porte

Si aprì la porta,
peut signifier : *la porte s'ouvrit.*

Tournures à retenir :

Fu fatto entrare, *on le fit entrer.*
Fu mandato a chiamare, *on l'envoya (appeler) chercher.*

1. Par exemple, si le verbe est intransitif, ou n'a pas de complément : *on rit, on travaille.*

EXERCICES

1. Traduire : 1. Abbiamo troppe occupazioni e siamo troppo stanchi per occuparci di ciò. 2. Quanti amici sono venuti a vederti! 3. Tu non puoi credere quanto siamo amici io e Pietro. 4. I troppi pensieri m'impediscono di dormire. 5. C'erano molti scontenti. 6. Eravamo molto scontenti. 7. Luigia non ha punte compagne. 8. Ci sono altrettanti pareri *(avis)* quante teste. 9. Per quanti libri legga, Antonio sarà sempre un asino. 10. Per quanto tu parli, non mi convincerai. 11. Non desidera nient'altro, Signore? 12. Portatemi un altro po' di carne. 13. Quest'uomo ha viaggiato parecchio e imparato tante lingue. 14. La sera vado il più delle volte al caffè. 15. Altri non crederà quel che dico. 16. Berrei volentieri qualche bibita *(boisson)* calda. 17. Ho portato qualche libro per leggere nel treno. 18. Alcuni te li presterò anch'io. 19. Grazie, mostramene qualcuno. 20. Credi che non ci sia alcun pericolo?

2. Traduire : 1. Quand on est mère, on se fait beaucoup de soucis. 2. Après la victoire, on entra dans la ville. 3. Chez nous, on se lève à huit heures. 4. On le voit bien. 5. On ne l'aime pas. 6. On dit qu'il est *(subjonctif)* malade. 7. Dans la campagne on voit des arbres fleuris. 8. Nous sommes trop pauvres pour acheter cette maison. 9. Nous n'avons que ces quelques milliers de francs. 10. Il y a trop de pauvres dans la ville. 11. Marie était un peu malade. 12. Le trop de travail l'avait beaucoup fatiguée. 13. Il y avait autant d'hommes que de femmes. 14. Quelques progrès que vous fassiez *(facciate)*, vous ne contenterez pas un maître aussi exigeant *(esigente)*. 15. Pour bon que l'on soit, on n'est pas dupe *(minchione*, m. sing.*)*. 16. Buvez encore un peu de vin et mangez encore un peu de fromage. 17. Personne n'est passé? 18. Non, je n'ai vu personne. 19. Il n'y a pas autre chose. 20. Il n'a fait que dormir.

3. Traduire : 1. Ogni due giorni scrive a suo padre. 2. Ognuno pensi a sé. 3. Nessuno si muova. 4. Non ho trovato nessuno a casa. 5. Non ho mangiato nulla, ma mi sento bene lo stesso. 6. Quale l'ho lasciato, tale l'ho ritrovato. 7. Pietro non è quale tu credi. 8. Si era spensierati *(insouciants)* quando si era giovani. 9. Quando si andrà al mare? 10. Ci si andrà agli ultimi di Luglio. 11. Mi ricordo quando costruirono questa casa. 12. Nel nostro paese ci si conosce tutti. 13. Non ci si vedeva punto. 14. Dicono che partirà presto. 15. Ieri per il compleanno di Andrea ci siamo divertiti molto. 16. In questo ristorante si parla inglese. 17. Si è felici di vivere in campagna quando arriva l'estate. 18. Dove vai? Vado a Parigi. Ci si andrà la settimana prossima. 19. Hanno visto l'assassino che fuggiva. 20. In questa città la gente non lavora molto.

4. Traduire : 1. As-tu quelque ami qui puisse *(possa)* te prêter quelques livres? 2. Je lui ai parlé quelquefois. 3. Il n'avait aucune raison de faire cela. 4. Il a tant d'ennemis. 5. Chacun pensera à soi. 6. Quelqu'un m'a écrit. 7. Ces journaux sont à moi, mais je t'en prêterai quelques-uns. 8. Merci, justement, moi je n'en ai pas apporté du tout. 9. En voilà, en as-tu assez? 10. On sonne.

5. Traduire : 1. Ho cercato in ogni luogo, ma non ho trovato altro. 2. Stamattina non ho mangiato punto pane, ma ho bevuto parecchio. 3. Ho incontrato parecchi amici che mi hanno prestato un po' di denaro. 4. Ha agito così senza alcuna ragione. 5. È partito con alcuni compagni. 6. Aveva ancora qualche parente in America. 7. Chiunque lo conosce sa che niente gli farebbe piacere più di ciò. 8. Se mi si vuol fare un favore, non si parli più di tali persone. 9. Mi hanno detto che Pietro ha comprato una casa. 10. Quando bussarono alla porta, Paola andò ad aprire. 11. Erano degli amici : furono subito fatti entrare. 12. Accendi un po' la luce, non ci si vede più per leggere. 13. Quando ci si accorse che avevano scassinato *(crocheté)* la porta, fu mandato a chiamare il padrone. 14. Si leggono tante cose nei giornali! ma tante sono vere! 15. La gente ha sempre fretta di parlare e di creder quel che si dice.

6. Traduire : 1. Je n'ai pas vu Un Tel depuis assez longtemps. 2. Quelque affection que j'aie pour lui, je ne puis lui pardonner. 3. Tiens, te voilà! on m'avait dit que tu étais parti. 4. Tout le monde pense qu'on réussira à aller dans la lune. 5. Mais qu'y fera-t-on quand on y sera arrivé? 6. Il y en a qui ne sont jamais contents, rien ne peut les satisfaire. 7. Te souviens-tu, mon cher ami, comme on s'amusait à l'école? 8. Oui, on ne travaillait guère. 9. On voit dans la rue tous les gens qui passent chargés de paquets. 10. On fêtera bientôt la Noël et on mangera tant de bonnes choses. 11. On n'est guère allés au théâtre cette année, on a eu trop de soucis. 12. Peu de gens savent le grand travail que j'ai eu.

13. Le peu d'amis qu'il a sont toujours prêts à l'aider quand même. 14. On le rencontre au café tous les deux ou trois jours. 15. Il y avait dans la salle autant de dames que de messieurs.

7. Traduire : 1. Ceux-ci voulaient du vin blanc, ceux-là du rouge. 2. Donnez-moi n'importe quel livre. 3. Je ne veux à aucun prix recevoir ce monsieur. 4. Nul n'est prophète en son pays. 5. Quelque peine qu'il se donne, il ne réussira jamais à rien. 6. Ton ami, si riche qu'il soit, n'a jamais été heureux. 7. Pendant ma maladie, Pierre est venu me voir chaque jour. 8. Quiconque fait du mal à son bienfaiteur n'est pas seulement un ingrat, c'est un méchant homme incapable de tout bon sentiment. 9. Quelquefois Charles vient travailler chez moi, mais le plus souvent c'est moi qui vais chez lui. 10. En toute chose il faut considérer la fin. 11. Les gens n'arrivaient pas à se mettre d'accord : les uns voulaient partir, les autres voulaient rester. 12. Plusieurs personnes sont venues demander de tes nouvelles. 13. Chacun raconte l'histoire à sa façon. 14. J'ai rencontré à Paris quelques artistes très connus. 15. Aucun de ces livres ne m'a plu : ils sont tous ennuyeux au possible *(quanto mai)*. 16. C'est la mère elle-même qui nous a ouvert. 17. Tant de personnes parlent de ce qu'elles ignorent. 18. Je te raconte le fait tel que je l'ai vu. 19. N'as-tu rien oublié? non, j'ai tout pris. 20. En tout cas, s'il nous manque quelque chose, on pourra l'acheter en voyage.

8. Traduire : 1. Non andare con Luigi : m'hanno raccontato tante cose su di lui. 2. Troveremo bene un qualche pretesto per dirgli di no. 3. Ogni qual volta ti succederanno cose simili ne parlerai a tuo padre. 4. Ognuno deve sempre fare meglio che può. 5. Si vendono queste frutta in ogni stagione. 6. È un ragazzo molto sensibile : si tormenta per un nonnulla. 7. Chiunque venga a chiedere di me non ci sono per nessuno. 8. Mi volete lasciare un po' di panca per sedermi? 9. Pietro mi ha prestato quel tanto di denaro che mi occorreva. 10. Vorrei trovare un paesetto qualsiasi per passarvi alquanti giorni. 11. Per lo più noi andiamo in riva al mare, ma talvolta anche in montagna. 12. In questa città ci sono parecchi monumenti antichi e tante altre cose da visitare. 13. Non ho abbastanza carta da lettere, datemene dell'altra. 14. Mi ci vogliono tante buste quanti fogli. 15. Ecco quanto ha detto Paolo, ma non mi ha convinto in nessun modo. 16. È sempre la solita cosa : in qualunque circostanza vuole aver ragione lui. 17. Eppoi quando gli si parla non ascolta mai le ragioni altrui. 18. Ma quando ci si va a trovare questa zia? 19. Non se ne sa nulla ancora. 20. Si aspetta che ci scriva, non ci si può andare senza invito.

9. Traduire : 1. On ne peut s'empêcher d'être triste quand on quitte de bons amis. 2. On n'est jamais si heureux ni si malheureux que l'on pense (La Rochefoucauld). 3. Mon enfant, à ton âge on doit surtout songer à travailler. 4. Quand on veut que les autres soient gentils, il faut être gentil avec eux. 5. En été, on entend chanter les oiseaux sur tous les arbres. 6. On les voit voleter *(svolazzare)* de branche en branche. 7. Ce sont de belles choses, oui, mais en parlera-t-on encore dans cinquante ans? 8. Mon petit frère est malade : depuis hier soir on ne lui a rien donné à manger. 9. Voyez-vous cette maison là-bas? c'est celle où l'on a assassiné un homme l'an dernier. 10. Maintenant que la guerre est finie, j'espère qu'on pourra vivre tranquille. 11. Charles, allez donc un peu voir, je crois qu'on nous appelle. 12. A Florence, on nous a fait visiter tous les musées. 13. A Sienne, on n'a presque eu le temps de rien voir. 14. On vend de tout dans ce magasin, on n'a pas besoin d'aller chercher quoi que ce soit ailleurs. 15. On a passé une excellente soirée hier soir au théâtre : on jouait *(recitare)* Rigoletto de Verdi. 16. On n'a jamais entendu d'opéra aussi bien chanté. 17. Vraiment, tout le monde a été parfait. 18. Tout était réussi. 19. On a bien applaudi les acteurs et on les a fait revenir plusieurs fois sur scène *(palcoscenico)*. 20. Ils devaient sans doute être fatigués, mais on voyait qu'ils étaient contents quand même.

16 VERBES IRRÉGULIERS

128 / *Première conjugaison.*

La première conjugaison n'a que trois verbes irréguliers : **andare**, *aller*, **dare**, *donner*, **stare**, *rester*

ANDARE	DARE	STARE
	Indicatif présent[1]	
Je vais, etc.	*Je donne*, etc.	*Je reste*, etc.
Vo (vado)	**Do**	**Sto**
Vai	**Dai**	**Stai**
Va	**Dà**[2]	**Sta**
Andiamo	**Diamo**	**Stiamo**
Andate	**Date**	**State**
Vanno	**Danno**	**Stanno**
	Imparfait *(régulier)*	
	Passé défini	
	Je donnai, etc.	*Je restai*, etc.
	Diedi (detti)	**Stetti**
	Desti	**Stesti**
(régulier)	**Diede (dette)**	**Stette**
	Demmo	**Stemmo**
	Deste	**Steste**
	Diedero (dettero)	**Stettero**
	Futur	
J'irai, etc.	*Je donnerai*, etc.	*Je resterai*, etc.
Andrò[3], etc.	**Darò**, etc.	**Starò**, etc.

1. N.B. — On remarquera que ces indicatifs présents se ressemblent, et ont été influencés tous les trois par celui du verbe **avere : ho, hai, ha, abbiamo, avete, hanno.** On peut rapprocher aussi de ces verbes les verbes **fare** *(faire)* qui, malgré les apparences, appartient à la 2e conjugaison (ancien infinitif : **facere**) et **sapere** *(savoir)* :
Je fais, etc. : **fo, fai, fa, facciamo, fate, fanno.**
Je sais, etc. : **so, sai, sa, sappiamo, sapete, sanno.**

2. Noter l'accent sur le **a** pour distinguer **dà** *(il donne)* de **da** préposition. — 3. On trouve aussi **anderò...**

ANDARE	DARE	STARE
Conditionnel		
J'irais, etc.	*Je donnerais*, etc.	*Je resterais*, etc.
Andrei[1], etc.	**Darei,** etc.	**Starei,** etc.
Subjonctif présent		
Que j'aille, etc.	*Que je donne*, etc.	*Que je reste*, etc.
(Che io) vada	**(Che) dia**[2]	**(Che) stia**[2]
(Che tu) vada	**(Che) dia**	**(Che) stia**
(Che egli) vada	**(Che) dia**	**(Che) stia**
(Che) andiamo	**(Che) diamo**	**(Che) stiamo**
(Che) andiate	**(Che) diate**	**(Che) stiate**
(Che) v*a*dano	**(Che) d*i*ano**	**(Che) st*i*ano**
Imparfait du subjonctif		
(régulier)	*Que je donnasse*, etc.	*Que je restasse*, etc.
	(Che io) dessi, etc.	**(Che) stessi,** etc.
Impératif		
Va, etc.	*Donne*, etc.	*Reste*, etc.
Va[2]	**Da**[3]	**Sta**[3]
Non andare	**Non dare**	**Non stare**
Vada	**Dia**[2]	**Stia**[2]
Andiamo	**Diamo**	**Stiamo**
Andate	**Date**	**State**
V*a*dano	**D*i*ano**	**St*i*ano**

Participe présent, gérondif, participe passé[4] réguliers.

1. On trouve les formes **anderei...** — 2. Comparez les subjonctifs **dia** et **stia** avec le subjonctif de **essere : sia** (v. § 30). — 3. On rencontre les formes populaires **va', da', sta', (fa')** qui viennent des indicatifs présents **vai, dai, stai, (fai)**, employés comme impératif. — 4. **Stato**, p. p. du verbe **stare**, est employé aussi comme p. p. de **essere** *(être)*.

129 | « Andare, stare, venire[1] », avec le gérondif.

a) **Stare** avec le gérondif donne l'équivalent de la conjugaison progressive anglaise, il indique une action qui continue (généralement sans mouvement) :

Stavo pensando a te quando sei entrato,
j'étais en train de penser à toi quand tu es entré.

b) **Andare** avec le gérondif indique une action qui progresse (généralement avec mouvement) :

Vo cercando dappertutto un libro smarrito,
je vais cherchant partout un livre égaré.

c) **Venire** indique une action qui commence (avec ou sans mouvement) :

Quando il bambino vien crescendo,
quand l'enfant commence à grandir.

130 | « Star per ».

a) Il ne faut pas confondre **stare** suivi du gérondif *(être en train de)*, avec **stare** suivi de **per** et d'un infinitif *(être sur le point de)* :

Sto vestendomi,	**Sto per vestirmi,**
je suis en train de m'habiller	*je vais m'habiller.*

b) Quand le verbe français *aller* est employé pour indiquer un futur très proche, on ne doit jamais le traduire littéralement, mais on pourra le rendre par **star per**[2] :

Enrico stava per partire quando ha ricevuto la tua lettera,
Henri allait partir quand il a reçu ta lettre.

c) Quand on n'insiste pas sur l'imminence du fait, on emploiera simplement le *futur*[3] ou le verbe **volere** avec **ora, adesso** *(maintenant)* :

Ora (adesso) vi spiegherò (ou ora voglio spiegarvi).
je vais vous expliquer,

1. Pour **andare** et **venire**, auxiliaires du passif, v. § 46. — 2. On peut dire aussi **esser per..., esser (star) lì lì per...** avec un sens plus précis : **era li lì per cadere**, *il allait (vraiment) tomber*. On emploie quelquefois **volere : vuol piovere**, *il va pleuvoir*. 3. On trouve même le présent (cf. § 149, *a*).

Ora ti spiego,
maintenant je vais t'expliquer.

● N.B. — 1° L'imparfait du verbe *aller*, dans une subordonnée, se rend souvent par le conditionnel réfléchi du verbe qui suit *aller* (cf. § 150 *b*) :

Diceva che si sarebbe cominciato,
il disait qu'on allait commencer.

2° Quand le verbe *aller* indique à la fois un futur rapproché et un *déplacement réel*, on le traduira par **andare** précédé de **ora** :

Ora vo a prendere il giornale,
je vais aller prendre le journal.

131 / « Venir de... »

a) Lorsque *venir* est employé en français au sens figuré pour indiquer un passé récent, il ne faut jamais le traduire littéralement en italien. On emploiera *au passé* le verbe qui suit *venir* et on ajoutera, si *venir* est au présent :

appena,
à peine (justement)

or ora,
tout à l'heure

proprio ora,
juste maintenant

poco fa,
il y a un moment

ou toute autre expression de *même sens*.

b) Si *venir* est au passé, on ajoutera :

appena,
à peine (justement)

allora allora, proprio allora,
juste alors

poco prima, un momento prima,
quelques instants auparavant, etc. :

Il vient de finir :	*il venait de partir :*
Ha appena finito,	**Era appena partito,**
Ha finito or ora,	**Era partito allora allora,**
— **proprio ora,**	— **proprio allora,**
— **poco fa,**	— **poco prima,**
— **un momento fa**	— **un momento prima.**

● N.B. — Même si *venir de* est employé en français au sens propre, avec un infinitif, on ne le traduira jamais littéralement.

A la question : **Di dove viene?** *d'où venez-vous?*
on ne répond pas : **Vengo di comprare il giornale,** *je viens d'acheter le journal*
mais :

Sono stato (andato) a comprare il giornale,
ou : **Vengo dal giornalaio,** *je viens de chez le marchand de journaux.*

132 | *« Andare a » (et verbes de mouvement).*

a) **Andare** s'emploie toujours avec la préposition **a** devant l'infinitif complément :

andare a prendere, *aller prendre* — **andare a vedere,** *aller voir.*

b) Cette règle s'étend à tous les verbes indiquant un mouvement : **venire,** *venir*, **salire**, *monter*, **scendere**, *descendre*, **correre**, *courir*, etc. :

È venuto a cercarmi, *il est venu me chercher* — **Salirò a guardare.** *je monterai regarder.*

c) Il faut employer la préposition **a**, même si l'infinitif complément est séparé du verbe de mouvement :

Veniva tutte le domeniche, vestito da festa, a salutarmi,
il venait tous les dimanches, avec ses habits de fête, me dire bonjour.

133 | *Emplois particuliers de « andare ».*

Andare avanti (innanzi),
avancer (continuer)

L'orologio va avanti,
l'horloge avance

L'orologio va addietro,
l'horloge retarde

Andare a tavola,
se mettre à table

Andare a male,
se gâter (se perdre)

Andar fiero,
s'enorgueillir

Andare in collera,
se mettre en colère

Com'è andata (la cosa)?
Comment cela s'est-il passé?

Non hai parlato come va,
Tu n'as pas parlé comme il faut

A lungo andare,
à la longue.

Coll'andar del tempo,
avec le temps

Andar fuori,
sortir

Andare a zonzo,
flâner

Andar dietro ad uno,
suivre quelqu'un

Andare a finir bene (male),
finir bien (mal)

Andare a vuoto (a monte)
aller à vau l'eau

Andar pazzo per,
raffoler (être fou) de

Andar per il medico,
aller chercher le médecin

Come va che non sei venuto?
Comment se fait-il que tu ne sois pas venu?

Questo non mi va a genio,
cela n'est pas de mon goût

134 / Emplois particuliers de « dare ».

Dar retta,
prêter attention
Il dare e l'avere,
le passif et l'actif
Dare del tu, del voi, del lei,
tutoyer, « vouvoyer », parler à la 3e personne
Dare in un pianto dirotto,
éclater en larmes abondantes
Darsela a gambe,
prendre ses jambes à son cou
Può darsi,
il peut se faire
Dàgli e dàgli!
à force de faire!
Dar gli esami,
passer les examens
Dare dell'ignorante,
traiter d'ignorant
Dare un grido,
pousser un cri
Darla a bere,
donner à entendre (faire accroire)
Dato che,
étant donné que...

135 / Emplois particuliers de « stare ».

1o Manière d'être :

Stare in piedi,
se tenir debout
Star tranquillo,
être tranquille
Non star molto a,
ne pas tarder à...
Star buono,
être sage
Stare allegri,
se donner du bon temps.
Star sopra di sé,
être incertain, hésiter

2o Domicile :

Dove state di casa?
où habitez-vous?
Stava in via Garibaldi,
il habitait rue Garibaldi.

3o Santé :

Come sta, Signore?
comment allez-vous, Monsieur?
Sto bene, grazie,
je vais bien, merci.

4o Convenance, adaptation : *Sens physique :*

Questo vestito ti sta male,
ce costume te va mal
Queste scarpe ti stanno bene,
ces souliers te vont bien.

Sens moral :

Non sta bene parlar così,
il n'est pas bien de parler ainsi
Sta bene,
c'est bon.

5o Locutions diverses :

Lascialo stare,
laisse-le tranquille.
Lasciamo stare che,
sans tenir compte que...

Sta in te,
cela dépend de toi
Fatto sta che...
le fait est que...
Tutto sta nel trovarlo,
l'essentiel, c'est de le trouver
Stante il fatto,
étant donné le fait...

136 | *Passés définis irréguliers.*

a) Un grand nombre de verbes ne sont irréguliers qu'au *passé défini* et au *participe passé.*

b) Au passé défini, *il n'y a que trois personnes irrégulières : la 1re et la 3e du singulier et la 3e du pluriel.* La 1re personne est toujours en **i**, la 3e personne du singulier en **e**[1], la 3e du pluriel en **ero**. Il suffit de connaître le radical de l'infinitif et la forme de la 1re personne du passé défini pour conjuguer tout le temps[2].

Passé défini de **Ridere**, *rire (je ris*, etc.).

		Personnes irrégulières	Personnes régulières
sing.	1re pers.	*ris*-**i** .	(Infinitif : *rid*-**ere**
	2e »	——→	*rid*-**esti**
	3e »	*ris*-**e**	
plur.	1re »	——→	*rid*-**emmo,**
	2e »	——→	*rid*-**este**
	3e »	*ris*-**ero**	

Cela nous donne, à la suite
risi, ridesti, rise, ridemmo, rideste, risero.

137 | *Verbes irréguliers au passé défini et au participe passé.*

La 2e conjugaison en **ere** est celle qui comprend le plus grand nombre de verbes irréguliers. Tous les verbes de cette conjugaison, cités ci-dessous, ont l'infinitif accentué sur l'antépénultième *(parole sdrucciole)*, seul **persuadere** est *piano.*

1. *Sans accent* : l'accent tonique étant ici sur le radical, et non sur la terminaison comme dans les verbes réguliers. — 2. Les verbes en **ire** ont, naturellement, les formes régulières avec **i** :
Aprire *(ouvrir)* : **apersi, apristi, aperse, aprimmo, apriste, apersero.**

1° Passé défini en **si (ssi)**, participe passé en **so (sso)** :

Infinitif		Passé défini	Participe passé
Accendere,	*allumer*	**accesi**	**acceso**
Accludere,	*inclure*	**acclusi**	**accluso**
Affiggere,	*afficher*	**affissi**	**affisso**
Alludere,	*faire allusion*	**allusi**	**alluso**
Annettere,	*annexer*	**annessi**	**annesso**
Appendere [1],	*suspendre*	**appesi**	**appeso**
Ardere,	*brûler*	**arsi**	**arso**
Aspergere,	*asperger*	**aspersi**	**asperso**
Chiudere,	*fermer*	**chiusi**	**chiuso**
Comprimere,	*comprimer*	**compressi**	**compresso**
Concedere [2],	*concéder*	**concessi**	**concesso**
Contundere,	*contusionner*	**contusi**	**contuso**
Correre,	*courir*	**corsi**	**corso**
Decidere,	*décider*	**decisi**	**deciso**
Difendere,	*défendre*	**difesi**	**difeso**
Discutere,	*discuter*	**discussi**	**discusso**
Dividere,	*diviser*	**divisi**	**diviso**
Elidere,	*élider*	**elisi**	**eliso**
Espellere,	*expulser*	**espulsi**	**espulso**
Esplodere,	*exploser*	**esplosi**	**esploso**
Evadere,	*s'évader*	**evasi**	**evaso**
Fendere,	*fendre*	**fessi**	**fesso** [3]
Figgere,	*enfoncer*	**fissi**	**fisso** [3]
Fondere,	*fondre*	**fusi**	**fuso**
Immergere,	*plonger*	**immersi**	**immerso**
Incidere,	*graver*	**incisi**	**inciso**
Incutere,	*inspirer (respect, crainte)*	**incussi**	**incusso**
Intridere,	*pétrir*	**intrisi**	**intriso**
Invadere,	*envahir*	**invasi**	**invaso**
Ledere,	*léser*	**lesi**	**leso**
Mordere,	*mordre*	**morsi**	**morso**
Muovere,	*mouvoir*	**mossi**	**mosso**
Percuotere,	*frapper*	**percossi**	**percosso**
Perdere [4],	*perdre*	**persi**	**perso**
Persuadere,	*persuader*	**persuasi**	**persuaso**

1. **Pendere** est aujourd'hui régulier. — 2. **Cedere** est régulier. **Concedere (succedere,** etc.) ont aussi les formes régulières. — 3. **Fendere** fait aussi **fenduto; figgere, fitto.**
4. **Perdere** a aussi la forme régulière, moins usitée.

Prendere,	*prendre*	**presi**	**preso**
Radere,	*raser*	**rasi**	**raso**
Recidere,	*trancher*	**recisi**	**reciso**
Rendere[1]**,**	*rendre*	**resi**	**reso**
Ridere,	*rire*	**risi**	**riso**
Riflettere[2]**,**	*réfléchir (s. phys.)*	**riflessi**	**riflesso**
Rifulgere,	*resplendir*	**rifulsi**	**rifulso**
Rodere,	*ronger*	**rosi**	**roso**
Scendere,	*descendre*	**scesi**	**sceso**
Scindere,	*scinder*	**scissi**	**scisso**
Scuotere,	*secouer*	**scossi**	**scosso**
Spargere,	*répandre*	**sparsi**	**sparso**
Spendere,	*dépenser*	**spesi**	**speso**
Tendere,	*tendre*	**tesi**	**teso**
Tergere,	*essuyer*	**tersi**	**terso**
Uccidere,	*tuer*	**uccisi**	**ucciso**

2° Passé défini en **si (ssi)**, participe passé en **to (tto)** :

Accorgersi[3]**,**	*s'apercevoir*	**mi accorsi**	**accorto**
Affliggere,	*affliger*	**afflissi**	**afflitto**
Assolvere[4]**,**	*absoudre*	**assolsi**	**assolto**
Assumere,	*assumer*	**assunsi**	**assunto**
Cingere,	*ceindre*	**cinsi**	**cinto**
Costruire,	*construire*	**costrussi**	**(costrutto)**[4] **costruito**
Cuocere[5]**,**	*cuire*	**cossi**	**cotto**
Dipingere,	*peindre*	**dipinsi**	**dipinto**
Dirigere,	*diriger*	**diressi**	**diretto**
Distinguere,	*distinguer*	**distinsi**	**distinto**
Distruggere,	*détruire*	**distrussi**	**distrutto**
Ergere,	*dresser*	**ersi**	**erto**
Fingere,	*feindre*	**finsi**	**finto**
Frangere,	*briser*	**fransi**	**franto**
Friggere,	*frire*	**frissi**	**fritto**
Giungere,	*arriver*	**giunsi**	**giunto**
Leggere,	*lire*	**lessi**	**letto**
Mungere,	*traire*	**munsi**	**munto**

1. **Rendere** a aussi la forme régulière, moins usitée. — 2. **Riflettere** se conjugue régulièrement dans le sens moral de *réflexion*. — 3. **Accorgersi** est toujours réfléchi. **Scorgere** ne l'est qu'accidentellement :

Si scorse nello specchio,
il s'aperçut dans la glace.

4. **Assolvere, risolvere** et **costruire** ont aussi les formes régulières. — 5. **Cuocere** prend un **i** devant **o** et **a** (**cuocio, cuocia,** etc., v. § 44, note 1).

Piangere,	*pleurer*	**piansi**	**pianto**
Porgere,	*présenter, tendre*	**porsi**	**porto**
Negligere,	*négliger*	**neglessi**	**negletto**
Proteggere,	*protéger*	**protessi**	**protetto**
Pungere,	*piquer*	**punsi**	**punto**
Redimere,	*racheter* [1]	**redensi**	**redento**
Reggere,	*soutenir*	**ressi**	**retto**
Scorgere,	*apercevoir*	**scorsi**	**scorto**
Scrivere,	*écrire*	**scrissi**	**scritto**
Sorgere,	*surgir, s'élever*	**sorsi**	**sorto**
Spengere [2]**,**	*éteindre*	**spensi**	**spento**
Spingere,	*pousser*	**spinsi**	**spinto**
Struggere,	*fondre, consumer*	**strussi**	**strutto**
Svellere,	*arracher*	**svelsi**	**svelto**
Tingere,	*teindre*	**tinsi**	**tinto**
Torcere,	*tordre*	**torsi**	**torto**
Ungere,	*oindre*	**unsi**	**unto**
Vincere,	*vaincre*	**vinsi**	**vinto**
Volgere,	*tourner*	**volsi**	**volto**
Aprire [3]**,**	*ouvrir*	**apersi**	**aperto**
Coprire [3]**,**	*couvrir*	**copersi**	**coperto**
Offrire [3]**,**	*offrir*	**offersi**	**offerto**
Soffrire [3]**,**	*souffrir*	**soffersi**	**sofferto**

3º Passé défini et participe passé à radical différent :

Chiedere,	*demander*	**chiesi**	**chiesto**
Conoscere,	*connaître*	**conobbi**	**conosciuto**
Crescere,	*croître*	**crebbi**	**cresciuto**
Mettere,	*mettre*	**misi** (pop. : **messi**)	**messo**
Nascere,	*naître*	**nacqui**	**nato**
Nascondere,	*cacher*	**nascosi**	**nascosto**
Rispondere,	*répondre*	**risposi**	**risposto**
Rompere,	*rompre*	**ruppi**	**rotto**
Stringere,	*serrer*	**strinsi**	**stretto**

4º Participe passé seul irrégulier :

Assistere et les verbes de la même famille ont le participe passé en **ito** (au lieu de **uto**).

Esigere [4], dans le sens de *percevoir (de l'argent)* fait : **esatto**; **redigere** [4], *rédiger*, donne : **redatto**.

1. Au sens moral. — 2. La forme **spegnere** est moins employée. — 3. **Aprire, coprire, offrire** et **soffrire** ont aussi leur *passé défini* régulier. — 4. **Esigere** et **redigere** sont défectifs. A la place de **esigere**, on emploie souvent **pretendere.** Ex. : **Hanno preteso il risarcimento dei danni,** *ils ont exigé le remboursement des dommages.*

Verbes dérivés. — Nous n'avons donné, en principe, dans les listes ci-dessus, et nous ne donnerons dans les listes suivantes, que les verbes simples, ou bien un seul verbe d'une même famille. Les dérivés présentent généralement les mêmes irrégularités.

On conjuguera, par exemple :

Includere, racchiudere, socchiudere, etc.	sur	**chiudere**
Esprimere, imprimere, reprimere, sopprimere, etc.	»	**comprimere**
Dipendere, sospendere, vilipendere, etc.	sur	**appendere**
Accorrere, incorrere, concorrere, soccorrere	»	**correre**
Offendere	»	**difendere**
Confondere, diffondere, etc.	»	**fondere**
Emergere, sommergere, etc.	»	**immergere**
Commuovere, rimuovere, etc.	»	**muovere**
Attendere, contendere, stendere, etc.	»	**tendere**
Erigere	»	**dirigere**
Compiangere, rimpiangere	»	**piangere**
Eleggere	»	**leggere**
Prediligere	»	**negligere**
Correggere, sorreggere	»	**reggere**
Attingere, intingere	»	**tingere**
Sospingere, respingere	»	**spingere**
Avvincere, convincere	»	**vincere**
Avvolgere, rivolgere, sconvolgere, etc.	»	**volgere**
Accrescere, rincrescere, etc.	»	**crescere**
Ammettere, commettere, promettere, etc.	»	**mettere**
Corrispondere	»	**rispondere**
Astringere, costringere, etc.	»	**stringere**
Aggiungere, soggiungere, etc.	»	**giungere**
Accadere, decadere, scadere, etc.	»	**cadere**
Dedurre, indurre, produrre, tradurre, etc.	»	**condurre**
Benedire, contradire, disdire, maledire, etc.	»	**dire**
Contraffare, disfare, rifare, soddisfare, etc.	»	**fare**
Comporre, deporre, proporre, supporre, etc.	»	**porre**
Attrarre, contrarre, estrarre, sottrarre, etc.	»	**trarre**

138 | Remarques générales sur les autres irrégularités.

Certains verbes présentent des irrégularités plus nombreuses.

a) *Beaucoup de verbes ont la 1re personne de l'indicatif présent irrégulière :*

Cogliere,	**Colgo,**	**Rimanere,**	**Rimango,**
cueillir	*je cueille*	*demeurer*	*je demeure.*

Cette irrégularité entraîne nécessairement l'irrégularité de la 3e du pluriel : **colgono, rimangono** (les autres personnes du même temps étant le plus souvent régulières), celle des trois personnes du singulier et de la 3e du pluriel du subjonctif présent : **colga**, **co**l**gano**, **rimanga**, **rim**a**ngano**, et enfin l'irrégularité des personnes de l'impératif dérivant du subjonctif *(3e pers. de politesse)*.

b) *Si l'infinitif est contracté, le futur l'est aussi :*

Condurre
(contraction de l'ancien infinitif **cond**u**cere**), *conduire*, futur : **condurrò**.

Dire
(contraction de l'ancien infinitif **d**i**cere**), *dire*, futur : **dirò**.

Le conditionnel se forme toujours comme le futur :

condurrei, direi.

c) *Les imparfaits de l'indicatif et du subjonctif sont toujours réguliers*[1]. Si l'infinitif a été contracté, ces temps se forment sur l'ancien infinitif, seul capable de donner un radical régulier[2] :

Infinitif	*Imp. indicatif*	*Imp. subjonctif*
Condurre *(conducere)*	**Conducevo**	**Conducessi**
Dire *(dicere)*	**Dicevo**	**Dicessi**
Fare *(facere)*	**Facevo**	**Facessi**

d) *L'impératif suit les irrégularités de l'indicatif et du subjonctif* pour les personnes qui dérivent de l'un ou de l'autre temps[3] :

Impératif de **Venire**, *venir :*
Vieni *(indicatif)*, **venga**, **vengano** *(subjonctif)*.

e) Les deux premières personnes du pluriel du subjonctif présent sont *le plus souvent régulières*, comme les personnes correspondantes de l'indicatif présent; mais *si la première personne du pluriel de l'indicatif présent est irrégulière*, les deux premières du pluriel du subjonctif se forment sur elle :

dovere,	**fare,**	**potere,**	**sapere,**	**volere,**
devoir	*faire*	*pouvoir*	*savoir*	*vouloir*

1. Exception unique : **essere,** *être* : imp. ind. **ero**, subj. **fossi.**
Dare et **stare** font au subj. imp. **dessi** et **stessi**, mais les formes en **a : dassi** et **stassi,** se rencontrent quelquefois (archaïques).
2. Il en est de même pour toutes les formes régulières, notamment pour les trois personnes régulières du passé défini : **dire** *(dicere)* **: dissi,** *dicesti*, **disse,** *dicemmo*, *diceste*, **dissero ; condurre : condussi,** *conducesti*... **; fare : feci,** *facesti*... — 3. Exceptions : — *a*) **avere, fare, dire, sapere, volere** font à la 2e personne du sing. de l'impératif : **abbi, fa, di', sappi, vogli,** au lieu de **hai, fai, dici, sai, vuoi** *(2e pers. de l'ind.)* ; **andare** fait **va,** mais aussi **vai** (indic.). — *b*) **avere, sapere** et **volere** font à la 2e pers. du plur. de l'impératif **abbiate, sappiate** et **vogliate** (au lieu de **avete, sapete, volete**).

font : **dobbiamo, dobbiate; facciamo, facciate; possiamo, possiate; sappiamo, sappiate; vogliamo, vogliate.**

139 | Remarques particulières.

a) Gutturale d'appui

L'irrégularité de la première personne de l'indicatif présent, dans certains verbes, provient de l'intercalation, entre le radical et la désinence, d'une consonne gutturale d'appui **g** :

Valere, *valoir*	**val-**	**g-o**
Salire, *monter*	**sal-**	**g-o**
Dolere, *faire mal*	**dol-**	**g-o**
Porre (arch. : **ponere**), *poser*	**pon-**	**g-o**
Rimanere, *demeurer*	**riman-**	**g-o**
Tenere, *tenir*	**ten-**	**g-o**
Venire, *venir*	**ven-**	**g-o**, etc.[1]

b) Futur contracté

Le futur (et donc le conditionnel) est parfois contracté sans que l'infinitif le soit :

Cadere, *tomber*	*futur*	**cadrò**
Dolere, *faire mal*	—	**dorrò**
Dovere, *devoir*	—	**dovrò**
Morire, *mourir*	—	**morrò**
Potere, *pouvoir*	—	**potrò**
Rimanere, *demeurer*	—	**rimarrò**
Sapere, *savoir*	—	**saprò**
Tenere, *tenir*	—	**terrò**
Valere, *valoir*	—	**varrò**
Venire, *venir*	—	**verrò**
Volere, *vouloir*	—	**vorrò**

c) Diphtongaison

Nous avons vu (§ 45) la diphtongaison de certains verbes réguliers. Les principes sont les mêmes pour les verbes irréguliers : la diphtongaison (**uo**

1. Cette consonne d'appui provient du latin pour certains verbes : **scelgo, colgo** (lat. *exeligo, colligo*); pour d'autres, elle a été obtenue par analogie avec des verbes comme **frangere, spengere,** etc. : **tenere** et **venire,** ont donné d'abord les formes archaïques **vegno** et **tegno** (cf. latin *venio, teneo*), puis **vengo** et **tengo.**

ou **ie**) porte sur les syllabes accentuées, à moins que la première personne du singulier et la 3e du pluriel ne présentent une autre irrégularité, ce qui est le cas le plus fréquent :

Potere, *pouvoir :* indic. prés., **posso, puoi, può, possiamo, potete, possono.**

Tenere, *tenir :* indic. prés., **tengo, tieni, tiene, teniamo, tenete, tengono.**

Sedere, *s'asseoir :* **siedo (seggo), siedi, siede, sediamo, sedete, siedono, (seggono).**

d) **Passé défini à consonne double**

Un certain nombre de passés définis irréguliers présentent un redoublement de consonne :

Bevere (bere), *boire*	*passé défini*	**bevvi**
Cadere, *tomber*	—	**caddi**
Piovere, *pleuvoir*	—	**piovve**
Tenere, *tenir*	—	**tenni**
Venire, *venir*	—	**venni**
Volere, *vouloir*	—	**volli**

Avec un changement de radical :

Conoscere, *connaître*	*passé défini*	**conobbi**
Crescere, *grandir, croître*	—	**crebbi**
Rompere, *rompre*	—	**ruppi**

● N.B. — Il faudra faire bien entendre dans la prononciation cette consonne double, et se rappeler que les personnes régulières ne prennent qu'une consonne simple :

Bevvi,	*bevesti,*	**bevve,**	*bevemmo,*	*beveste,*	**bevvero.**
Caddi,	*cadesti,*	**cadde,**	*cademmo,*	*cadeste,*	**caddero.**

e) **Passé défini en « cqui »**

Cinq verbes ont leur passé défini en **-cqui** :

Giacere, *être couché*	*passé défini*	**giacqui**
Nascere, *naître*	—	**nacqui**
Nuocere, *nuire*	—	**nocqui**
Piacere, *plaire*	—	**piacqui**
Tacere[1], *se taire*	—	**tacqui**

f) **Radicaux différents**

Quelques verbes présentent des changements de radical assez remarquables :

Dovere, *devoir*	*indic. prés.*	**devo, dobbiamo, debbono**
Fare, *faire*	*passé déf.*	**feci**

1. On trouve quelquefois **tacersi** (littéraire).

Parere, *paraître*	*indic. prés.*	**paio**
Morire, *mourir*	—	**muoio**
Potere, *pouvoir*	—	**posso**
Sapere, *savoir*	—	**so, sappiamo,** *pas. déf.* **seppi**
Udire, *entendre*	—	**odo**
Uscire, *sortir.*	—	**esco**

g) **Formes à ne pas confondre**

Porrò (futur de **porre**),	*je poserai*
Potrò (futur de **potere**),	*je pourrai*
Verrò (futur de **venire**),	*je viendrai*
Vedrò (futur de **vedere**),	*je verrai*
Sarò (futur de **essere**),	*je serai*
Saprò (futur de **sapere**),	*je saurai*
Volli (passé déf. de **volere**),	*je voulus*
Volsi (passé déf. de **volgere**),	*je tournai*
Spensi (passé déf. de **spengere**),	*j'éteignis*
Spinsi (passé déf. de **spingere**),	*je poussai.*

140 / *Verbes à irrégularités nombreuses.*

Pour le *passé défini* et le *futur*, nous ne donnons que la 1re personne, les autres personnes s'obtenant selon les règles que nous avons vues. Nous ne donnons ni le *conditionnel*, qui suit le futur, ni, sauf exception, l'*impératif*, qui découle de l'indicatif et du subjonctif. Pour l'*indicatif présent*, lorsque nous ne donnons que la 1re personne, la 3e du pluriel se forme sur celle-ci, les autres personnes étant régulières. Pour le *subjonctif*, lorsque nous ne donnons que la 1re personne du singulier, les 1re et 2e du pluriel sont régulières, les autres se forment sur la 1re du singulier.
Les temps non mentionnés sont réguliers. Pour l'imparfait de **bere, condurre, dire, fare, porre,** cf. § 138*c*.

2e *Conjugaison*

En ce qui concerne l'*accentuation*, on remarquera que tous les infinitifs qui suivent sont « piani », sauf : **b*e*vere (bere), c*o*gliere, t*o*gliere, sc*e*gliere, sci*o*gliere, nu*o*cere** et **v*i*vere.**

Verbes	Indicatif Présent	Passé Défini	Futur	Subjonctif Présent	Participe Passé	Impératif
Bere (b*e*vere) *boire* cf. § 138*c*	bevo	bevvi (bevetti)	berrò (beverò)	beva		
Cadere *tomber*		caddi	cadrò			
C*o*gliere *cueillir*	colgo	colsi		colga	colto	
Condurre (anc. inf.: **cond*u*cere)** *conduire* cf. 138*c*	conduco	condussi conducesti	condurrò	conduca	condotto	
Dire (ancien infinitif : **d*i*cere)** *dire* cf. 138*c*	dico dite	dissi dicesti	dirò	dica	detto	di'
Dolere *faire mal* [1]	dolgo duoli duole d*o*lgono	dolsi	dorrò	dolga		
Dovere *devoir*	devo (debbo) devi deve dobbiamo dovete d*e*vono (d*e*bbono)		dovrò	debba (deva) dobbiamo dobbiate d*e*bbano (d*e*vano)		

1. Ce verbe sert à traduire le français *avoir mal à...*, mais alors le mot qui est complément en français devient sujet en italien, et commande l'accord du verbe :

Mi duole un piede, *j'ai mal à un pied.* **Mi dolgono gli occhi,** *j'ai mal aux yeux*

Dolersi signifie *se plaindre*. Pour **mi duole,** impersonnel, v. § 148.

Verbes	Indicatif Présent	Passé Défini	Futur	Subjonctif Présent	Participe Passé	Impératif
Fare (ancien infinitif : **f*a*cere)** *faire* cf. 138*c*	fo (f*a*ccio) fai fa facciamo fate fanno	feci facesti	farò	f*a*ccia	fatto	fa
Giacere *être couché*	Gi*a*ccio	gi*a*cqui		gi*a*ccia giacciamo giacciate gi*a*cciano	giaciuto	
Nu*o*cere *nuire*	n*o*ccio nuoci nuoce nociamo nocete n*o*cciono	n*o*cqui		n*o*ccia	nociuto	
Parere *paraître*	paio paiamo p*a*iono	parvi (parsi)	parrò	p*a*ia paiamo paiate p*a*iano	parso	
Piacere *plaire*	pi*a*ccio piacciamo	pi*a*cqui		pi*a*ccia piacciamo piacciate pi*a*cciano	piaciuto	
Porre (ancien infinitif : **p*o*nere)** *poser* cf. 138*c*	pongo	posi ponesti	porrò	ponga	posto	
Potere *pouvoir*	posso puoi può possiamo potete p*o*ssono		potrò	possa possiamo possiate p*o*ssano		
Rimanere *rester*	rimango	rimasi	rimarrò	rimanga	rimasto	

Verbes	Indicatif Présent	Passé Défini	Futur	Subjonctif Présent	Participe Passé	Impératif
Sapere *savoir*	so sai sa sappiamo sapete sanno	seppi	saprò	sappia sappiamo sappiate sappiano		sappi sappiamo sappiate
Scegliere *choisir*	scelgo	scelsi		scelga	scelto	
Sciogliere *délier* *(dissoudre)*	sciolgo	sciolsi		sciolga	sciolto	
Sedere *s'asseoir* *(être assis)*	siedo (seggo) siedi siede siedono (seggono)			sieda (segga)		
Solere [1] *avoir* *coutume*	soglio suoli suole sogliamo solete sogliono	(n'existe pas)	(n'existe pas)	soglia	solito	(n'existe pas)
Tacere *se taire*	taccio	tacqui		taccia tacciamo tacciate tacciano	taciuto	
Tenere *tenir*	tengo tieni tiene teniamo tenete tengono	tenni	terrò	tenga		

1. Peu employé aux temps simples; l'usage moderne tend à lui substituer : **esser solito,** *être accoutumé.* A retenir les locutions : **al solito,** *selon l'habitude;* **di solito, per il solito,** *habituellement.* (V. aussi § 121 *c.*)

VERBES	Indicatif Présent	Passé Défini	Futur	Subjonctif Présent	Participe Passé	Impératif
T*o*gliere *enlever*	tolgo	tolsi		tolga	tolto	
Trarre (ancien infinitif : **tr*a*ere)** *tirer*	traggo trai trae	trassi	trarrò	tragga	tratto	
Valere *valoir*	valgo	valsi	varrò	valga	valso (valuto)[1]	
Vedere *voir*	vedo (veggo)	vidi	vedrò	veda (vegga)	veduto (visto	
V*i*vere *vivre*		vissi	vivrò		vissuto	
Volere *vouloir*	v*o*glio vuoi vuole vogliamo volete v*o*gliono	volli	vorrò	v*o*glia vogliamo vogliate v*o*gliano		 vogli vogliate

3e Conjugaison

Apparire, *apparaître.* — Se conjugue régulièrement sur **capire (apparisco,** etc.), ou (à l'ind. prés., au pas. déf. et au subj.) sur **parere**[2].

Cucire *coudre*	c*u*cio			c*u*cia		
Morire *mourir*	mu*o*io muori muore moriamo morite mu*o*iono		morrò (morirò)	mu*o*ia	morto	

1. **Valuto** est surtout populaire et s'emploie plutôt pour le *prix.* — 2. Sauf pour les formes régulières où la voyelle caractéristique reste **i : apparite, apparisti, apparimmo,** etc. Mêmes remarques pour les autres dérivés de **parere : comparire, scomparire, sparire,** etc.

● N.B. — **Apparito** et **comparito** ne sont plus employés, on dit : **apparso** et **comparso.** On dit : **sparisco** *(je disparais)* et non **spaio ; sparito** *(disparu)* et non **sparso** (part. p. de **spargere), scomparisco** = *(surtout) je fais mauvaise figure.*

VERBES	Indicatif Présent	Passé Défini	Futur	Subjonctif Présent	Participe Passé	Impératif
Salire *monter*	salgo			salga		
Udire *entendre*	odo odi ode udiamo udite *o*dono		udirò (udrò)	oda		
Uscire [1] *sortir*	esco esci esce usciamo uscite *e*scono			esca		
Venire *venir*	vengo vieni viene veniamo venite v*e*ngono	venni	verrò	venga	venuto	

1. L'infinitif **escire,** aujourd'hui populaire, venait du latin **exire** (sortir); **uscire,** dû à un rapprochement avec **uscio** (latin : **ostium,** porte) a prévalu dans l'usage courant, mais les formes de **escire** accentuées sur le radical sont restées.

EXERCICES

1. Traduire : 1. Stavo scrivendo una lettera quando hanno suonato. 2. Il malato va migliorando ogni giorno. 3. Poco dopo la nascita, la volontà del bambino vien manifestandosi. 4. Andava gridando come un ossesso. 5. La notte sta per venire. 6. Stavamo per metterci a tavola, volete favorire *(partager notre repas)*? Senza complimenti! 7. Quest'inverno vuol far freddo. 8. Vo a comprare delle sigarette. 9. Ora vi dirò com'è andata. 10. L'ho incontrato or ora davanti alla chiesa. 11. Il postino era appena passato quando mi hai chiamato. 12. Hanno suonato proprio ora. 13. Aveva mangiato poco prima e ha voluto fare un bagno : è stato lì lì per morire. 14. È salito a portarmi questo pacco. 15. Andremo tutti, quando farà bel tempo, a salutare lo zio. 16. Tutti quei denari andarono rubati. 17. Le promesse vanno mantenute. 18. Non si è condotto come va. 19. Quella mamma andava superba dei suoi figli. 20. Va sempre in collera per un nonnulla.

2. Traduire : 1. Dove sta Lei? 2. Come sta Lei? 3. Stia pur tranquillo, Signore. 4. Lo lasci stare, Signore. 5. Su, oggi, bisogna stare allegri! 6. Gli ha dato dello stordito. 7. Questa non me la darai a bere. 8. Sta fermo. 9. State zitti. 10. Questa medicina va presa. 11. Ci vogliono diecimila lire per andare a Milano. 12. Ci vuol un po' di pazienza. 13. Le piace il whisky? 14. Le piacciono gli aperitivi? 15. Mi piacciono i romanzi. 16. Non mi piace aspettare. 17. La domestica va sparecchiando. 18. La vita va rincarando. 19. Dammi una mano. 20. Stette senza fiatare fino a mezzogiorno.

3. Traduire : 1. Nous nous tutoyons. 2. Il vous parle à la 3e personne. 3. Il ne poussa pas un cri. 4. Restez debout. 5. Le fait est qu'il vient de partir. 6. Sans considérer que nous sommes trop. 7. Il habite dans la maison à côté de la mienne. 8. Ce chapeau te va bien mais ce n'est pas bien de le garder sur la tête. 9. Il est allé chercher le médecin. 10. Aimez-vous la danse? 11. J'en raffole. 12. Vous pouvez en être fier. 13. Comment se fait-il qu'il soit *(ind. prés.)* arrivé en retard? 14. Notre lettre s'est égarée. 15. Les lettres pour l'étranger *(l'estero)* doivent être affranchies *(affrancate)* avec un timbre *(francobollo)* de *(da)* 60 centimes. 16. On le mit *(il fut mis)* dans une automobile. 17. Il est venu contempler ce spectacle. 18. Il est allé tout de suite chercher sa mère. 19. Je viens d'acheter un livre. 20. Je viens de finir ce livre.

4. Traduire : 1. Je vais en acheter un autre. 2. Nous venions de finir de manger quand Pierre est entré. 3. Attention, il va parler. 4. Je vais vous dire ce que j'ai vu. 5. Il va faire beau (temps). 6. Il allait s'habiller, mais il a renoncé à sortir. 7. Je suis en train de penser à tout cela. 8. Mon oncle est en train de dormir. 9. L'eau commence à monter peu à peu. 10. L'eau monte de plus en plus. 11. Il empire chaque jour. 12. Il attend depuis trois heures. 13. Je pensais que j'aurais dû partir avant. 14. Qu'est-il est en train de faire? 15. Que disiez-vous? 16. Nous disions que ce repas est exquis *(squisito)*. 17. On l'a envoyé chercher. 18. Comment allez-vous? 19. Je vais bien, merci. 20. Il va mourir.

5. Conjuguer au passé défini et au passé indéfini *(passé simple et passé composé)* **les verbes :** chiudere, leggere, accorgersi, rompere, venire, scuotere, distruggere.

6. Conjuguer à l'indicatif présent et au subjonctif présent les verbes : cogliere, tenere, dovere, uscire, fare, sapere, rimanere, salire.

7. Conjuguer au futur et au conditionnel les verbes : vivere, dire, potere, rimanere, sapere, venire, bere.

8. Conjuguer à l'indicatif présent et au subjonctif présent : parere, volere, morire, potere, venire, sedere, dovere, scegliere.

9. Traduire : Je donnai *(dare)*. Il resta *(stare)*. Que tu ailles. Nous pourrons. Ils firent. Je connus. J'ai rompu *(rompere)*. Il cacha. Vous avez lu. Ils prirent. Tu as répondu. Il mit. Ils pleurèrent. J'ai éteint. Tu as poussé. Je répondis. Nous avions allumé. Ils ont été tués. Il tourna *(volgere)*. Ils vainquirent. Je défendis. Ils distinguèrent. Nous avons divisé. Ils viennent. Je vais. Il sut. Je choisis *(présent)*. Il sort. Ils entendent *(udire)*.

10. Traduire : Il écrivit. Je lus. Ils virent. Je vécus. J'ai persuadé. Ils ont discuté. Ils fermèrent. Je parais. Il demanda *(chiedere)*. Ils serrèrent. Nous avons protégé. Je peignis. Vous aurez répandu. Ils descendirent. Je monte. Ils valent. Ils ont vécu. Je demeure *(rimanere)*. Je pourrai. Je pose. Je poserai. Vous avez fait. Nous savons. Ils dirent. Ils enlèvent *(togliere)*. Que je cueille. Je meurs. Je m'assois. Il se tut.

11. Traduire : 1. Je viens te dire bonjour. 2. Je ne veux pas que tu sortes. 3. Il veut que j'enlève mon manteau. 4. Il faut que tu saches ce que tu dois faire. 5. Ils vinrent parler à Paul, et parurent très contents. 6. Je tiendrai ce livre à la main et je le poserai ensuite sur la table. 7. J'ai fait ce que j'ai pu. 8. Il ne sut pas où aller. 9. Tu sauras qu'ils ne veulent pas que tu restes à la campagne. 10. Ils viendront te chercher. 11. Nous lui dîmes qu'il devait faire ce que tu lui avais dit. 12. Ils nous firent bien plaisir lorsqu'ils arrivèrent. 13. Ils cueillirent des fleurs dans le jardin, choisirent les plus belles et en firent de grands bouquets. 14. Il tomba et resta étendu sur le plancher. 15. On l'a conduit à l'hôpital. 16. Je parais bon, mais je suis méchant quand je veux. 17. En agissant ainsi tu paraîtras impoli. 18. Pourquoi t'assieds-tu sur une chaise, puisque je t'ai offert un bon fauteuil *(poltrona*, f)? 19. Il ne va pas bien, on craint qu'il ne meure. 20. Écoute, il monte l'escalier, il va venir ici.

12. Traduire : 1. Je vivrai tranquille dans ma maisonnette, et je pourrai faire ce que je voudrai. 2. Il ne voulut pas m'écouter et il tomba en se faisant beaucoup de mal. 3. Il a coutume de sortir tous les jours à six heures. 4. J'ai mal à la tête. 5. Que dites-vous? 6. Que nous devons paraître gais! 7. Nous paraîtrons tristes, si nous ne pouvons faire autrement. 8. Taisons-nous, les voici qui viennent. 9. Sachons bien les recevoir. 10. Il s'en aperçut. 11. Je l'aperçus aussitôt. 12. Il écrivit une lettre, puis la relut attentivement. 13. En entendant crier il se retourna. 14. Ils lui donnèrent un coup de pied *(calcio)* et s'en allèrent. 15. Elle assista à toute la scène sans sourciller *(batter ciglio)*. 16. Fais-moi un chapeau. 17. Reste tranquille. 18. Restez silencieuses. 19. Elle vint me prendre en taxi. 20. Ils vécurent heureux et eurent beaucoup d'enfants.

13. Mettre au passé composé les formes suivantes (qui sont au présent de l'indicatif) : Redigo. Ride. Fa. Stiamo. Dovete. Espelliamo. Scrivi. Vivono. Rompe. Nascete.

14. Mettre au subjonctif présent les formes (qui sont à l'imparfait de l'indicatif) : Rimaneva. Dicevi. Stavate. Traducevi. Sapevano. Dovevate. Volevi. Salivate. Salivo. Veniva.

15. Mettre au conditionnel, puis au futur, les formes suivantes (qui sont au passé simple) : Condussi. Rimase. Bevvi. Seppe. Traemmo. Vivesti. Morì. Vide. Voleste. Ponesti.

16. Mettre au futur, puis au conditionnel, les formes suivantes (qui sont au présent de l'indicatif) : Vengo. Vede. Tieni. Vogliamo. Ponete. Cadiamo. Dovete. Bevi. Conducono. Possiamo.

17. Mettre à l'imparfait de l'indicatif, puis du subjonctif, les formes suivantes (qui sont au conditionnel) : Farei. Berresti. Porremmo. Stareste. Uscirebbe. Verrebbero. Darei. Direste. Andrebbero. Scriveresti.

18. Mettre au présent de l'indicatif, puis du subjonctif, les formes suivantes (qui sont au passé simple) : Dissi. Facesti. Venne. Sedettero. Stette. Nocque. Nasceste. Tolsero. Andarono. Volli.

19. Traduire : 1. Fais. 2. Ne ris pas. 3. Dis. 4. Reste tranquille. 5. Sois calme. 7. Soyez bon, Monsieur. 7. Pars avant qu'il ne vienne. 8. Sors vite. 9. Venez vite, Madame. 10. Qu'il aille à Paris *(Parigi)* s'il le veut, mais qu'il y reste. 11. N'ayez pas peur, je suis là. 12. Qu'il dise la vérité au moins une fois. 13. Traduis ce passage *(brano)*, je n'arrive pas à le comprendre. 14. Tu pourras venir quand tu en auras le temps. 15. Elle ferma la porte devant lui. 16. Elles ne vinrent pas à l'heure qu'elles avaient dite. 17. Allez cueillir ces fleurs pendant que je reste là. 18. Il ne devra pas faire ce qu'il voudra. 19. Ils tiendront la porte ouverte tant qu'il viendra du monde. 20. Je verrai s'il vient.

17 VERBES INTRANSITIFS RÉFLÉCHIS ET IMPERSONNELS

141 / Auxiliaires des verbes intransitifs.

En italien l'auxiliaire *être* **(essere)** s'emploie avec un plus grand nombre de verbes intransitifs qu'en français.

Outre **andare, venire, stare, rimanere, divenire, entrare, uscire, salire, scendere, morire,** etc. *(aller, venir, rester, demeurer, devenir, entrer, sortir, monter, descendre, mourir,* etc.), se conjuguent avec **essere** presque tous les verbes exprimant un *état* ou un *devenir*, comme par exemple :

esistere, *exister*
vivere, *vivre*
apparire, *apparaître*
spuntare, *poindre*
sbocciare, *éclore*
parere, *paraître*
sembrare, *sembler*
sorgere, *surgir*
suonare, *sonner* (heures)
cominciare, *commencer*
finire, *finir*
scorrere, *couler, s'écouler*
fuggire, *fuir*
scappare, *se sauver*
correre, *courir*
durare, *durer*
continuare, *continuer*
crescere, *croître*
gonfiare, *gonfler*
calare, *baisser*
diminuire, *diminuer*
fiorire, *fleurir*
maturare, *mûrir*
migliorare, *aller mieux*
peggiorare, *empirer*
abbronzare, *brunir*
imbellire, *embellir*
imbruttire, *enlaidir*
ingrassare, *engraisser*
dimagrare, dimagrire, *maigrir*
invecchiare, *vieillir*
ringiovanire, *rajeunir*
piacere, *plaire*
dispiacere, *déplaire*
cambiare, *changer*
imbianchire, *blanchir*
annerire, *noircir*[1]
riuscire[2]**,** *réussir*
rincrescere[3]**,** *faire de la peine*
dolere, *faire mal*
penetrare, *pénétrer*
scoppiare, *éclater*
costare, *coûter*
valere, *valoir*
appartenere, *appartenir*
bisognare, *falloir*
occorrere, *falloir*
bastare, *suffire*, etc.

È vissuto in questa casa,
il a vécu dans cette maison

1. Ainsi que tous les autres verbes intransitifs indiquant une coloration.
2. **Riuscire** peut être employé personnellement ou impersonnellement :
Sono riuscito ad entrare *j'ai réussi à entrer.* — **Non mi è riuscito trovarlo,** *je n'ai pas réussi à le trouver.*
3. Ex. : **Mi è rincresciuto molto,** *j'ai beaucoup regretté* (cf. § 148).

Mi è sembrato che fosse invecchiato, *il m'a semblé qu'il avait vieilli*

Il pugnale è penetrato fino al cuore *le poignard a pénétré jusqu'au cœur*

Lo spettacolo è durato tre ore, *le spectacle a duré trois heures*

I tempi sono cambiati, *les temps ont changé*

L'ora è suonata, *l'heure a sonné,*

Quanto sei ingrassato! *Que tu as grossi!*

● N.B. — Certains des verbes cités dans la liste ci-dessus, et même quelques autres, peuvent prendre l'auxiliaire **avere** *ou* **essere**, selon qu'ils sont employés comme verbes actifs, avec ou sans complément, ou comme verbes intransitifs :

Ha corso un grave pericolo, *il a couru un grave danger*

Hanno migliorato il servizio, *on a amélioré le service*

È corso subito dal medico [1]**,** *il a couru aussitôt chez le médecin.*

Il malato è migliorato, *l'état du malade s'est amélioré.*

142 | « Dovere, potere, sapere, volere ».

Ces quatre verbes se conjuguent normalement avec **avere**, mais ils prennent parfois l'auxiliaire **essere** s'ils sont suivis de l'infinitif d'un verbe se conjuguant avec **essere** :

Sono venuto, *je suis venu*

Sono andato, *je suis allé*

È salito, *il est monté*

È sceso, *il est descendu*

Son dovuto venire, *j'ai dû venir*

Non son potuto andare, *je n'ai pas pu aller*

È voluto salire, *il a voulu monter*

Non è saputo scendere, *il n'a pas su descendre.*

Il ne s'agit pas, d'ailleurs, d'une règle, mais d'un usage très fréquent, correspondant à une *transposition instinctive* [2].

143 | Verbes réfléchis.

a) **Conjugaison** (voir §§ 78 et 81).

1. On pourra dire aussi sans complément : **Ha corso presto** *(vite)* si l'on considère l'*action;* **è corso presto,** si l'on considère le *résultat.* — 2. En fait, *si l'on est venu*, on ne dira pas : **Ho voluto venire,** mais **son voluto venire.** *Si l'on n'est pas venu*, on pourra dire correctement : **avrei voluto venire, ma non ho potuto venire.** Le verbe **essere** consacre donc, en principe, le fait de la *présence.* Si l'on emploie l'auxiliaire être on insiste plutôt sur le verbe complément, si l'on emploie **avere** on insiste sur *potere, volere.*

b) **Verbes réfléchis en italien et non réfléchis en français, et inversement.**

Certains verbes réfléchis en italien, se traduisent généralement en français par des verbes non réfléchis :

Ammalarsi, *tomber malade*
Rallegrarsi, **Congratularsi**, **Felicitarsi (con uno)** : *féliciter quelqu'un*
Degnarsi di, *daigner*
Augurarsi, *souhaiter* (pour soi)
Comunicarsi, *communier*.
Approfittarsi[1], *profiter*
Raccomandarsi, *recommander*, *supplier*
Sottoscriversi[2], *souscrire*
Vergognarsi, *avoir honte*
Arrampicarsi, *grimper*

Par contre, certains verbes réfléchis français se traduisent en italien par des verbes non réfléchis :

Se promener	se dit :	**passeggiare**	(aux. **avere**)
Se tromper	—	**sbagliare**	» »
Se réjouir de	—	**godere di**	» »
Se moquer de	—	**canzonare**	» »
S'écrier	—	**esclamare**	» »
Se désister	—	**desistere**	» »
Se faner	—	**appassire**	(aux. **essere**)
S'échapper	—	**scappare**	» »
S'évader	—	**evadere**	» »
S'enfuir	—	**fuggire**	» »
S'évanouir	—	**svenire**	» »
» *(disparaître)*	—	**svanire**	» »
Se taire	—	**tacere**[3]	» »
Se coucher (d'un astre)	—	**tramontare**	» »
S'insurger	—	**insorgere**	» »

● N.B. — On dit :

ricordare et **ricordarsi**, **rammentare** et **rammentarsi** : *se souvenir*
sbagliare et **sbagliarsi**[4] : *se tromper*
scordare et **scordarsi**, **dimenticare** et **dimenticarsi** : *oublier*

1. On emploie aussi **approfittare. Approfittarsi** indique un *abus.* — 2. On trouve aussi **sottoscrivere.**

Ex. : **Sottoscrivo un contratto.**

3. On trouve aussi **tacersi** (littéraire). — 4. **Sbagliarsi** signifie plutôt faire une erreur de jugement.

144 / *Réfléchis explétifs.*

a) Des verbes actifs se construisent souvent comme des verbes réfléchis (v. § 78, *c*) avec un pronom personnel simplement explétif :

Si è preso tutto,
il a tout pris pour lui.

b) Quelquefois le pronom réfléchi est accompagné du pronom féminin **la** (= **la cosa, la vita...**, v. §§ 63, N.B. 4° et 77, *b*) :

Se la gode, se la sciala,
il se la coule douce

Se la prende con tutti,
il s'en prend à tout le monde

Se la rideva,
il riait de bon cœur

Non me l'aspettavo,
je ne m'y attendais pas.

c) Le pronom réfléchi explétif est souvent employé avec **dire, pensare, fare, essere, stare** (et autres verbes de même sens) :

Non sapeva dove si fosse,
il ne savait où il était

Non sai quel che ti dici,
tu ne sais pas ce que tu dis

Non sapeva più quel che si fare (si pensare)[1]
il ne savait plus que faire (que penser)

Il guaio si è che non abbiamo più nulla,
le malheur, c'est que nous n'avons plus rien

Se ne stava[2] **lì solo solo,**
il restait là tout seul[2].

145 / *Verbes impersonnels.*

Les principaux verbes impersonnels italiens sont les suivants; ils se conjuguent, en règle générale, avec l'auxiliaire **essere** :

Phénomènes atmosphériques

albeggia,	*c'est l'aube, il commence à faire jour*	**gela,**	*il gèle*
		grandina,	*il grêle*
		nevica,	*il neige*
annotta,	*il commence à faire nuit*	**piove,**	*il pleut*
		pioviggina,	*il pleuvine*
balena,	} *il fait des éclairs*	**tira vento,**	*il fait du vent*
lampeggia,		**tuona,**	*il tonne*

1. Noter la place anormale de **si** dans ces tournures. — 2. L'italien dit **starsene** *(s'en rester)* comme **andarsene** *(s'en aller)*; la langue littéraire emploie le réfléchi simple : **starsi.**

Événements et nécessités diverses

succede,	*il arrive (événement)*	**urge,**	*il est urgent*
accade,		**è lecito,**	*il est permis*
avviene,		**preme,**	*il importe*
capita,		**mi dispiace,**	*je regrette de...*
conviene,	*il faut* (cf. § 147)	**mi rincresce,**	
bisogna,		**mi duole,**	
occorre,		**basta,**	*il suffit*

On dira donc :

è piovuto, è nevicato, *il a plu, il a neigé*
è accaduto, è capitato, *il est arrivé*
mi è dispiaciuto, *j'ai regretté*
è bastato, *il a suffi.*

146 | « Arriver ».

Ne jamais employer **giungere,** ni **arrivare** pour traduire le français *arriver* en parlant des événements; employer, au choix, **accadere, avvenire, succedere** ou **capitare :**

Sono cose che accadono (avvengono, succedono, capitano),
ce sont des choses qui arrivent

È accaduta (successa, capitata, avvenuta) una disgrazia,
un malheur est arrivé.

● N.B. — **Capitare** s'emploie pour les personnes comme pour les événements, avec un sens de *arriver par hasard, tomber sur* :

Sono capitato male[1]**,**
je suis mal tombé.

147 | « Il faut ».

a) Le français *il faut*, suivi d'un *verbe*, se rend le plus souvent par **bisogna :**

Bisogna partire,
il faut partir

Non bisogna ch'io parli,
il ne faut pas que je parle.

Quelquefois on emploie **mi tocca** (v. § 36) ou **conviene :**

Mi tocca[2] **(conviene) partire,**
il me faut partir.

1. **Un malcapitato,** c'est quelqu'un qui arrive au mauvais moment, *un malchanceux, un malheureux.* — 2. Ne pas confondre : **mi tocca,** *il me faut ;* **tocca a me,** *c'est à moi de...*

b) Il faut, suivi d'un *substantif*, se rend souvent par **ci vuole** *(il y faut, la circonstance réclame)* :

Ci vuole forza,
il faut de la force.

● N.B. — **Ci vuole** s'accorde avec le complément français qui devient sujet en italien :
Ci vogliono dieci uomini[1],
il faut dix hommes.

c) **Occorrere** *(être nécessaire)* peut être employé aussi bien avec un verbe qu'avec un substantif :

Occorre che tu lavori,
il faut que tu travailles

Mi occorrono due libri,
il me faut deux livres.

● N.B. — 1° Avec un substantif, il y a accord, le verbe n'est plus impersonnel. 2° **Non occorre**[2] ne signifie pas : *il ne faut pas*, mais seulement : *il n'est pas nécessaire* (voir *e*) :

Occorre il passaporto?
Faut-il le passeport?

No, non occorre,
Non, il n'est pas nécessaire.

d) Si l'on veut employer **bisogna** avec un substantif, il faudra intercaler le verbe **avere**[3] :

Bisogna aver pazienza,
il faut de la patience

Bisogna ch'io abbia un libro,
il me faut un livre.

e) Pour traduire *il ne faut pas*, avec un sens d'*interdiction*, ne pas employer **occorrere, ci vuole,** ni **convenire,** mais seulement **non bisogna, non si deve** :

Non bisogna parlare,
il ne faut pas parler

Non si deve mentire,
il ne faut pas mentir.

f) Il s'en faut, peu s'en faut, peu s'en fallut, ne se rendent par aucun des verbes que nous venons de voir; on emploiera le verbe **mancare** *(manquer)* avec **molto, poco;** ou l'expression **per poco** :

Ci manca molto,
il s'en faut de beaucoup

Ci manca poco,
peu s'en faut

Mancò poco che non morisse,
peu s'en fallut qu'il ne mourût

Per poco non cadde (Fu lì lì per cadere),
peu s'en fallut qu'il ne tombât (cf. § 130, n 2).

1. Mot à mot : **dieci uomini vogliono** « **esserci** » (sous-entendu). On disait autrefois : **vogliono essere uomini,** *il faut des hommes.* — 2. **Occorrere** n'est plus employé que rarement dans le sens étymologique d'*arriver* (cf. **l'occorrenza** = *l'occurrence*). **L'occorrente** = *le nécessaire* (rarement : l'*événement*). — 3. On peut dire cependant (avec un pronom personnel complément) : **Mi bisognano mille lire per....**

g) Comme il faut se dit : **come va, a modo, a dovere, come si deve,** en parlant de la *conduite;* **per bene, a modo, come si deve,** en parlant des *gens :*

Ti sei condotto come si deve, *tu t'es conduit comme il faut*

È un signore per bene, *c'est un monsieur comme il faut.*

148 | « Regretter », « Aimer ».

a) Le français *regretter* avec une nuance de *politesse* se rend généralement par les impersonnels : **mi dispiace, mi rincresce** *(cela me fait de la peine) :*

Mi dispiace (mi rincresce) di dovervi lasciare, ma sono aspettato,
je regrette de devoir vous quitter, mais je suis attendu.

Mi duole (v. **dolere,** § 140 p. 150) est un peu plus affecté :

Mi duole doverLa avvertire,
je regrette de devoir vous avertir.

b) Regretter le passé (un bien, un ami perdu), se dira : **rimpiangere :**

È inutile rimpiangere un passato che non può tornare,
il est inutile de regretter un passé qui ne peut revenir.

c) Regretter une faute (une imprudence, sa conduite passée) se dira **rammaricarsi,** avec un sens de *remords* ou d'*amertume :*

Quanto si rammaricava della sua imprudenza!
Combien il regrettait son imprudence!

d) Aimer : quand il s'agit du plaisir procuré par une chose ou une action, se traduit par **piacere** qui s'accorde avec le sujet réel :

mi piace guardare la televisione
J'aime regarder la télévision

mi piace lo sport
J'aime le sport

Mi piacciono gli spaghetti
j'aime les spaghettis

EXERCICES

1. Traduire : 1. Mi è sembrato che fosse cresciuto. 2. Ha passato due volte la Manica. 3. Il tempo è passato. 4. Queste cose non mi sono mai piaciute. 5. I prezzi sono diminuiti. 6. Pietro è corso a cercarmi, ma non gli è riuscito trovarmi. 7. Questi quadri mi son costati cari. 8. Ho trovato che Paolo era molto ingrassato. 9. Non ti è bastato spendere tutto il tuo denaro, ti occorre anche il mio? 10. Hanno fuggito il pericolo. 11. L'uccello è scappato dalla gabbia. 12. Il pallone è scoppiato. 13. È voluto andar solo a casa. 14. È dovuto uscire un momento fa. 15. Mio zio si rallegra con Lei della Sua riuscita. 16. Non si è degnato risponderci. 17. Abbiamo passeggiato durante due ore chiacchierando. 18. Mi scusi, Signore, ho sbagliato. 19. Mi guardò e tacque. 20. Ti ricordi quel bel tempo?

2. Traduire : 1. Lui, se la dormiva tranquillamente. 2. Ci siamo mangiati due polli. 3. Tu non sai quel che ti dici. 4. Francesco si domandava dove si fosse. 5. Stanotte è piovuto. 6. Senti come tuona : tira anche un gran vento. 7. Non bisogna dimenticare d'impostare questa lettera. 8. Che cosa Le occorre, Signore? 9. Mi ci vuole un po' di carta da lettere. 10. Di che colore, se è lecito? 11. Mi ci vorrebbe bianca. 12. Mi rincresce, Signore, ma in fatto di carta bianca, non c'è rimasto niente di bello. 13. Mi dispiace molto di non averti trovato a casa. 14. Anche a me, mi è rincresciuto assai. 15. I vecchi rimpiangono sempre il passato. 16. Si rammaricava della sua condotta poco ragionevole. 17. Per poco non si dovette chiamare il medico. 18. Poco mancò che non si strozzasse *(s'étranglât)* mangiando. 19. Questa famiglia è molto per bene. 20. Luigi è un ragazzetto a modo, si conduce sempre come si deve.

3. Traduire : 1. Il me faudrait un encrier. 2. Il me suffit pour aujourd'hui de trouver mille francs, demain il m'en faudra deux mille. 3. Je te dis que tu regretteras ta faute quand il sera trop tard. 4. Nous avons passé de bons moments ensemble. 5. Pourrais-tu me dire combien a coûté cette automobile? — Je l'ai demandé plusieurs fois, mais je n'ai pas réussi à le savoir. 6. Est-ce que ce voyage vous a plu, Monsieur? 7. Ils s'échapperont sûrement. 8. Tous les prisonniers *(prigionieri)* se sont enfuis. 9. Il lui a semblé que tu avais *(subjonctif)* rajeuni. 10. Les prix ont bien baissé. 11. Je regrette beaucoup de n'avoir pu venir. 12. Nous regretterons toujours ce temps-là. 13. Il a bu à lui seul deux bouteilles de vin. 14. Elle a pris les pommes et les poires et elle a tout mangé. 15. Nous nous sommes trompés dans notre lettre. 16. Il ne sait pas ce qu'il dit, il ne faut pas l'écouter. 17. Il aurait fallu trouver un homme pour cela. 18. Tu as parlé comme il faut. 19. Il te faudra partir bientôt. 20. As-tu réussi à faire ce que tu voulais? — Il s'en faut de beaucoup.

4. Traduire : 1. Peu s'en fallut qu'il tombât dans mes bras. 2. Il pleuvra certainement demain, peut-être même tombera-t-il de la grêle. 3. Il suffisait d'y penser, mais il fallait y penser. 4. Tu n'es pas content! Qu'est-ce qu'il te faut encore? 5. Il ne faut pas faire cela, nous pourrions le regretter. 6. Il m'importe de connaître le résultat des examens. 7. Tu as réussi? Je te félicite sincèrement. 8. Il a tonné souvent cette nuit. 9. Pourquoi as-tu eu honte de cela? 10. Il tombera certainement malade et regrettera son imprudence. 11. S'il lui arrive quelque chose, il regrettera ce qu'il a fait. 12. En attendant, il ne se faisait pas de soucis et riait de bon cœur. 13. Si on l'interroge, il faudra bien qu'il parle. 14. Il aurait fallu trop de temps pour aller à la ville. 15. Je connais bien Henri, c'est un jeune homme comme il faut. 16. On m'a dit qu'il avait beaucoup regretté de n'avoir pu venir. 17. Il a commencé à pleuvoir lorsque je suis sorti de chez moi, ensuite, il a un peu neigé. 18. Il suffit que je prenne mon parapluie pour qu'il fasse beau. 19. Ce n'est pas la peine de vous excuser, ce sont des choses qui arrivent à tout le monde. 20. Il m'est souvent arrivé d'être en retard à l'école.

5. Traduire : 1. Mi duole molto, caro signore di doverla lasciare, ma mi tocca partir subito. 2. Avendo passeggiato tutto il pomeriggio, Francesco è rincasato alle sette. 3. Bravo, figliuolo, hai lavorato a modo. 4. Ci voleva mio zio per stappare questa bottiglia, nessun altro ci era riuscito. 5. Non occorre tanta forza, ma bisogna spingere il tappo come va. 6. Non occorrono tante spiegazioni, basta aver la mano. 7. Paolo ha preso il libro e se l'è messo in tasca. 8. Questa non me l'aspettavo da lui. 9. Mi ci vorrebbe qualcuno che mi aiutasse. 10. I prezzi sono cresciuti di giorno in giorno.

18 SYNTAXE DU VERBE

EMPLOI ET CONCORDANCE DES TEMPS

149 / Sens et emploi des temps.

a) **L'indicatif présent pour le futur :** L'italien emploie souvent l'indicatif présent avec un sens de *futur rapproché* :

Ora vengo,
je vais venir

Fra poco sono le dieci,
il sera bientôt dix heures.

b) **Futur hypothétique :** Le futur prend très souvent un sens d'*approximation*, d'*incertitude* (cf. en français : *où sera-t-il à cette heure?*) :

Che ore saranno?
Quelle heure peut-il être?

Saranno le dieci,
il doit être dix heures.

c) **Imparfait pour le présent :**

Che desiderava il Signore?
Que désire Monsieur? (Que désirait-il quand il a eu l'idée de venir?)

d) **Imparfait pour le plus-que-parfait ou le passé composé :**

Quelle ricerche in cui io mettevo tutte le mie speranze sono andate a vuoto,
ces recherches où j'avais mis tous mes espoirs ont échoué

Ieri, alle ore 17, arrivava il signor N...,
hier, à 17 heures, est arrivé M. N...

e) **Passé simple et passé composé :** Le passé simple ou défini **(passato remoto)** est employé en italien plus souvent qu'en français, mais seulement lorsque la période de temps considérée est achevée. On dira donc :

Quest'anno ho lavorato poco,
cette année, j'ai peu travaillé

L'anno scorso lavorai molto più,
l'an dernier, j'ai travaillé beaucoup plus.

150 / Concordance des temps.

Les règles de concordance des temps sont plus strictes en italien qu'en français :

a) **Subjonctif :**

Voglio che Pietro scriva,
je veux que Pierre écrive

Volevo che scrivesse,
je voulais qu'il écrivît.

● N.B. — Ne jamais oublier d'employer le temps voulu du subjonctif après les expressions françaises : *je voudrais, je désirerais, j'aimerais, il faudrait, etc.*, avec lesquelles l'usage français tolère le subjonctif présent (Vorrei che scrivesse : *je voudrais qu'il écrivît.*

b) **Conditionnel :**

Penso che saresti contento, *je pense que tu serais content* — **Pensavo che saresti stato contento,** *je pensais que tu serais content.*

Noter : l'emploi du *conditionnel passé* avec un temps du *passé.*

c) Pour la concordance des temps avec la conjonction *se* cf. § 204.

LE SUBJONCTIF

151 / Emploi du mode subjonctif.

Le subjonctif est employé plus souvent qu'en français : il marque généralement l'incertitude, tandis que l'indicatif affirme un fait réel ou tenu pour tel :

Credo che Dio esiste (ind.), *je crois que Dieu existe* — **Credo che è venuto** (ind.), *je crois qu'il est venu (je pense qu'il est là)*

Credo che sia venuto (subj.), *je crois qu'il est venu (il a dû venir).*

152 / Subjonctif obligatoire.

L'emploi du subjonctif est, en principe[1], obligatoire :

a) Si la principale exprime une *volonté*, une *négation*, une *nécessité*, une *impossibilité*, une *ignorance :*

Non sapevo che fosse malato, *je ne savais pas qu'il était malade* — **Vorrei sapere dove sia,** *je voudrais savoir où il est.*

b) Après les verbes qui expriment une simple *opinion*, un *espoir*, une *crainte*, un *soupçon*, une *illusion :*

Stimo che sia prudente, *j'estime qu'il est prudent* — **Spero che siate in buona salute,** *j'espère que vous êtes en bonne santé*

Dicono che sia malato, *on dit qu'il est malade.*

1. Compte tenu des exceptions à sens particulier (v. § 151).

c) Dans les *comparaisons* (v. § 16 *c)* :

Questa cosa è più difficile che tu non creda (ou : **di quanto tu creda**),
cette chose est plus difficile que tu ne crois
Parlava come uno che abbia perduto la ragione,
il parlait comme quelqu'un qui a (aurait) perdu[1] *la raison.*

• N.B. — Pour **come se**, voir § 204, note 2 et § 205.

d) Pour exprimer l'*hypothèse* ou le *but :*

Chi domandasse di me, gli dirai che sono uscito,
si, par hasard, quelqu'un me demande, tu lui diras que je suis sorti (cf. § 88, *N. B.*).
Vorrei trovare qualcuno che mi prestasse questa somma,
je voudrais trouver quelqu'un qui pût me prêter cette somme.

e) Pour l'emploi du subjonctif avec certaines *conjonctions* de condition ou de but (**quand'anche..., se**, etc.), v. Chap. 20.

153 / *Subjonctif à la place de l'infinitif français.*

Le subjonctif est souvent employé à la place de l'infinitif.

a) Après certains verbes exprimant une *prière* ou un *ordre :*

Mi disse ch'io andassi da lui,
il me dit d'aller chez lui

Mi scrisse ch'io tornassi subito,
il m'écrivit de rentrer tout de suite.

• N.B. — Mais, inversement, on emploiera l'infinitif pour exprimer une simple déclaration :

Diceva di essere stanco,
il disait qu'il était fatigué

Scriveva di voler tornare subito,
il écrivait qu'il voulait rentrer tout de suite.

b) Après **parere, sembrare,** employés impersonnellement :

Par che dorma[2]**,**
il semble dormir

Sembrava (che) volesse parlare,
il paraissait vouloir parler.

1. Le conditionnel français traduit exactement le subjonctif italien.
Quand le fait cité dans la comparaison est considéré comme par trop invraisemblable, on emploie l'imparfait du subjonctif (si la principale est au passé) :

Camminava come uno che non ci vedesse,
Il marchait comme quelqu'un qui n'y verrait pas.

2. Cette tournure impersonnelle avec le subjonctif est à préférer, en général, à l'infinitif, surtout pour traduire *sembler* et *paraître* employés en français à la 3e personne du pluriel :

Pareva che i ragazzi giocassero volentieri,
les enfants paraissaient jouer volontiers.

• N.B. — Avec **mi (ti, gli, le,** etc.) **pare** *(il me (te, lui, etc.) semble)* il faut distinguer entre le *subjonctif* et *l'infinitif :*

Mi (ti, gli...) pare che Pietro sogni, *il me (te, lui...) semble que Pierre rêve*

Mi (ti, gli...) par di sognare, *je (tu, il...) crois (croit) rêver.*

Dans le premier cas, le sujet du verbe qui vient après **pare** est une autre personne que celle représentée par le pronom, on met donc le *subjonctif.* Dans le deuxième cas, le sujet du verbe et le pronom réfléchi représentent la même personne, on met alors *l'infinitif* précédé de *di.*

IMPÉRATIF ET INFINITIF

154 | Impératif répété.

L'impératif répété de la deuxième personne du singulier est souvent employé pour indiquer une action réitérée, une longue attente, une longue recherche, un long effort :

Aspetta, aspetta, ecco finalmente Carlo,
après une longue attente, voici enfin Charles.

Cammina, cammina,
après une longue marche...

Scrivi, scrivi,
après avoir longtemps écrit, etc.

Quelquefois cette répétition équivaut au français *avoir beau :*

Lavora, lavora, non riuscirai a nulla,
tu as beau travailler, tu ne réussiras à rien (cf. §§ 113, 158 et 163).

155 | Infinitif précédé de « a ».

a) Nous avons vu (§ 132) l'infinitif employé avec la préposition **a** après les verbes de mouvement :

È venuto a trovarmi,
il est venu me trouver.

b) La préposition **a** est employée aussi dans d'autres cas pour donner à l'infinitif un sens de *but :*

Come si farà a pagare?
Comment faire pour payer?

ou d'*hypothèse :*

A voler dir tutto,
si l'on veut tout dire.

c) On emploie aussi **a** après *faire bien*, *faire mal*, *faire mieux :*

Hai fatto bene a dirlo,
tu as bien fait de le dire

Hai fatto male a partire,
tu as mal fait de partir

Faresti meglio a rimanere,
tu ferais mieux de rester.

d) et enfin pour traduire l'*infinitif de narration* français :

E tutti a ridere,
et tous de rire

E i ragazzi a correre,
et enfants de courir.

156 | *Infinitif précédé de « di ».*

On emploie généralement l'infinitif précédé de **di** après les verbes exprimant une *opinion*, un *désir*, un *espoir*, une *crainte*, une *tentative*, etc. En voici quelques-uns :

affermare, *affirmer*
ardire, *oser*
capire, *comprendre*
comprendere, *comprendre*
cercare, *chercher*
chiedere, *demander*
credere, *croire*
degnarsi di, *daigner*
desiderare, *désirer*
dichiarare, *déclarer*
dire, *dire*
giudicare, *juger*
negare, *nier*
osare, *oser*
pensare, *penser*
preferire, *préférer*
prevedere, *prévoir*
sapere, *savoir*
sperare, *espérer*
stimare, *estimer*.

Non ardiva di entrare,
il n'osait pas entrer

Desiderava di partire,
il désirait partir

Credeva di vincere,
il croyait vaincre

Sperava di riuscire,
il espérait réussir.

● N.B. — Différence de *sens* ou de *tournure* à retenir :

Pensava a morire,
il pensait à mourir

Pensava di morire,
il pensait mourir

Cercò di vendere,
il chercha à vendre

Provò ad entrare,
il essaya d'entrer.

157 | *Infinitif précédé de « da ».*

L'infinitif précédé de **da** prend un sens :

a) d'usage (cf., § 192, *d*) :

Una macchina da scrivere,
une machine à écrire.

b) de destination (but) :

Non ho tanto denaro da comprare una casa,
Je n'ai pas assez d'argent pour acheter une maison.

c) d'obligation :

Ho da lavorare[1],
j'ai à travailler

È una cosa da farsi[2] **subito,**
C'est une chose à faire tout de suite.

d) de possibilité, de conséquence :

È una cosa da ridere,
il y a de quoi rire.

e) d'éloignement :

Astenersi dal[3] **bere,**
s'abstenir de boire.

158 / Infinitif précédé de « per ».

a) Nous avons vu l'emploi de : **star per** (§ 130).

b) **Per** implique une idée de *cause* ou de *but.* L'usage actuel tend à confondre quelquefois **da** et **per** :

Una macchina da (per) scrivere,
une machine à écrire.

Mais : **Mi occorre una stilografica per scrivere,**
il me faut un stylo pour écrire.

c) **Per** a parfois le sens de *malgré :*

Per andar di tempo,
malgré la marche du temps

Per cercar ch'egli fece,
malgré les recherches qu'il fit (il eut beau chercher, v. § 113).

159 / Infinitif sans préposition.

Après un verbe employé impersonnellement, quand l'infinitif est sujet réel du verbe, comme dans les expressions : *il est nécessaire, il importe, il*

1. Mieux que **ho a lavorare,** qui se dit pourtant, mais avec un sens d'obligation moins précis. — 2. Remarquer la forme réfléchie, équivalant au passif *(à être faite).*
3. Remarquer l'article, voir plus bas, § 161.

convient, il est urgent, il est agréable, il est préférable, il vaut mieux, c'est un crime de, c'est un péché de, etc., l'italien n'emploie pas de préposition :

È necessario lavorare,
il est nécessaire de travailler

Urge finire questo lavoro,
il est urgent de finir ce travail

È un peccato dir bugie,
c'est un péché de dire des mensonges.

160 / *Proposition infinitive.*

La véritable proposition infinitive, d'après l'usage latin, ne s'emploie plus guère en italien. Cependant, on peut la rencontrer encore dans certains textes teintés d'archaïsme :

Risposero lui essere troppo malato e non potersi muovere,
ils répondirent qu'il était trop malade et qu'il ne pouvait se déplacer

161 / *Infinitif employé substantivement.*

Tous les infinitifs peuvent être employés en italien comme substantifs, avec l'article défini ou indéfini et avec les articles contractés, avec les démonstratifs, avec les adjectifs et les prépositions :

Il lavorare,
le travail (le fait de travailler)

Il piangere,
les pleurs (le fait de pleurer)

Un gran lavorare,
un grand travail

Un gran piangere,
des larmes abondantes.

162 / *Remarques.*

a) L'infinitif ainsi employé peut avoir un complément :

Quel dir ciò a lui fu un errore,
cette façon de lui dire cela fut une erreur

Il pensare a ciò non giova a nulla,
de penser à cela ne sert à rien.

b) Les infinitifs précédés de **sul, al, nel, col,** correspondent aux gérondifs (rattachés au sujet), mais avec des nuances :

Sul partire,
en partant (sur le départ, un peu avant)

Al partire,
en partant (au moment de partir)

Nel partire,
en partant (tandis que le départ a lieu)
Col partire,
en partant (par le fait du départ).

● N.B. — 1º Ne pas confondre surtout **al, nel** et **col** :

Al ricevere[1] **quella lettera rimase meravigliato,**
en recevant cette lettre, il resta étonné (ce n'est qu'un moment)
Nel leggere quella lettera manifestò vari sentimenti,
en lisant (tandis qu'il lisait) *cette lettre il manifesta des sentiments divers*
Col leggere quella lettera apprese cose molto interessanti,
en lisant cette lettre (par la lecture de cette lettre), *il apprit des choses très intéressantes.*

2º **Al primo vedere** peut se traduire par : *à première vue.* Mais **al primo entrare,** se traduira par : *à peine entré, dès l'entrée.*

3º *Commencer par, finir par.* — Dans ces expressions, *par* se traduit par *con* (v. § 195) :

Cominceremo col leggere,
nous commencerons par lire

Finirai collo stancarti,
tu finiras par te fatiguer.

De même :

Hanno cominciato con lui,
on a commencé par lui.

163 / *Infinitif avec l'article indéfini.*

a) **Un, uno** devant l'infinitif, indique souvent une action générale et confuse :

Era un ridere,
c'était un rire général
Era un gridare, un correre, un piangere,
ce n'étaient que gens qui criaient, qui couraient, qui pleuraient.

b) Avoir beau se traduit généralement par **avere un bello**; l'infinitif est pris comme substantif :

Hai un bel fare, hai un bel dire,
tu as beau dire, tu as beau faire. (V. aussi §§ 113, 154 et 158.)

1. Ne jamais dire : **nel ricevere di quella lettera...** Le **di** ne peut s'admettre que dans deux cas : *a*) *Si le verbe se construit normalement ainsi* :

Il parlar di ciò è un'imprudenza,
c'est une imprudence de parler de cela.

b) Si l'infinitif est suivi d'un substantif (ou d'un pronom) *sujet réel* du verbe :

All'entrar di Pietro,
à l'entrée de Pierre.

164 / Infinitif de souhait.

L'infinitif est parfois employé avec un sens de souhait :

Potere ! *Si nous pouvions !*

Sapere dove si trova ! *Si je savais où il se trouve !*

GÉRONDIF ET PARTICIPES

165 / Participe présent et gérondif.

Le participe présent n'existe pas pour tous les verbes et, lorsqu'il existe, il n'est guère employé comme verbe :

Un partente, *un partant* (substantif)

Il cinema parlante, *le cinéma parlant* (adjectif).

Le gérondif est généralement employé à la place du participe présent français à valeur de participe ou de gérondif.

166 / Emploi du gérondif.

a) En principe, le gérondif italien *(invariable)* se rapporte au sujet de la proposition :

L'ho visto entrando nella stanza,
je l'ai vu en entrant dans la salle (tandis que j'entrais).

Si l'on veut traduire le français :

Je l'ai vu entrant (qui entrait) dans la salle,

on dira :

L'ho visto che (quando, mentre) entrava nella stanza.

● N.B. — Éviter de dire : **L'ho visto entrante nella stanza**[1].

b) Il ne peut pas être employé comme apposition au sujet. Le français : *les personnes désirant parler au directeur sont priées de demander un rendez-vous*, doit se traduire ainsi :

Le persone che desiderino parlare al Direttore sono pregate di chiedere un appuntamento.

1. De telles tournures, d'ailleurs impossibles avec beaucoup de verbes qui n'ont pas de participe présent, sont plutôt archaïques. Mais on dit couramment : **c'erano quadri rappresentanti città conosciute,** *il y avait des tableaux représentant des villes connues* (noter *l'accord* du participe).

Donc, en règle générale, dans ces deux cas (gérondif se rapportant à un *complément* et gérondif *apposition* au sujet), il faut employer une proposition subordonnée[1].

167 / Gérondif avec « stare, andare et venire ». — (V. § 129).

168 / Gérondif absolu.

La proposition participe avec le gérondif est très usitée. Généralement, le gérondif se met en tête, même avant le sujet :

Arrivando Pietro, me n'andrò io,
quand Pierre arrivera, je m'en irai
Essendo morto mio padre, son rimasto solo a casa,
mon père étant mort, je suis resté seul à la maison.

● N.B. — *a*) La proposition participe s'emploie même avec des verbes impersonnels :

Occorrendo, verrò a chiamarti,
s'il le faut, je viendrai t'appeler.

b) Le gérondif précédé de **pur** *(cependant)* a le sens du français *tout en* (ou *bien que*) :

Pur scrivendo mi ascoltava,
tout en écrivant, il m'écoutait.

169 / Participe passé. (Règles d'accord v. §§ 47 et 78.)

a) Le participe passé, suivi d'un pronom personnel, peut être employé en apposition à un substantif, avec la valeur d'une proposition relative :

Il cappello compratogli non gli sta bene,
le chapeau qu'on lui a acheté ne lui va pas
La lettera scrittami da Lei mi ha fatto molto piacere,
la lettre que vous m'avez écrite m'a fait grand plaisir.

b) Le *participe passé absolu* est employé en italien plus souvent qu'en français; il se met généralement avant le substantif :

Messosi il cappello,
ayant mis son chapeau

1. Il y a cependant quelques exceptions autorisées quand le sens est clair :
L'appetito vien mangiando,
l'appétit vient en mangeant.

Partito il padre, *le père étant parti.*

Preso il caffè, *ayant pris le café*

c) On dit aussi, avec **che** :

Partito che fu il padre, *une fois le père parti,*

Bevuto che ebbe il vino, *Après qu'il eut bu le vin.*

EXERCICES

1. Traduire : 1. La settimana prossima arriva mio padre. 2. Che ore saranno state quando tornammo a casa ieri sera? 3. Saranno state le undici. 4. Il mese scorso lessi due libri poco interessanti. 5. Questo mese ne ho letto uno scritto proprio bene. 6. Bisognerebbe che Lei gli scrivesse una bella lettera. 7. Avrei preferito che tu ci fossi andato. 8. Mi aveva detto che sarebbe andato in campagna. 9. Preferirei di aspettarlo tranquillamente. 10. Credo che sia un'imprudenza uscire con questo tempo. 11. Io invece penso che non c'è nulla da temere. 12. Non so se sia già arrivato. 13. Pareva volesse parlare. 14. Hanno lavorato più di quanto pensiate. 15. Si vestiva come uno a cui fosse mancato il pane. 16. Ti occorrerebbe un compagno che ti aiutasse a fare i tuoi compiti. 17. Mi mandò a dire ch'io gli pagassi la pigione *(loyer)*. 18. Mi scriveva di essere stato una settimana a letto. 19. I suoi occhi par che guardino sempre qualche cosa di lontano. 20. Ci pareva di navigare sul mare.

2. Traduire : 1. Suona, suona, finalmente la serva venne ad aprirmi. 2. Come si fa a dirglielo? 3. A saper dove stava, l'avrei trovato subito. 4. A volere spiegar bene la cosa, bisogna risalire al principio. 5. Avremmo fatto meglio a dirgli subito di no. 6. Non aveva tanta pazienza da rimanere a casa. 7. È una lettera da scriversi subito subito. 8. Non posso trattenermi dal ridere. 9. Avrai un bello spendere, non riuscirai a soverchiarci col tuo lusso. 10. Sapere come fare! 11. Comprerei volentieri quel cavallo : potere! 12. L'ho incontrato passando nella stanza. 13. L'ho trovato che leggeva il suo giornale. 14. Tramontando il sole, bisognò tornare a casa. 15. Dettogli ciò, uscì tranquillamente. 16. Le sono molto grato, Signore, di tutte le gentilezze fattemi da Lei. 17. Mangiata ch'ebbero la frutta, ordinarono il caffè. 18. Comprato il biglietto prese la valigia ed andò al terzo binario *(voie)* 19. Salutati gli amici, uscimmo. 20. Nel rifare il conto si accorse di avere sbagliato.

3. Traduire : 1. Je voudrais acheter un fer à repasser électrique. 2. Je cherche un fer pour repasser. 3. Quoiqu'il soit bossu, il n'a pas un aspect désagréable. 4. Il eut beau courir, il arriva en retard. 5. C'est une honte que de parler ainsi. 6. Il est prudent de se taire quand on ne sait que répondre à certaines questions. 7. En le regardant, je pensais à tout cela. 8. A la pointe du jour, nous nous levâmes, nous déjeunâmes en nous habillant; nous nous protégeâmes contre le froid en mettant nos grands manteaux, et nous partîmes. 9. En nous disant cela, il a voulu nous tromper. 10. En entrant, je l'aperçus aussitôt. 11. A l'apparition du chef tout le monde se leva. 12. Tu commenceras par faire ce que je te dis. 13. Et tous de se lever, de protester : femmes de crier, enfants de pleurer. 14. Vous avez beau parler, il ne vous écoute pas. 15. Je l'ai vu cherchant quelque chose. 16. Nous regardons cet homme portant un enfant sur les bras.

17. Il est allé se promener en tenant son chapeau à la main. 18. Les personnes attendant un parent sont priées de se mettre à droite. 19. La nuit venant, nous rentrâmes chez nous. 20. Ayant enlevé son chapeau, il s'assit.

4. Traduire : 1. Mi ci vorrebbe una macchina da cucire. 2. Non ce l'abbiamo, eccoti intanto un ago per cucire. 3. Per esser povero si veste pulitamente. 4. Per parlar ch'egli faccia, non mi può persuadere. 5. È un vero peccato stare a casa con questo tempo! 6. È preferibile non dargli retta *(écouter)*. 7. Aveva gli occhi rossi dal gran piangere. 8. Arrivai sul finir del giorno. 9. Al vederlo rimasi di sasso *(pétrifié)*. 10. Nel dirgli ciò era molto impicciato. 11. Col leggere i buoni autori s'impara bene una lingua. 12. Non mi piace quel suo parlar sempre di sé. 13. All'uscir dalla stanza si cominciò a respirare. 14. All'entrar di Giovanni tutti si alzarono. 15. Il cantar degli uccelli ci rallegra. 16. Al veder ciò mi parve di sognare. 17. Nel prender la penna, feci cadere un libro. 18. Hanno principiato col farci sapere che tutto era occupato, poi hanno finito col confessarci che rimaneva ancora una camera libera. 19. Sulla piazza era un agitarsi tumultuoso, un levarsi di teste e di braccia, un guardar su, un gesticolare, un gridare, un fremere di paura e di speranza. 20. Entrò lui, e tutti a ridere, a domandargli come stava.

5. Traduire : 1. Dans trois jours nous rentrerons à Paris. 2. Comment peut-il bien s'appeler? 3. Je ne m'en souviens plus. 4. Il peut bien avoir dans les trente ans. 5. L'an dernier, je suis allé en Suisse, mais cette année, je suis allé en Italie. 6. La semaine dernière je n'ai rien fait, cette semaine je me suis mis sérieusement au travail. 7. Je voudrais qu'il me réponde. 8. Il faudrait qu'il parte tout de suite. 9. Nous vous avions bien dit que nous viendrions vous voir. 10. Oui, mais nous ne pensions pas que vous viendriez aujourd'hui. 11. Je ne crois pas que ce soit lui qui ait fait cela. 12. Et moi, je pense que c'est lui le coupable. 13. Je me demande s'il est arrivé. 14. J'espère que votre santé est bonne et que vous jouissez là-bas d'un temps superbe. 15. Je crains qu'il (ne) fasse trop froid pour sortir. 16. Il est plus à plaindre que vous ne pensez. 17. Il était là comme un homme qui attend quelqu'un. 18. Il me regardait en tremblant, comme quelqu'un qui craindrait d'être condamné à mort. 19. Il me faudrait quelqu'un qui m'aide dans ce travail. 20. Il me disait qu'il ne pouvait pas venir.

6. Traduire : 1. Il vous envoya dire d'aller le voir chez lui. 2. Le chien qui était là semblait dormir. 3. Elles semblaient travailler tranquillement. 4. Il croyait *(gli pareva)* se trouver dans un palais. 5. Il me semble qu'il a envie de se coucher. 6. Après avoir longtemps cherché, j'ai fini par le trouver dans ma poche. 7. Comment faire pour payer? 8. Il espérait te voir un jour ou l'autre. 9. C'est un ordre à exécuter tout de suite. 10. Il ne put se retenir de lui demander ce qu'il avait. 11. Il doit être dix heures moins le quart. 12. Je veux que tu manges du pain. 13. Je voudrais qu'il ne mange pas de pain. 14. Je pense que j'irais au cinéma s'il ne pleuvait pas. 15. Je croyais qu'il irait à Paris dimanche. 16. Nous ne savions pas qu'il était guéri. 17. Apprendre l'italien est une chose plus difficile que tu ne crois. 18. C'est une situation à déclarer dès votre arrivée *(arrivo)* à Florence *(Firenze)*. 19. Ils eurent beau nier ce qu'on leur reprochait *(rimproverare)*, on les conduisit en prison *(carcere)*. 20. Après avoir beaucoup attendu, ils finirent par voir le commissaire *(commissario)*.

19 ADVERBES ET PRÉPOSITIONS

170 | *Adverbes qualificatifs.*

On peut appeler ainsi les adverbes formés couramment avec les adjectifs qualificatifs, au moyen du suffixe **mente** (**la mente** = *l'esprit*), ajouté au *féminin* de l'adjectif[1] :

allegra-mente, *allégrement (avec un esprit joyeux)* **cortese-mente,** *courtoisement (avec un esprit courtois).*

● **N.B. — 1. Les adjectifs terminés par le et re perdent l'e final :**

terribile, *terrible*	**terribilmente,** *terriblement*	**singolare,** *singulier*	**singolarmente,** *singulièrement*

2. **leggero, leggermente, violento, violentemente, benevolo, benevolmente.**

171 | *Adjectifs employés comme adverbes.*

a) Certains adjectifs sont employés comme adverbes sans prendre la forme en **mente** :

forte, *fort*	**piano,** *doucement*	**alto,** *haut*	**basso,** *bas*
proprio, *vraiment*	**solo,** *seulement*	**bel bello,** *tout doucement*	**tutto** (v. §§ 13. 120). *entièrement*
diritto, *droit*	**storto,** *de travers*	**vicino,** *près*	**lontano,** *loin*
zitto, *en silence*	**caro,** *cher*	**mezzo,** *à demi*	etc...

b) Quelques-uns de ces adjectifs, bien qu'employés avec une valeur adverbiale, peuvent parfois s'accorder :

Siete lontani da noi, *vous êtes loin de nous*	**Camminavano diritti,** *ils marchaient droit*
L'ho pagata cara, *je l'ai payée cher*	**Erano mezzi morti**[2] *ils étaient à moitié morts.*

Mais on dit :

Sono andati lontano, *ils sont allés loin* (adverbe réel).

1. Pour le superlatif, au superlatif féminin : **allegrissimamente** (ou **molto allegramente**).
2. Plus courant que **mezzo morti,** recommandé par les puristes.

172 | Adverbes et locutions adverbiales de manière.

a) Outre les adverbes qualificatifs (en **mente**) :

bene, *bien*
male, *mal*
meglio, *mieux*
peggio, *pis*
come, *comment*
così, *ainsi*
altrimenti[1], *autrement*
ancora, *encore*
affatto, *tout à fait*, cf. § 181
del tutto, *entièrement*
anche, pure, perfino, *même, aussi*
anzi, *et même, au contraire*
invece, *au contraire*
magari, *et même (à la rigueur)*
soprattutto, specie, massime *surtout*
quasi, *presque*
piuttosto, *plutôt*
volentieri, *volontiers*
presto, *vite*
adagio, *doucement*

a caso, *au hasard*
a casaccio, *au petit bonheur*
per caso, *par hasard*
per combinazione, *par hasard*
a gara, a prova, *à qui mieux mieux*
a rovescio, *à l'envers*
alla rinfusa, *pêle-mêle*
alla buona, *sans façon*
in fretta, *en hâte*
a poco a poco, *peu à peu*
a mano a mano, via via, *peu à peu, au fur et à mesure*
e così via, *et ainsi de suite*
di nascosto, *en cachette*
a stento, a mala pena, a fatica, *avec peine*
a vicenda, *réciproquement*
a dirotto, *à verse (pluie)*
a distesa, *à toute volée (cloches), à gorge déployée*
a squarciagola, *à tue-tête*, etc.

b) **Bene**[2] et **male** (cf. **tutto** et **nulla**, § 120, **molto** et **poco**, § 174), se placent généralement après le verbe :

Hai lavorato bene,
tu as bien travaillé

Hanno agito male,
ils ont mal agi.

c) **Anche** se met généralement avant le mot auquel il se rapporte, **pure**[3] se met après :

Anch'io (io pure),
moi aussi.

1. Noter la forme particulière en **menti** (cf. **parimenti**, *pareillement*).

2. **Bene** ne s'emploie avec le sens de **molto** devant un adjectif que s'il peut garder en même temps son sens propre :

Sono ben contento, *je suis bien content* — **Sono molto stanco,** *je suis bien fatigué.*

3. **Pure** signifie parfois *quand même* (v. conjonctions). Après l'impératif, il a un sens de concession, de permission, de persuasion :

sia pure, *soit* — **dica pure,** *vous pouvez parler* — **entri pure,** *entrez donc* — **era pur bello,** *il était vraiment beau.*

● N.B. — 1° *Aussi* conjonction (= *c'est pourquoi*) ne se traduit pas par **anche,** mais par **perciò, quindi** *(c'est pourquoi)*, **così** *(ainsi)* :

> **Sono malato, perciò son rimasto a casa,**
> *je suis malade, aussi suis-je resté à la maison*
>
> **Non si è fatto vedere, quindi l'hanno dimenticato,**
> *il ne s'est pas fait voir, aussi l'a-t-on oublié.*

2° Ne pas confondre *même* adverbe et *même* adjectif (v. § 121, N.B). *Même*, adverbe, se rend par **perfino, anche, pure :**

> **C'erano perfino dei leoni,**
> *il y avait même des lions.*

3° **Anzi** (*et même, ou plutôt*) sert à rectifier ou à renchérir :

> **Questo non ti farà guarire, anzi ti farà peggiorare,**
> *cela ne te fera pas guérir, au contraire, cela te fera empirer.*

173 | *Adverbes d'attitude.*

Certains adverbes formés avec le suffixe **oni** indiquent une attitude du corps :

bocconi, *à plat ventre*
rovescioni[1], *à la renverse*
a cavalcioni, *à califourchon*
carponi, *à quatre pattes*
a coccoloni, *à croupetons*
balzelloni, *en sautillant*
penzoloni, *pendant*
ciondoloni, *ballant*
tastoni[2], **tentennoni,** } *à tâtons*
ginocchioni, *à genoux*
ruzzoloni, *les quatre fers en l'air.*

174 | *Adverbes de quantité.*

troppo, *trop*
assai[3], **molto,** } *beaucoup*
parecchio, *pas mal*
alquanto, *quelque peu*
abbastanza, *assez*
un poco, *un peu*
poco, *peu*
oltremodo, *outre mesure*
meno (di meno), *moins*
almeno, per lo meno, } *au moins*
quasi, *presque*
circa, a un di presso, su per giù, } *environ*

1. Retenir aussi l'adjectif **supino** = *couché sur le dos.*
> **Cadde rovescioni (supino),**
> *il tomba à la renverse (sur le dos).*

2. On trouve aussi **tastone** et **a tastoni.**

3. **Assai** n'a presque jamais, aujourd'hui, le sens étymologique de *assez* (latin : *ad satis*). On ne doit le traduire ainsi que si le contexte indique nettement ce sens (cf. **assai... per** = *assez... pour*).

più[1] **(di più)**, *plus, davantage*	**press'a poco, pressoché,** } *à peu près*
di soverchio, *à l'excès*	
così (sì), *si*	**soltanto, solamente,** } *seulement*
tanto, *tant*[2], *tellement*	
quanto, *combien*	**per di più, inoltre,** } *de plus, en outre.*
altrettanto, *autant*	

175 | *Locutions avec « tanto » et « quanto ».*

Né tanto né quanto,	*ni peu ni prou*
Non più che (di) tanto,	*pas plus que cela*
Non per tanto,	*néanmoins (ce n'est pas pour cela que)*
Tanto è... (tanto vale...),	*autant vaut*
Tanto, è lo stesso,	*d'ailleurs, cela revient au même*
Tanto per vedere,	*uniquement pour voir*
Una volta tanto,	*une fois pour toutes (ou : par hasard)*
Due volte tanto,	*deux fois autant*
Esser da tanto,	*être capable de... (à la hauteur)*
Rimaner con tanto di naso,	*rester avec un nez long comme cela (bien attrapé)*
Apriva tanto di bocca,	*il ouvrait une bouche comme cela (énorme)*
Quanto prima,	*le plus tôt possible, sous peu*
Gli duol la gola da quanto ha parlato,	*il a tant parlé qu'il en a mal à la gorge.*

176 | *Adverbes d'affirmation, de négation et de doute.*

AFFIRMATION

sì, *oui*	**nientemeno**, *rien de moins*
già, *oui, certes*	**certo (di certo)**, *certainement*
davvero, proprio, } *vraiment*	**sicuro, sicuramente,** } *sûrement*
affatto, *absolument, tout à fait*	**senza dubbio**, *sans aucun doute*
appunto, *précisément*	**senz'altro**, *incontestablement*
per l'appunto, *justement*	**senza fallo**, *sans faute.*

1. A retenir : *de plus en plus* : **sempre più (vieppiù)** ; *de moins en moins* : **sempre meno.** — 2. **Tanto** a souvent le sens de *beaucoup* (cf. § 112).
Me ne rallegro tanto,
je m'en réjouis beaucoup.

NÉGATION

no, *non*	**mai,** *jamais*
non, *non, ne*	**neppure, nemmeno, neanche,** *même pas, non plus*
(non) punto, *point*	**neanche per sogno!** *jamais de la vie!*
(non) mica, *pas (mie)*	**tutt'altro,** *au contraire, loin de là.*
non già, *non certes*	**nondimeno, nonostante,** *néanmoins*
niente, nulla, *rien*	
nient'affatto, *pas du tout*	

DOUTE

perché? *pourquoi?*	**forse,** *peut-être*
non è vero? nevvero? *n'est-ce pas?*	**magari** (cf. § 207, 2°), *à la rigueur (pourquoi pas?)*

177 / Emploi de « non ».

a) Il ne faut pas confondre **no,** négation absolue, contraire de **sì,** et **non** négation employée avec un autre mot (verbe, adjectif, adverbe, etc.) :

È lui? No, non è lui,
Est-ce lui? Non, ce n'est pas lui.

b) La négation française *ne* suivie de *que* peut se traduire littéralement :

Non pensa che a divertirsi[1]**,**
il ne pense qu'à s'amuser.

On peut aussi la rendre par **soltanto, solo, solamente** *(seulement) :*

Pensa soltanto a divertirsi.

● N.B. — *Ne jamais confondre les deux tournures* : mettre toujours **non** dans la 1re, ne jamais le mettre dans la 2e, à moins de vouloir dire le contraire :

Non pensa soltanto a divertirsi,
il ne pense pas seulement à s'amuser.

1. *a*) On ajoute souvent à **non... che,** l'expression **altro** *(autre chose)* qui donne un sens plus précis :

Non pensa ad altro che a divertirsi,
il ne pense (pas à autre chose) qu'à se distraire.

Altro s'emploie surtout avec les verbes **fare, essere, avere, mancare :**

Non fa altro che ridere,
il ne fait que rire

Non c'è altro che Pietro,
il n'y a que Pierre.

b) Dans l'usage littéraire, **che** est souvent remplacé par **se non :**

Non si vedevano se non delle porte chiuse,
on ne voyait que des portes fermées.

178 / Omission de « non ».

La négation explétive que nous employons en français après certains verbes *(craindre, redouter)* et après certaines locutions *(avant que, de peur que)* ne se traduit généralement pas en italien :

> **Temo che venga,**
> *je crains qu'il ne vienne.*

Avec *non*, le sens changerait :

> **Temo che non venga,**
> *je crains qu'il ne vienne pas.*

Cependant on tolère quelquefois :

> **Prima che non venga,**
> *avant qu'il ne vienne*

parce que le sens est clair.

179 / « Neppure, neanche ».

Nous avons vu (§ 119) que **niente** et **nulla** venant avant le verbe ne veulent pas d'autre négation. **Neppure, neanche, nemmeno,** suivent la même règle :

> **Neppure lui potrà farmi cambiar parere,**
> *Lui non plus ne pourra pas me faire changer d'avis.*

Quand ces mots sont après le verbe, il faut **non** avant.

> **Non posso far neanche ciò,**
> *je ne peux même pas faire cela.*

180 / « Mai ».

a) **Mai** avant ou après le verbe doit être accompagné de **non** :

> **Non ho mai potuto** (ou **Mai non ho potuto**) **capire una cosa simile,**
> *je n'ai jamais pu comprendre une chose semblable.*

On tolère cependant l'absence de **non** lorsque **mai** précède le verbe :

> **Mai potrò ritrovarlo,**
> *jamais je ne pourrai le retrouver.*

b) **Mai**[1] n'a pas par lui-même un sens négatif. Il exprime souvent une simple idée de doute : *comment une chose a-t-elle « jamais » pu être possible?* **Mai** sert donc souvent à renforcer l'interrogation en ajoutant une idée d'*étonnement :*

Perché mai?
Pourquoi donc?

Come mai?
Comment cela?

181 / « Mica, punto, affatto ».

Ces trois expressions peuvent renforcer la négation :

Non sono mica (punto, affatto) contento[2],
je ne suis pas (nullement, point, pas du tout) content.

● N.B. — **Affatto** peut renforcer l'affirmation et signifie alors *tout à fait.*
Sono affatto contento,
je suis tout à fait content.

Éviter donc d'employer **affatto** tout seul dans le sens de *pas du tout;* dire : **Nient'affatto, punto.**

Pas tout à fait se traduira par : **non del tutto** :

Sei d'accordo?
Es-tu d'accord?

Nient'affatto,
pas du tout

Siete d'accordo?
Êtes-vous d'accord?

Non del tutto,
pas tout à fait.

182 / Tournures et sens à retenir.

a) **Dir di sì, dir di no,**
dire (que) oui, dire (que) non

Creder di sì, creder di no,
croire que oui, croire que non

Parer di sì, parer di no,
sembler que oui, sembler que non.

Pensa di sì,
il pense que oui.

b) **Già**[3] est employé couramment tout seul, pour approuver :

Già, già,
c'est bien cela, oui.

1. Noter les expressions : **mai e poi mai,** *jamais, au grand jamais,* **quanto mai,** *on ne peut plus,* **caso mai,** *si jamais...* — 2. On emploie quelquefois aussi **niente** dans le sens d'*aucunement, pas du tout* (cf. § 119, n. 2).

L'aria non era niente fredda,
l'air n'était pas froid du tout.

3. Pour *già* voir aussi §§ 183 et 185.

Il renforce aussi l'affirmation :

> **Già lo sappiamo, già è naturale,**
> *nous le savons bien, il est bien naturel.*

ou la négation :

> **Non già ch'io speri convincervi,**
> *non pas que j'espère vous convaincre.*

Il a quelquefois le sens de *d'ailleurs :*

> **Già non saprebbe fare,**
> *d'ailleurs, il ne saurait pas faire.*

c) **Senza dubbio** signifie en italien : *sans aucun doute ; sans doute* se dit : **forse.**

183 / Adverbes de temps.

quando,	*quand*	**poi**[2]**, quindi,**	*ensuite*
adesso, **ora**[1]**,**	*maintenant*	**daccapo,**	*de nouveau*
oggi,	*aujourd'hui*	**infine,**	*enfin*
ieri,	*hier*	**d'ora innanzi,**	*dorénavant*
domani,	*demain*	**ormai (oramai),**	*désormais*
dopo domani, **doman l'altro,** **posdomani,**	*après-demain*	**d'ora in poi,**	*à partir de maintenant*
ieri l'altro,	*avant-hier*	**da allora in poi,** **d'allora**	*depuis lors*
l'altro ieri,	*il y a quelques jours*	**fin d'allora,**	*dès lors*
sempre, **ognora,**	*toujours*	**poco fa,** **or ora,** **(testé, dianzi),**	*tout à l'heure*
mai,	*jamais*	**fra poco,** **a momenti,** **fra breve,**	*bientôt* (futur)
avanti, **innanzi,**	*auparavant*	**presto,** **per tempo,**	*bientôt, de bonne heure* (passé et futur)
prima, **dapprima,**	*d'abord*	**poco dopo,**	*bientôt* (passé)
anzitutto,	*avant tout*	**tardi,**	*tard*
insieme, **ad un tempo,**	*à la fois*	**subito,**	*tout de suite*
dopo,	*après*		

1. **Ora** répété signifie *tantôt... tantôt :*

> **Ora parlava, ora scriveva,** *tantôt il parlait, tantôt il écrivait.*

Le même sens est obtenu avec **quando... quando...** V. **dove,** § 186. — 2. **Poi** perd parfois son sens d'adverbe de temps et sert simplement à mettre en relief le mot qui précède. On peut le traduire alors par *mais, quant à, par exemple :*

> **Questo poi non è vero :** *cela, par exemple, ce n'est pas vrai !*

lì lì per,	*sur le point de*	**di tanto in tanto,**	*de temps en temps*
lì per lì,	*sur-le-champ*	**di quando in quando,**	
senz'altro,	*immédiatement*	**ogni tanto,**	
spesso,	*souvent*	**di tratto in tratto,**	
sovente,		**ad ogni tanto,**	*à tout instant*
per lo più,	*le plus souvent*	**ad ogni momento,**	
di rado,	*rarement*	**ad ogni poco,**	
raramente,		**talvolta,**	*parfois*
già,	*déjà, autrefois*	**talora, a volte**	
una volta,	*autrefois*	**finora (sinora),**	*jusqu'à présent*
intanto,	*cependant, en attendant*	**a lungo,**	*longtemps.*
frattanto,		**lungo tempo,**	
ancora,	*encore*	**(per) un pezzo,**	
tuttavia,		**molto,**	
tuttora,			
subitamente,	*soudainement*		
ad un tratto,	*tout à coup*		
d'improvviso,			

184 / Confusions à éviter.

Ne pas confondre :

a) **Subito,** *tout de suite*, avec **ad un tratto (subitamente),** *tout à coup*[1] *:*

È venuto subito,
il est venu tout de suite

È venuto (tutt') ad un tratto,
il est arrivé tout à coup.

b) **Intanto,** *cependant* (adverbe), avec **però,** *cependant* (conjonction) :

Intanto lavoreremo,
cependant (pendant ce temps) nous travaillerons
Però lavoreremo,
cependant (malgré cela) nous travaillerons.

c) **Ogni tanto,** *de temps en temps*, avec **ad ogni tanto,** *à tout moment*[2] *:*

Veniva a parlarmi ogni tanto,
il venait me parler de temps en temps
Veniva a parlarmi ad ogni tanto (ad ogni poco, ad ogni momento),
il venait me parler à tout moment.

1. **Ad un tratto** signifie aussi parfois *tout d'un coup* (on dira mieux : **d'un tratto, in un tratto**) et il est encore employé (mais rarement) avec le sens de *en même temps* **(ad un tempo).** — 2. Il faut remarquer, d'ailleurs, que même **ogni tanto** indique des intervalles plus rapprochés que **di quando in quando.**

185 / Tournures à retenir.

Di solito (per il solito),	*d'habitude* (v. § 121 *c*)
Al solito,	*comme toujours*
Non di rado,	*assez souvent*
Un tempo (una volta),	*jadis (autrefois)*
Per sempre (sempre mai),	*à jamais (pour toujours)*
Quanto mai[1]**,**	*autant que jamais (que possible)*
Tante mai cose,	*une infinité de choses*
La Francia già governata da re assoluti,	*la France, autrefois gouvernée par des rois absolus*
Il Tale, già colonnello dell'esercito,	*un Tel, ex-colonel de l'armée.*

186 / Adverbes de lieu.

dove (ove),	*où*[2]	**vicino, accanto, presso, allato**	*près, à côté*
di dove, (donde),	*d'où*		
laddove,	*là où*		
qui, qua,	*ici*	**lontano, (lungi),**	*loin*
lì, là, costì, costà, colà,	*là*[3]	**in faccia, di faccia, di fronte, dirimpetto,**	*en face*
quaggiù,	*ici-bas*	**davanti, dinanzi, innanzi,**	*devant*
quassù,	*ici (haut)*		
laggiù,	*là-bas*	**dietro,**	*derrière*
lassù,	*là-haut*	**avanti**[4]**,**	*en avant*
(ivi), (quivi),	*là*	**indietro, addietro,**	*en arrière*
vi, ci,	*y*	**intorno, attorno**[5]**,**	*alentour*
ne,	*en (de là)*	**torno torno,**	*tout alentour*
via,	*au loin*	**dentro**[6]**,**	*dedans*

1. Cf. § 180. — 2. Ne jamais employer **dove** avec un sens de *temps* (voir § 87). **Dove** répété correspond à *tantôt... tantôt*, mais avec un sens de *lieu (ici... là...)*.

Si attraversavano dove dei campi, dove dei boschi,
on traversait tantôt des champs, tantôt des bois.

3. Pour les nuances de sens, voir § 57. — 4. Noter : **andare avanti,** *avancer*, **camminare avanti e indietro,** *marcher de long en large*, **farsi avanti,** *s'avancer*. — 5. Noter : **darsi dattorno :** *se donner du mal, s'affairer*. — 6. Noter : **venir dentro,** *entrer*.

fuori[1],	*dehors*	**d'altronde,**	*d'ailleurs*
su[1],	*en haut*	**d'altra parte,**	*d'autre part*
giù[1],	*en bas*	**in disparte,**	*à l'écart*
sopra, al disopra,	*au-dessus*	**a parte,**	*à part*
		in cima,	*au haut*
sotto, al disotto,	*au-dessous*	**in capo,**	*au bout*
		in mezzo,	*au milieu*
dappertutto, per ogni dove,	*partout*	**in fondo,**	*au fond*
		addosso,	*dessus*[2]
dovunque,	*n'importe où*	**da parte,**	*de côté*
altrove,	*ailleurs*	**da ogni parte,**	*de tout côté*

a) Beaucoup de ces adverbes sont employés aussi comme prépositions :

Dov'è? è su, è sul letto,
Où est-il ? il est en haut, il est sur le lit.

b) **Su, giù, dentro, fuori** sont employés avec toutes sortes de verbes de mouvement, dont ils changent le sens[3] :

Andar su, *monter*	**Andar giù,** *descendre*
Portar su, *monter (quelque chose)*	**Portar giù,** *descendre (quelque chose)*

c) **Via** s'emploie particulièrement avec **andare, portare, buttare, mandare** :

È andato via, *il est parti*	**portar via,** *enlever (voler).*

Tout seul, il garde le sens du verbe sous-entendu :

Mi salutò e poi via,
il me salua et puis s'en alla.

● N.B. — **Vi, ci, ne** peuvent être *adverbes ou pronoms* (v. § 72).

Ne parlo, *j'en parle (de cela)*	**Ne esco,** *j'en sors (de là).*

1. Noter **venir fuori,** *sortir,* **venir giù,** *descendre,* **venir su,** *monter,* **camminare su e giù,** *faire les cent pas...* — 2. *Sur quelqu'un, sur soi :*

Gli è cascato addosso, *il lui est tombé dessus*	**Non ho denari addosso,** *je n'ai pas d'argent sur moi.*

3. Ne pas confondre **su** adverbe avec **su** préposition :

Tirar su la corda, *remonter la corde*	**tirar sulla corda,** *tirer sur la corde.*

187 | *Prépositions simples.*

A (ad),	*à*	**lungo,**	*le long de*
con,	*avec*	**rasente,**	*au ras de*
da,	*de, par, chez, depuis*	**attraverso,**	*à travers*
di,	*de*	**salvo, tranne, eccetto,**	*sauf, excepté*
in,	*dans, chez*[1]		
dentro (entro),	*au-dedans de*	**tra, fra,**	*parmi, entre, dans (temps)*
presso,	*près de, chez*[1]		
per,	*pour, par*	**durante,**	*pendant*
su, sopra,	*sur*	**avanti (anzi)**	*avant*
		dopo,	*après*
sotto,	*sous*	**secondo,**	*selon*
contro,	*contre*	**nonostante,**	*malgré*
senza,	*sans*	**mediante,**	*au moyen de*
verso,	*vers*	**oltre,**	*outre*

● N.B. — On dit : **in bicicletta,** *à bicyclette,* **in moto,** *à moto,* mais **a cavallo,** *à cheval* et **col treno,** *par le train.*

188 | *Prépositions composées.*

Avec **a**		*Avec* **di**	
accanto a,	*à côté de*	**presso (di),**	*près de*
vicino a,	*à côté de*	**prima (avanti) di,**	*avant*
presso a,	*à côté de*	**innanzi di,**	*avant*
intorno a,	*autour de*	**nel mezzo di**[2]**,**	*au milieu de*
dentro a,	*au-dedans de*	**dopo (di),**	*après*
in mezzo a[2]**,**	*au milieu de*	**lontano di,**	*loin de* (§ 193 *a*)
in fondo a,	*au fond de*	**fuori di,**	*hors de*
in capo a,	*au bout de*	**all'infuori di,**	*en dehors de*
in cima a,	*au haut de*	**invece di,**	*au lieu de*
contro a,	*contre*	**per mezzo di,**	*au moyen de*

1. *Chez* signifiant *parmi (les habitants d'un pays)* se rend par **presso.** *Chez* signifiant *dans (une personne)* se rend par *in.*

Presso i Greci,
chez les Grecs (cf. *apud* latin)

Ammiro in lui la franchezza,
j'admire chez lui sa franchise. (Voir aussi § 66, n. 1.)

Dans les autres sens on emploiera **da (vado dal macellaio,** *je vais chez le boucher*) ou **a (in) casa di (a casa mia non c'è il termosifone,** *chez moi, il n'y a pas le chauffage central*).

2. **Nel mezzo di** est plus précis que **in mezzo a :**

Mi trovavo nel mezzo della piazza,
je me trouvais au milieu de la place.

Stava in mezzo alla folla,
il était au milieu de la foule.

incontro	**a,**	*au-devant de*	**a dispetto**	**di,**	*en dépit de*
addosso	**a,**	*sur* (quelqu'un)	**a malgrado**	**di,**	*malgré*
davanti	**a,**	*devant*	**ad onta**	**di,**	
innanzi	**a,**		**per via**	**di,**	*à cause de*
dietro	**a,**	*derrière*	**per causa**	**di,**	
in faccia	**a,**	*en face de*	**per cagione**	**di,**	
dirimpetto	**a,**		**in mancanza**	**di,**	*à défaut de*
fino	**a,**	*jusqu'à*	**su (sopra)**	**(di),**	*sur*[3]
sino	**a,**		**sotto**	**(di),**	*sous*
quanto	**a,**	*quant à*	**senza**	**(di),**	*sans*
rispetto	**a,**		**oltre**	**(di),**	*outre*
riguardo	**a,**		**dentro**	**(di),**	*dans*
insieme[1]	**a,**	*avec*	**fra (tra)**	**(di),**	*parmi*
in riva[2]	**a,**	*au bord de*	**verso**	**(di),**	*vers*

Avec **da**			*Avec* **per**		
fin	**da,**	*à partir de*	**su**	**per,**	*le long de (vers le haut)*
sin	**da,**				
di qua	**da,**	*en deçà de*	**giù**	**per,**	*le long de (vers le bas)*
di là	**da,**	*au-delà de*			
lontano	**da,**	*loin de*	**su su**	**per,**	*tout le long de (vers le haut)*
giù	**da,**	*à bas de* / *du bas de*	**giù giù**	**per,**	*tout le long de (vers le bas).*
su	**da,**	*du haut de*			

189 / Remarques.

Un certain nombre de prépositions simples s'emploient seules ou accompagnées de **a** ou de **di.**

a) On dit :

sopra alla tavola, *sur la table*
sotto al letto, *sous le lit*

ou :

sopra la tavola,
sotto il letto.

1. On dit aussi **insieme con :**
   È venuto insieme al padre,
   il est venu avec son père,
   ou : **È venuto insieme col padre** (tournure préférée par les puristes).
2. Ex. : **In riva al mare,**
   au bord de la mer.
3. Voir § 189. Devant **uno,** pour éviter la rencontre de deux **u,** on emploie souvent **su di** (ou **sopra**) et quelquefois la forme **sur** (**sur un letto** = *sur un lit*).

b) Les prépositions **su, sopra, sotto, dopo, senza, contro, dietro, dentro, verso**[1], quand elles sont suivies d'un pronom personnel ou de relatifs **che, cui,** s'emploient avec **di** :

È partito dopo di noi,
il est parti après nous

Non ho niente contro di lui,
je n'ai rien contre lui

È un amico senza di cui non posso vivere,
c'est un ami sans lequel je ne peux vivre.

c) Prépositions contractées avec les articles (voir Chap. 6).

d) Prépositions répétées. Quand, en français, une préposition est employée avec plusieurs mots, on répète généralement, en italien, la préposition, surtout si elle est contractée avec l'article :

C'erano delle macchie sui libri e sui quaderni,
il y avait des taches sur les livres et les cahiers.

La règle est plus stricte encore si les articles ne sont pas les mêmes .

Nelle botteghe e nei mercati della città,
dans les boutiques et les marchés de la ville.

Mais avec **con** (cf. § 195), on peut ne pas répéter la préposition :
Camminava colla (con la) testa alta, gli occhi aperti e il cappello sulle ventitré,
il marchait la tête haute, les yeux ouverts et le chapeau de travers.

e) Tournures diverses à retenir :

Avec **presso** :

Abita presso (la) alla stazione,	*il habite près de la gare* (lieu)
Abita presso i genitori,	*il habite chez ses parents* (nom)
Abita presso di noi,	*il habite chez nous* (pronom).

Avec **avanti** et **prima** :

Prima di Pasqua, **Avanti Pasqua,**	} *avant Pâques*
Prima di me, **Avanti di me,**	} *avant moi*
Prima di parlare, **Avanti di parlare,**	} *avant de parler.*

1. **Fra (tra)** s'emploie avec ou sans *di* devant un pronom personnel :
Fra (di) noi, *entre nous.*

Avec **lontano** :

Lontano di qui (cf. § 193 *a*)	*loin d'ici* (adverbe)
Lontano da me,	*loin de moi*
Lontano da Parigi,	*loin de Paris.*

Avec **su** et **giù** :

Si arrampicò su per il monte,	*il grimpa le long des pentes de la montagne*
Ruzzolò giù per il monte,	*il roula le long des pentes de la montagne*
Su dal monte s'inalzava un pennacchio di nuvole,	*du haut du mont s'élevait un panache de nuages*
Precipitò giù dal monte,	*il tomba du haut de la montagne.*

Avec **lungo**[1] et **rasente** :

Lungo il mare,	*le long de la mer*
Lungo la strada,	*le long de la route*
Tutto lungo il giorno,	*tout le long du jour*
Rasente (alla) la parete,	*en rasant le mur.*

190 / Emploi de « a ».

La préposition **a** indique :

a) La *direction :*

andare a casa, — *aller à la maison.*

b) L'*endroit où l'on est :*

siamo a casa[2]**,** — *nous sommes à la maison.*

c) Le *but :*

andare a prendere, — *aller prendre.*

d) Le *temps :*

alle nove, — *à neuf heures*

a guerra finita, — *une fois la guerre finie.*

1. Noter **lungo disteso,** *étendu de tout son long,* **lunghesso il fiume,** *le long du fleuve* (archaïque). — 2. On peut dire aussi **in casa.** Par contre, il ne faut pas employer **a** pour traduire des expressions françaises comme *à la campagne, au printemps,* etc. On dira : **in campagna, in primavera.**

e) Le *prix* :

a cento lire il chilo,	*à cent lires le kilo*[1].

f) La *manière*, le *moyen*, la *forme*, l'*attitude*, etc. :

A voce alta,	*à haute voix*
Piantato a ulivi,	*planté d'oliviers*
Una macchina a vapore,	*une machine à vapeur*
Una testa a pera,	*une tête en forme de poire*
Si atteggia a padrone,	*il se donne des airs de maître.*

191 / *Emploi de « di ».*

Di indique :

a) La *propriété* :

Di chi è questa casa?	*A qui est cette maison?*
Questa casa è di Paolo,	*cette maison est à Paul.*

b) La *qualité*, la *matière* :

Un uomo di spirito,	*un homme d'esprit*
Una casa di legno,	*une maison en bois.*

c) Le *contenu*, la *mesure* :

Una tazza di caffè,	*une tasse de café*
Un litro di vino,	*un litre de vin*
Un chilo di farina,	*un kilo de farine.*

d) Le *lieu d'où l'on vient*, l'*origine* (sans article) :

Viene di qui,	*il vient d'ici*[2]
Esce di scuola,	*il sort de l'école*
Di città in città,	*de ville en ville*
È di Parigi,	*il est de Paris.*

e) La *cause* et le *moyen* (sans article) :

Sporco di fango,	*sale de boue*
Tremar di freddo,	*trembler de froid*
Coperto di fiori,	*couvert de fleurs.*

f) Le *temps* :

di giorno, di notte,	*le jour, la nuit*
di primavera,	*au printemps.*

1. Pour la valeur, voir aussi **da,** § 192. — 2. Mais on dira : **viene da Parigi** (voir § 193).

192 | Emploi de « da ».

Da indique :

a) L'*éloignement en général : point de départ* (lieu ou temps), *provenance, différence, lieu par où l'on passe :*

Sei lontano da me,
tu es loin de moi
È partito da Londra,
il est parti de Londres
L'aspetto dalle otto,
je l'attends depuis huit heures
Ho ricevuto una lettera da mio zio[1]**,**
j'ai reçu une lettre de mon oncle
L'ho visto dalla finestra,
je l'ai vu de la fenêtre
Siamo diversi da loro,
nous sommes différents d'eux
È uscito dalla finestra,
il est sorti par la fenêtre.

b) L'*agent* (v. p. 43, n. 2), ou la *cause* [2] :

Antonio è stato chiamato dal padre,
Antoine a été appelé par son père
Tremava dalla paura,
il tremblait de peur.

c) La *situation* (espace et temps, sans mouvement)[3] :

Da una parte, dall'altra,
d'un côté, de l'autre
Da Pietro,
chez Pierre.
Da principio[4]**,**
au commencement
Da fanciullo,
étant enfant (pendant l'enfance)[5]
Da vecchio,
dans la vieillesse.

d) L'*usage*, le *but*, l'*obligation*, la *possibilité*, la *conséquence* (cf. § 157).

Carta da lettere,
papier à lettres
In modo da...,
de façon à...
Macchina da (per) scrivere,
machine à écrire
Ho da scrivere una lettera,
j'ai à écrire une lettre.

1. Parce que **zio** est complément de **ho ricevuto.** Mais on dira : **ho perduto la lettera di mio zio,** *j'ai perdu la lettre de mon oncle.* — 2. Avec *article.* La cause sans article s'exprime par **di** (voir ci-dessus). — 3. En général, **da** indique l'*éloignement,* mais on comprend qu'on aboutisse à un sens de *situation sans mouvement* en passant par l'expression *vers, du côté de, chez* (même remarque pour la *valeur* et l'*approximation.* Voir *f* et *g*). — 4. **Dal principio** signifie *depuis le commencement* (souvent renforcé par **fino : fin dal principio,** *dès le début*). — 5. Et aussi *depuis l'enfance.*

e) L'*adaptation* (convenance physique ou morale), le *détail caractéristique :*

È vestito da soldato,
il est habillé en soldat

Si è condotto da galantuomo,
il s'est conduit en honnête homme

L'ho riconosciuto dalla voce,
je l'ai reconnu à sa voix

L'uomo dal cappello grigio[1]**,**
l'homme au chapeau gris.

f) La *valeur :*

Una camicia da mille lire,
une chemise de mille lires

Un biglietto da cento lire,
un billet de cent lires.

g) L'*approximation* (emploi rare) :

Ci saranno state da (circa) quaranta persone,
il pouvait y avoir quelque quarante personnes (v. § 97, *d*).

● N.B. — En principe, **da** ne s'élide jamais, tandis que **di** s'élide généralement, cela permet de distinguer toujours les deux prépositions :

Amato da ognuno,
aimé de chacun

Il nome d'ognuno,
le nom de chacun.

193 | *Différence entre « di » et « da ».*

a) En général, pour marquer la *provenance* ou la *cause* avec l'*article* (ou devant les *noms propres* et les *pronoms*), on met **da**; sans article et avec les adverbes (surtout **qui, qua, lì, là**) on met plutôt **di :**

Esce di scuola,
il sort de l'école

Esce dalla scuola comunale[2]**,**
il sort de l'école communale

È morto di fame,
il est mort de faim

È morto dalla fame,
il est mort de faim

Partirete di qui[3]**,**
vous partirez d'ici

Partirete da Roma,
vous partirez de Rome.

b) On dit cependant toujours **fuori di,** avec ou sans article :

Fuori di strada,
hors du (bon) chemin

Fuori della strada maestra,
hors de la grand-route

Fuori di Roma,
hors de Rome.

1. On dit aussi : **l'uomo col cappello grigio,** mais on n'emploie jamais **a.** — 2. C'est la détermination qui exige **da** au lieu de **di.** Même sans article, on dira (avec un pluriel déterminé par un adjectif) : **Venivano da paesi lontani,** *ils venaient de pays lointains.* Mais : **andare di città in città :** *aller de ville en ville.*

3. On dit également **da qui** et surtout **da lontano.**

c) **Di** indique plutôt la *réalité*, **da** la *possibilité* (destination, convenance) :

Una tazza di caffè,
une tasse de café
Una vita di collegiale,
la vie d'un collégien

Una tazza da caffè,
une tasse à café
Una vita da collegiale,
une vie de collégien[1].

d) **Di** indique le *moyen*, **da** l'*agent :*

Questo quaderno è stato coperto di girigogoli dal mio bambino,
ce cahier a été couvert de gribouillages par mon petit enfant.

● **N.B. — Ne pas confondre :**

Coperto di,
couvert de
Coperto da,
couvert par

Composto di,
composé de
Composto da,
composé par

et autres locutions semblables.

e) **Di** indique aussi l'*usage quotidien, régulier, effectif :*

On dira donc :

La cassetta delle lettere,
la boîte aux lettres

La brocca dell'acqua,
le pot à eau

L'armadio della biancheria,
l'armoire à linge.

194 / Emploi de « con ».

Con indique.

a) L'*union :*

Insieme con te,
avec toi

Caffè con latte,
café au lait.

b) L'*instrument*, le *moyen*, la *manière :*

Col bastone,
avec le bâton (par la force)

Con le buone,
par la douceur.

c) La *relation :*

Rispettoso col padre,
respectueux envers son père.

1. *Digne d'un collégien, semblable à celle d'un collégien.*

195 / Compléments de manière ou de moyen.

Les compléments de *manière* ou de *moyen* qui, en français, sont précédés de *par*, *de*, ou bien sont *employés sans préposition*, doivent être, en italien, précédés de la préposition **con** (cf. § 189) :

Partirò col treno delle dieci,
je partirai par le train de dix heures
Parlava con voce commossa,
il parlait d'une voix émue
Rimase colla bocca aperta[1]**,**
il resta bouche bée.

196 / La préposition « in ».

In doit être employé pour traduire les prépositions françaises *à* ou *par*, indiquant le *temps* ou le *lieu :*

In chiesa,
à l'église
In primavera,
au printemps
In una bella mattina,
par un beau matin.

In indique aussi parfois le *moyen*, la *manière :*

Agiremo in questo modo,
nous agirons de cette façon.

197 / Emploi de « per ».

Per indique :

a) Le *but*, la *cause*, le *moyen :*

Per lavorare,
pour travailler
Per te,
pour toi
Per ciò (perciò),
en raison de cela
Per questo mezzo,
par ce moyen
Per telefono,
par téléphone
Per via aerea,
par avion (lettre)
Per un'infezione, *à cause d'une infection*

1. Pour l'*attitude*, la *démarche*, on peut cependant employer aussi **a** sans article :
a bocca aperta, *bouche bée* **a occhi chiusi,** *les yeux fermés.*
On trouve **camminava con le mani in tasca** et **comminava le mani in tasca.**

b) Un *futur imminent :*

Esser (star) per morire, *être sur le point de mourir* — **Star per partire,** *être sur le point de partir* (voir § 130).

c) Le *lieu* (par où l'on passe, par où l'on prend quelque chose) :

Per la strada, *en chemin* — **Pei campi,** *à travers champs*

Pei capelli, *par les cheveux* — **Per le vie,** *dans les rues, le long des rues.*

d) Le *temps* (durée) :

Per due anni, *pour deux ans (ou pendant deux ans).*

e) La *distribution :*

Dieci lire per uno, *dix lires (pour) chacun* — **Due ore per settimana**[1], *deux heures par semaine*

Due bocce per mano, *deux boules dans chaque main.*

● N.B. — 1° Ne pas mettre **per** pour **da** devant le complément d'agent :

Questo è fatto da te, *cela est fait par toi* — **Questo è fatto per te,** *cela est fait pour toi.*

2° Ne pas confondre (cf. § 102) :

Per due anni, *pendant deux ans* — **Fra due anni,** *dans deux ans*

In due anni, *en deux ans.*

198 | « Fra » et « tra ».

Fra et **tra** ont le même sens : *entre, parmi, au milieu de.*

Sens particuliers à retenir :

Disse tra sé, *il se dit (en lui-même)* — **Fra dieci giorni,** *dans dix jours*

Fra triste e gaio, *mi-triste, mi-gai* — **Viveva fra la speranza e il timore,** *il vivait partagé entre l'espoir et la crainte*

Tra l'esser malato, il dover pensare ai figli e il non aver denaro, si struggeva dal dispiacere,
comme il était malade, qu'il devait penser à ses enfants et qu'il n'avait pas d'argent, il se consumait de chagrin.

1. On dit **per settimana,** *par semaine* mais **all'ora, al giorno, al mese, all'anno,** *à l'heure, par jour, par mois, par an.* On rencontre aussi : **alla settimana** et **la settimana.**

EXERCICES

1. Traduire : 1. Perché siete andati così lontano? 2. Abbiamo camminato piano piano e zitti zitti. 3. Erano già mezzi spogliati. 4. Anche Pasquale voleva venire. 5. A Parigi pure abbiamo avuto bel tempo, perciò ci siamo divertiti a gara. 6. Perfino i genitori camminavano carponi intorno alla tavola, anzi ridevano più dei bambini. 7. Non me n'importa né tanto né quanto. 8. Vattene a casa, tanto ora non vien più. 9. Abbiamo pagato una volta tanto. 10. Aveva tanto di cappello in testa. 11. È riuscito all'esame, ma non si credeva da tanto. 12. Verrà senza dubbio alle dieci. 13. Lo aspetterei magari fino alle dieci e mezzo. 14. Sei proprio seccante *(ennuyeux)*, sai! 15. Tu non pensi ad altro che a criticare, nevvero? 16. Ho paura che Giacomo non arrivi abbastanza per tempo. 17. Niente può esser detto contro di lui. 18. Mai si potrà far meglio di questo. 19. E chi mai l'ha visto? 20. Perché mai non mi ha scritto?

2. Traduire : 1. Siete contento? — Nient'affatto. 2. Sono affatto meravigliato di vedervi qui con lui. 3. Prima diceva di sì poi finì col dir di no. 4. Già, hai sempre ragione. 5. Quei bambini non facevan già niente di male. 6. Vidi quel libro per caso e lo comprai lì per lì. 7. Lo vediamo di rado. 8. È arrivato alle sette ed è andato via poco dopo. 9. Una volta non usavano questi modi di dire. 10. Siamo rimasti molto in campagna. 11. Abbiamo lavorato finora. 12. Lo conosco fin dall'anno scorso. 13. Mi ricorderò sempre mai di lui. 14. Ora è perduto per sempre. 15. Lo trovai pensieroso quanto mai. 16. Quel tale fu già deputato al parlamento. 17. Viaggio ogni tanto con lui. 18. È corso su a portargli la notizia. 19. Il treno fischiò e via. 20. Fra l'orgoglio ed il pentimento non sapeva più che dire.

3. Traduire : 1. Ma famille me paraissait tout heureuse de me voir revenir auprès *(presso)* d'elle. 2. La jeune fille entra tout doucement et absolument sans rien dire. 3. Tu veux toujours parler, toi aussi? 4. Mon oncle aussi a quatre-vingts ans. 5. Ils travaillaient à l'envi. 6. Il se mit à califourchon sur la chaise, tandis que l'enfant restait à plat ventre sur le parquet. 7. J'ai dit cela au hasard. 8. Tu ne m'as pas répondu, aussi ne t'ai-je plus écrit. 9. Cependant, je t'ai envoyé une carte postale *(cartolina)* de Rome. 10. Il s'endormit, et cependant la lampe continuait à brûler. 11. Même mon père a voulu sortir pour se promener un peu. 12. Nous sommes restés bien attrapés. 13. Il ouvrait des yeux grands comme cela. 14. Es-tu malade? — Non, je ne le suis pas. 15. J'ai dit cela à Pierre uniquement pour parler. 16. Il ne fait que cela du matin au soir. 17. Je ne peux que vous dire d'avoir patience. 18. Il s'est mis à courir de peur que l'autre n'arrivât avant lui. 19. Nous n'avons peur de rien, rien ne nous fait peur. 20. Je l'ai rencontré tout à l'heure, mais il ne m'a rien dit.

4. Traduire : 1. Vous êtes-vous bien amusés? — Pas du tout. 2. Naturellement, tout le monde le sait, que tu as dit oui. 3. Je le lui ai demandé, mais il m'a dit que non. 4. Nous le voyons bien, que tu n'as rien fait. 5. Tu as lu sans doute quelque livre. 6. Il se promenait tranquillement, tout à coup il se mit à courir. 7. On m'a remis cette lettre tout de suite. 8. Il dort depuis neuf heures du soir et il dormira sans aucun doute jusqu'à neuf heures du matin. 9. Nous sommes restés longtemps en Italie. 10. Nous y allons maintenant de temps en temps. 11. Ce monsieur, ancien ministre, est on ne peut plus connu. 12. Monte un peu ici me parler. 13. Il entra dans la maison et en sortit dix minutes après. 14. Il fit jouer une pièce composée de cinq actes et dix tableaux. 15. On a joué un opéra composé par Verdi. 16. Voici une lettre de Paris, c'est une lettre de mon cousin. 17. Nous avons des goûts différents des vôtres. 18. Ils habitent à cent kilomètres de la ville. 19. Il est sorti par cette porte. 20. Nous n'avons rien à vous dire.

5. Traduire : 1. La domestica non ha spazzato né sotto alla tavola né dietro al pianoforte. 2. Io pensava dentro di me : non posso contar su di loro. 3. Andrò a passare un mese in campagna presso i miei amici. 4. Fin dall'infanzia si era abituato al lavoro. 5. Da vecchio è ancora un uomo robusto. 6. Vedi quell'albero in cima al colle, presso alla casa verde? 7. Partiremo dopo il quindici Ottobre. 8. Sei arrivato dopo di me. 9. Corse giù per le scale. 10. Su su per il monte si stendevano prati e vigneti. 11. Tutto lungo il mare si vedevano graziosi villini. 12. Me ne vado in camera. 13. Se ne stava lì colle mani in tasca. 14. Posso ritrovarlo ad occhi chiusi. 15. Lavorava fino alle undici con una lampada a petrolio. 16. Il quaderno di Giacomo è tenuto molto bene. 17. Io dormo in un letto di legno e tu in un letto di ferro. 18. Gradisce, Signore, una tazza di tè? 19. Avrei bisogno di bicchierini da liquore e di cucchiaini da caffè. 20. Aveva ancora il suo vestito da inverno.

6. Traduire : 1. Di dove vieni? 2. Vengo da Torino. 3. È uscito di casa or ora. 4. È uscito da quella casa laggiù. 5. Andava a chieder l'elemosina *(aumône)* di porta in porta. 6. Pallido di rabbia, mi guardava fisso fisso. 7. Era accecato *(aveuglé)* dal furore. 8. Il tetto è coperto di lavagna grigia, è stato rifatto dal conciatetti *(couvreur)*. 9. Aspetto una lettera da Parigi. 10. Stava leggendo una lettera di suo padre. 11. La mia opinione è diversa dalla vostra. 12. Abitiamo a dieci chilometri di qui. 13. La stava guardando dal finestrino. 14. Non abbiamo niente da offrirvi. 15. Era vestito da ciclista. 16. Si è proprio condotto da uomo per bene. 17. Avete incontrato quell'uomo dalla barba nera? 18. Ho perduto un biglietto da mille. 19. Ha un'automobile da novecentocinquantamila lire. 20. Dov'è la scatola dei fiammiferi?

7. Traduire : 1. Avete preso il libro dei conti? 2. È arrivato col battello di lunedì. 3. Camminava con un passo lesto lesto. 4. Mi guardava con un'aria meravigliata. 5. Stava lì cogli occhi chini. 6. Non bisogna esser troppo indulgenti coi bambini. 7. Questo cappello è stato comprato per Carlo. 8. Quest'orologio è stato rotto da Pietro. 9. È rimasto assente per due mesi. 10. Correvamo allegramente pei prati.

8. Traduire : 1. J'avais mis le livre sur la table et je l'ai retrouvé sous le fauteuil. 2. Il habite l'étage au-dessus de nous. 3. Il s'est caché derrière la porte. 4. Vous êtes partis avant nous. 5. Il faut que je me repose un peu, sans quoi je ne pourrais pas travailler. 6. Depuis sa jeunesse il a toujours vécu ainsi. 7. Dans mon enfance, je n'ai jamais fait aucun voyage. 8. Il est descendu jusqu'au fond de la vallée. 9. Les vacances commenceront avant le 5 juillet, mais pas avant le 29 juin. 10. Tu devrais bien réfléchir avant de parler. 11. Il monta les escaliers en courant. 12. Il se promenait le long du ruisseau. 13. Je resterai à la salle à manger. 14. Mets ceci dans ta poche. 15. Il restait là, la tête basse. 16. Il parlait d'un ton sévère. 17. Il n'y avait dans la cuisine qu'un fourneau à charbon. 18. L'automobile de mon oncle a fait le voyage de Paris jusqu'à Rome. 19. Ce porte-plume-ci est en bois, celui-là est en fer. 20. J'ai bu deux tasses de thé.

9. Traduire : 1. Nous avons acheté des (petites) cuillers à café et des (petites) serviettes à thé. 2. Nous n'avons pas encore mis nos habits d'hiver. 3. Tu parles en homme sincère. 4. Voici l'opinion d'un homme sincère. 5. Elle est loin d'ici maintenant. 6. Quand tu seras loin de nous, tu nous écriras. 7. Quand il sortira de l'église, tu me le diras. 8. Il est sorti de l'École Centrale. 9. Il portait sa marchandise de village en village. 10. Tremblant de froid, il s'assit près du feu. 11. Je le trouverai les yeux fermés. 12. De quelle façon pensez-vous le convaincre? 13. D'une façon très simple, en lui expliquant que son intérêt n'est pas différent du nôtre. 14. Tous les draps de lit étaient bien rangés dans l'armoire à linge. 15. Je n'ai pas de machine à écrire et il me faut écrire à la plume. 16. Il était vert de rage en me parlant. 17. Charles sort de l'école à dix heures. 18. C'est un jeune homme qui sort de l'École Polytechnique. 19. Voici une lettre de mon frère, qui m'écrit de Florence. 20. Pierre est tombé et a roulé *(è ruzzolato)* tout le long de l'escalier.

10. Traduire : 1. Camminava storto e piano piano. 2. Carlo mi si avvicinò bel bello. 3. L'uomo entrò zitto zitto e si gettò bocconi sul letto. 4. Lo zio si prese il bimbo a cavalcioni sulle spalle. 5. Federico se ne stava lì colle braccia penzoloni. 6. Abbiamo speso su per giù centomila lire. Ti sembra parecchio? 7. Ma! una volta tanto si può fare. 8. Non ho punta voglia d'andare al cinema oggi, tanto non c'è niente di bello. 9. Ma dici proprio davvero? Come mai hai fatto a sbagliare? 10. Non ho speranza di finire questo lavoro entro la settimana. 11. La nuova edizione uscirà quanto prima. 12. Sei stanco? tutt'altro. 13. Il colpevole è lui, senza dubbio. 14. Non voglio andare in montagna quest'estate, non già che non mi piaccia, ma sono invitato da amici in riva al mare. 15. Una volta non si vedevano simili cose. 16. Andiamo pure a casa di Pietro, ma temo che non ci sia. 17. Rileggiamo tutto questo daccapo. 18. Ho incontrato Carlo ier imattina, era triste quanto mai. 19. È inutile che tu ti provi al alzare questo mobile, già lo sai, non hai abbastanza forza. 20. Son venuti giù i nostri vicini e volevano portar su il nostro giradischi, mamma non era affatto contenta perché temeva che ce lo guastassero.

11. Traduire : 1. Charles se disait en lui-même que ce n'était sans doute pas possible. 2. La jeune fille s'en allait à travers champs, cueillant des fleurs çà et là. 3. Dès qu'il a su la nouvelle, il m'a aussitôt averti par téléphone. 4. Nous étions arrivés par le train de minuit. 5. Nous arrivâmes à la campagne par un beau matin de printemps, avant que ce malheur ne fût arrivé. 6. Où est donc cette boîte aux lettres? je la cherche depuis un bon moment. 7. Nous regrettons sincèrement de ne pouvoir vous rendre ce service. 8. Il nous a fallu payer ce mois-ci notre loyer *(pigione*, f.*)* et notre médecin. 9. Avez-vous réussi à trouver ce que vous cherchiez? 10. Non, mais cela ne fait rien, d'ailleurs, il serait trop tard maintenant. 11. Le malade était couché sur le dos, la tête haute, et il respirait péniblement *(a fatica)*. 12. Tout le monde craignait qu'il ne fût sur le point de mourir. 13. Mais le médecin dit qu'il n'y avait absolument aucun danger et qu'il reviendrait seulement dans trois jours. 14. Je n'ai plus revu ton ami, aussi n'ai-je pu lui faire ta commission *(ambasciata)*. 15. Le matin nous buvons tous du café au lait. 16. On dit cependant que ce n'est pas bon du tout pour la santé. 17. Si on ne peut éduquer *(educare)* cet enfant par la douceur, on l'éduquera par la force. 18. Nous sommes tous allés à l'église de très bonne heure ce matin. 19. La mère était en train de préparer le repas à la cuisine. 20. Ce sont des gens qui peuvent marcher la tête haute, mais ils ne sont pas orgueilleux du tout.

12. Traduire : 1. Quando l'ho chiamato s'è messo a correre, e via. 2. Perché vuoi ch'io venga con te in chiesa? ne esco or ora. 3. A Firenze abitavo presso i genitori d'un mio corrispondente. 4. Abbiamo cercato un albergo presso alla stazione. 5. Mio cugino verrà a trovarci prima di Natale. 6. Dopo di aver fatto ciò Carlo se n'è pentito subito. 7. Luigi non ha fatto altro che leggere tutto lungo il giorno. 8. Le rondini volavano rasente alla strada. 9. Per Capodanno ci fu offerto un bel servizio da caffè. 10. Quel rappresentante veniva da Parigi ed andava di porta in porta ad offrire la sua merce. 11. Domenica scorsa, invece d'andare a spasso siamo rimasti tutti a casa a guardare la televisione. 12. Pietro mi ha telefonato, l'ho subito riconosciuto dalla voce. 13. Perché vieni così tardi? t'aspetto da mezzogiorno. 14. Quando non si lavora da fanciulli ci tocca lavorare da vecchi. 15. Entrate pure, Signori, ma non abbiamo nulla da offrirvi. 16. Non avete messo in tavola il cestino del pane. 17. Dove avete posto la lampadina *(réchaud)* a spirito? 18. Per chi è questo pacco? da chi è stato portato? 19. Abbiamo sempre fatto così per anni e anni. 20. Incontravo sempre quest'uomo per la strada.

20. CONJONCTIONS ET INTERJECTIONS

199 / *Conjonctions simples.*

e (ed),	*et*	**quindi,**	*par conséquent*
o (od),	*ou*	**però**[1]**, pure,**	*cependant*
né,	*ni*	**anzi,**	*au contraire*
che,	*que*	**mentre,**	*tandis que*
ché,	*parce que, car*	**quando,**	*quand, lorsque*
se,	*si*	**come,**	*comme*
ma,	*mais*	**quasi,**	*comme si*
ora,	*or*	**dove (ove),**	*quand, si*
dunque,	*donc*	**onde,**	*afin de, c'est pourquoi*
così,	*ainsi*		

200 / *Conjonctions composées.*

perché,	*parce que, pour que*	**eppure,**	*pourtant,*
poiché,	*puisque*	**tuttavia,**	*cependant*
giacché,		**comunque,**	*de quelque façon que, quoi qu'il en soit*
dacché,			
		nondimeno,	*néanmoins*
siccome[2]**,**	*comme*	**seppure,**	*si même*
acciocché,	*afin que*	**oppure,**	*ou bien*
affinché,		**ossia, ovvero,**	
purché,	*pourvu que*		
sicché,	*si bien que*	**neppure,**	*même pas si...*
cosicché,		**nemmeno,**	
oltreché,	*outre que*	**neanche,**	
nonché,	*non seulement (mais encore)*	**durante che**	*pendant que*
		mentre[3]**, (che)**	*tandis que*
finché,	*jusqu'à ce que (tant que)*	**qualora,**	*si (par hasard)*
		caso mai,	*dans le cas où*
(fin tanto che),	*tant que*	**se mai,**	*si jamais, en tout cas*
talché,	*de sorte que*		
benché,	*bien que, quoique*	**se non** (p. 181 n. 1b)	*si ce n'est*
sebbene,		**se no (senno)**	*sinon*
per quanto (§ 113)		**ogni qual volta,**	*chaque fois que*
quantunque,		**quand'anche,**	*quand bien même*
nonostante (che)		**subito che,**	*aussitôt que*
bensì,	*mais bien*	**non appena,**	

1. **Però** (latin : *per hoc* : pour cela) n'a plus guère aujourd'hui qu'un sens de concession : *malgré cela.* Mais on le trouve encore quelquefois employé comme équivalent de **perciò** (*c'est pourquoi*).

2. Au sens causal (*étant donné que....* cf. § 203 NB). — 3. Noter : **In quel mentre** (subst.) : *sur ces entrefaites.* **Mentre che (finché) visse :** *tant qu'il vécut.*

anziché, **piuttosto che,**	*plutôt que*	**cioè,** **vale a dire,**	*c'est-à-dire*
sennonché,	*si ce n'est que*	**perciò,** **(pertanto)**	*c'est pourquoi,* *aussi*[1]
se non altro,	*ne fût-ce que*		

201 / Remarques.

a) Certaines formes sont communes aux adverbes et aux conjonctions :

Io pure, *moi aussi* (adverbe)

Prima non voleva, pure ha accettato,
il ne voulait pas d'abord, cependant il a accepté (conjonction)

Quando è venuto?
quand est-il venu? (adverbe)

È venuto quando non c'eri,
il est venu quand tu n'y étais pas (conjonction).

b) Certaines conjonctions gouvernent l'indicatif (**poiché, mentre,** etc.), d'autres le subjonctif (**benché, purché, affinché,** etc.), d'autres (**perché, quando, finché,** etc.) l'un ou l'autre mode, selon le sens.

D'une manière générale, ainsi que nous l'avons vu (§ 151), l'indicatif indique *un fait*, le subjonctif indique *un but*, *une condition*, *une hypothèse.*

c) **Perché**, avec l'indicatif = *pourquoi* (adv.) ou *parce que* (conj.).

Perché, avec le subjonctif = *pour que* (conj.) :

Perché non sei venuto?
pourquoi n'es-tu pas venu?

Non sono venuto perché ero malato,
je ne suis pas venu parce que j'étais malade

Ti ho chiamato perché tu mi dessi un consiglio,
je t'ai appelé pour que tu me donnes un conseil (but).

d) **Quando** avec l'indicatif signifie *quand*, *lorsque*, avec le subjonctif *si :*

Quando tu volevi, lavoravi,
quand tu voulais, tu travaillais (fait)

Quando (= se) tu volessi, lavoreresti,
si tu le voulais, tu travaillerais (condition).

e) Jusqu'à ce que, en français, veut toujours le subjonctif, tandis que **finché**, en italien, ne prend le subjonctif qu'en cas d'*intention* bien déterminée, et pour exprimer un *futur :*

1. Cf. § 172 N.B.

Ho aspettato finché ho potuto,
j'ai attendu tant que j'ai pu (fait)

Ho aspettato finché non è venuto,
j'ai attendu tant qu'il n'est pas venu (fait), c'est-à-dire, en bon français : *jusqu'à ce qu'il fût venu* (fait passé)

Aspetterò finché non lo veda venire,
j'attendrai jusqu'à ce que je le voie venir (intention, subjonctif à sens *futur;* **non**, comme dans l'exemple précédent).

202 | La conjonction « che ».

La conjonction **che** est très employée; elle remplace souvent **perché**, **finché**, **dimodoché**, se, etc.

Che indique :

a) Le *temps* (cf. § 87) :

Il giorno che l'incontrai,
le jour où je le rencontrai

Entrato che fu,
une fois qu'il fut entré.

b) Le *but :*

Mi sbrigherò, che io possa finir questo lavoro oggi,
je me dépêcherai, pour pouvoir finir ce travail aujourd'hui.

c) La *raison*, la *cause :*

Vieni, che ti dirò una cosa,
viens ici, je vais te dire une chose[1]

Che hai che non mangi?
qu'as-tu à ne pas manger?

d) Le *résultat :*

È pallido che fa pietà,
il est pâle à faire pitié

Piangeva che tutti erano commossi,
il pleurait de telle sorte que tout le monde était ému.

1. Dans le sens de *car*, on écrit souvent **ché;** cette orthographe donne un sens causal plus précis : cela équivaut à **perché** *(parce que)*. Mais l'accent ne modifie guère le sens fondamental de **che,** et on ne le met, d'ailleurs, que lorsque vraiment l'intonation détache bien la conjonction :

Non devi uscire, ché babbo non vuole,
tu ne dois pas sortir, parce que papa ne veut pas.

e) L'*interrogation* :

Chi sa che sia ancora vivo?
qui sait s'il est encore vivant?

Che sia venuto?
serait-il venu?

Che dormi?
est-ce que tu dors? (familier).

203 / La conjonction « che » omise.

Che est souvent omis entre deux verbes :

Speravo venisse,
j'espérais qu'il viendrait

Credevo fosse buono,
je croyais qu'il était bon.

On l'omet aussi :

a) Après **mentre** :

Mentre dormiva,
tandis qu'il dormait.

b) Après **cioè** (obligatoirement) :

Cioè, non potremo uscire,
c'est-à-dire *que nous ne pourrons pas sortir.*

c) Dans les propositions subordonnées coordonnées, quand en français on emploie *et que* :

Ti ho scritto perché non son potuto venire e non volevo che tu mi aspettassi,
je t'ai écrit parce que je n'ai pas pu venir et que *je ne voulais pas que tu m'attendisses*

Siccome sono malato e non posso uscire...
comme je suis malade et que *je ne peux sortir...*

● N.B. — *Comme* au sens causal *(étant donné que..., puisque...)* se rend généralement par **siccome.**

204 / La conjonction « se ».

La conjonction **se** correspond au français *si.* Il ne faut pas la confondre avec le pronom personnel réfléchi **si, sé.**

Elle se construit avec l'indicatif ou avec le subjonctif, selon le cas.

a) Avec le *futur*[1] au lieu de l'indicatif présent français, quand le verbe de la principale est au futur :

Se verrà, gli dirai,
s'il vient, tu lui diras

Se andrai a trovarlo, lo saluterai da parte mia,
si tu vas le trouver, tu lui diras bonjour de ma part.

b) Avec l'*imparfait de l'indicatif*, correspondant au français (pour indiquer un *fait*), lorsque le verbe de la proposition principale est à l'*indicatif* :

Se lo chiamavano, veniva sempre,
si (quand) on l'appelait, il venait toujours.

c) Avec l'*imparfait du subjonctif* correspondant à l'imparfait de l'indicatif français, pour indiquer une *hypothèse*, le verbe de la proposition principale étant au *conditionnel*[2] :

Se lo chiamassero, verrebbe subito,
si on l'appelait (hypothèse), *il viendrait tout de suite*

Se fossi ricco, comprerei una villa,
si j'étais riche, j'achèterais une villa.

d) Avec le subjonctif ou l'indicatif, après le verbe *demander*, selon qu'on veut marquer le *doute* ou la *probabilité* (v. § 151) :

Domandò se fosse venuto,
il demanda s'il était venu (il n'en savait rien)

Domandò se era venuto,
il demanda s'il était venu (il supposait qu'il était venu).

● N.B. — 1. Dans les exclamations et souhaits, **se** est souvent omis :

Fosse vero!
si c'était vrai!

Volesse Iddio!
si Dieu le voulait! (Plût à Dieu!)

2. Il sert parfois à insister :

Se te lo dico,
puisque je te le dis.

3. Locution :

Se non altro (almeno),
au moins (ne fût-ce que).

1. La règle n'est pas absolue. Bien entendu, quand il s'agit d'un futur rapproché, on peut employer l'indicatif présent (voir § 149) :

Se viene, gli dirai,
s'il vient (tout à l'heure, aujourd'hui), *tu lui diras.*

Si le fait est improbable, on peut employer l'imparfait du subjonctif :

Se venisse, gli dirai,
si, par hasard, il vient, tu lui diras.

2. L'expression comparative *comme si,* où il y a un conditionnel sous-entendu *(comme il arriverait si)* rentre dans ce cas (voir §§ 205 et 152).

205 / « *Come, quasi, quand'anche, qualora* ».

Un certain nombre de conjonctions à valeur hypothétique se construisent avec le subjonctif comme se :

Come (se) volesse parlare
Quasi volesse parlare } *comme s'il voulait parler*

Qualora (quand'anche, caso mai) venisse,
dans le cas où (quand bien même) il viendrait (si, par hasard, il venait).

● N.B. — **Quasi** (conjonction) = **come se.**

206 / *La conjonction « né ».*

Né ne doit pas être confondu avec le pronom personnel **ne**[1] *(en)*. Cette conjonction *négative* remplace **e non** :

Non vidi nulla, né Paolo volle dirmi nulla,
je ne vis rien, et Paul ne voulut rien me dire.

Quand **né** précède le verbe, il ne faut pas d'autre négation :

Né Paolo né Pietro son venuti,
ni Paul ni Pierre ne sont venus.

Quand **né** est après le verbe, il faut **non** avant :

Non son venuti né Pietro né Paolo.

207 / *Interjections.*

1° Interjections proprement dites *(cris ou onomatopées)* :

Eh !?	*hé ! fi ! hein?*	**Ehi !**	} *hé ! hé là !*	**Arri !**	*hue !*
Ah !	*ah !*	**Ohi !**		**Ih !**	} *fi ! fi donc !*
Oh !	*oh !*	**Olà !**		**Puh !**	
O !	*ô !*	**Ohè !**		**Uh !**	
Ahi !	} *aïe !*			**Oibò !**	
Ohi !		**Ehm !**	*Hem !*	**Auff !**	*ouff !*
Uhi !			} *(menace, doute, crainte)*	**Deh !**	*de grâce ! ô !*
Ohimé !	} *hélas !*	**Uhm !**		**Puff !**	*pouf !*
Ahimé !				**Tonfete !**	*patatras !*

1. **Né** ne s'élide jamais. **Ne** pronom peut s'élider. (Sous la forme **ne** ou **n'**, il faut se garder de le confondre avec la négation française *ne, n'*.)

2° Exclamations (mots divers) :

che ! / **ma che !**	*mais non! allons donc!*
su !	*allons! debout!*
via !	*allons! voyons! (dehors! partez!)*
orsù !	*allons!*
forza ! / **animo !**	*courage!*
andiamo !	*allons!*
avanti !	*en avant! allons! (entrez!)*
sentiamo !	*voyons! (écoutons!)*
ecco !	*voici! voilà!*
gua' (guarda)	*tiens!*
to' (togli)	*tiens!*
ve' (vedi)	*vois!*
bene !	*bien!*
neh[1]? !	*hein?! n'est-ce pas?*
come !	*comment!*
eccome !	*et comment!*
ma come !	*comment donc!*
ma bene !	*très bien! (ironique)*
nientemeno!	*rien que cela!*
addio !	*adieu!*
grazie !	*merci!*
arrivederci !	*au revoir!*
oh ! bella !	*la belle affaire!*
diamine !	*diantre!*
per bacco !	*pardi!*

sfido !	*et comment!*
chissà ?	*qui sait? peut-être.*
ma !	*bah! euh! ma foi!*
altro che !	*je crois bien!*
perdinci !	*sacrebleu!*
capperi ! caspita !	*sapristi! bigre!*
magari ! (cf. § 176)	*plût au Ciel!*
buon pro !	*grand bien te fasse!*
cin cin ! prosit !	*à la vôtre !*
salute !	*à votre santé !*
saluto ! salve !	*salut !*
evviva !	*vivat! vive!*
Dio liberi !	*Dieu garde!*
mamma mia! / **Dio mio !**	*mon Dieu!*
Per carità !	*pour l'amour du Ciel!*
aiuto !	*au secours!*
alto ! alt !	*halte!*
all'erta !	*alerte!*
basta !	*assez!*
purtroppo !	*hélas! (par trop!)*
peccato !	*dommage!*
(tanto) meglio !	*tant mieux!*
(tanto) peggio !	*tant pis!*
guai !	*malheur! gare!*
accidenti !	*malédiction!*
dagli !	*sus! pille!*
largo !	*place!*
presto !	*vite!*
piano !	*doucement!* (et autres adverbes)

Adjectifs *(s'accordant en genre et en nombre)*

zitto !	*chut!*	**ritto !**	*debout!*
bravo !	*bravo!*	**seduto !**	*assis!*
attento !	*attention!*	**fermo !**	*arrêtez!*
			etc...

208 / *Remarques.*

a) Une quantité d'autres expressions peuvent être employées exclamativement :

1. Contraction familière de **nevvero (non è vero?** = *n'est-ce pas?*).

Fuori ! *dehors !* — **O guarda !** *voyez un peu !* — **Adagio !** *doucement !* — **Indietro !** *arrière !*

b) Certaines interjections peuvent avoir des sens très différents, selon le cas :

Avanti !
en avant ! entrez ! — allons !

Su !
debout ! allons !

Via !
allons ! (encouragement), *partez !*

O vocatif renforce souvent, et familièrement, l'interrogation, l'interpellation :

O dormi?
est-ce que tu dors? (voir § 202, *e*)

O senta un poco...,
écoutez donc un peu.

c) Les adjectifs employés comme interjections s'accordent en genre et en nombre avec les personnes auxquelles on s'adresse :

Bravo !
Bravo ! (à un homme)

Brava !
Bravo ! (à une femme)

Bravi !
Bravo ! (à plusieurs hommes, ou à un groupe mêlé)

Brave !
Bravo ! (à plusieurs femmes).

On dira de même :

Zitti, Signori !
Taisez-vous, Messieurs !

Attente, Signorine !
Attention, Mesdemoiselles !

EXERCICES

1. Traduire : 1. « Eppur si muove », diceva Galileo parlando della terra. 2. Riposati adesso, però fra un'ora ti rimetterai al lavoro. 3. Perché non me l'hai detto subito? 4. Non te l'ho detto perché tu non ti facessi pensiero, e perché volevo aspettare altre notizie. 5. Partirò presto, purché mio padre me lo permetta. 6. Quando noi dovessimo rimanere qui, bisognerebbe cambiar casa. 7. Le cicale cantano finché dura l'estate. 8. Dormirò finché non spunti l'alba.

9. Sono rimasto al caffè finché non hanno chiuso le porte. 10. Vieni qui, ch'io ti dia un consiglio. 11. Il giardino era fiorito che tutti i viandanti ne rimanevano incantati. 12. Che non l'hai visto Pietro? 13. Che non senti? 14. Mentre Giulio lavorava, sono venuti a chiamarlo. 15. Poiché mi hai detto che non saresti uscito e saresti rimasto a letto, ho pensato di portarti questo libro. 16. Se venissero a parlarti di ciò e ti domandassero se tu non hai visto nulla, risponderai di no. 17. Se mi scriveva era per chiedere denaro. 18. Se mi risponderai subito mi farai piacere. 19. Se potessi, ti aiuterei volentieri. 20. Sapessi come fare!

2. Traduire : 1. Caso mai facesse troppo freddo si accenderebbe il fuoco. 2. Mi guardava furiosamente quasi volesse mangiarmi, né mi diceva la minima parola. 3. Né voi né noi possiamo fare una cosa simile. 4. Permesso? — Avanti. 5. Mamma mia, che spettacolo! 6. Su, via, vestiamoci ed andiamo a spasso, presto! 7. Sei contento? — Che! 8. Peccato che non ci sia lui! 9. Vuoi venire al teatro? — Magari! 10. Sentiamo, che cosa avete fatto? 11. O dica un po', com'è andata? 12. Ha vinto centomila lire? Capperi! 13. Attenti! Comincia lo spettacolo, zitti! 14. Vuoi venire a fare una gita in mare? 15. Oibò! ho paura di soffrire del mal di mare. 16. È stato malato? — Purtroppo! 17. Attenti, ragazzi, ascoltatemi. 18. Zitto, per carità, non posso più ascoltare la musica. 19. Essere sulla spiaggia e fare il bagno invece di lavorare come un pazzo *(fou)*! 20. Buon prò ti faccia!

3. Traduire : 1. Joseph est un bon garçon, cependant il est parfois désobéissant. 2. Tu as pris mon livre, pourtant je t'avais dit de ne pas y (le) toucher. 3. Je ne sais pas pourquoi mon ami n'est pas venu, serait-il malade? 4. Mon père m'a envoyé de l'argent pour que je m'achète un costume. 5. Nous partirons le quinze, pourvu que je ne sois pas retenu à Paris. 6. Dans le cas où tu voudrais me parler, tu sais où me trouver. 7. J'ai travaillé tant que j'ai pu. 8. Tu resteras ici jusqu'à ce que je t'appelle. 9. J'attendrai jusqu'à ce que le facteur soit passé. 10. Qu'avez-vous tous à rire ainsi? 11. Approche-toi, que je te montre cette lettre. 12. Il faisait une chaleur telle qu'on se serait cru en été. 13. Est-ce que tu ne vois pas ce qu'il y a devant toi? 14. Il ne faut pas parler tandis que le maître parle. 15. Tu t'amuses tandis que je travaille. 16. Comme je n'ai pas vu mon frère depuis trois jours et que je crains qu'il ne soit malade, je vais aller chez lui. 17. Si nous lui demandions quelque chose, il ne nous répondrait jamais. 18. Si vous pouviez me prêter vingt francs jusqu'à demain, vous me rendriez service. 19. Si tu rencontres Charles, tu lui diras de ne pas m'oublier. 20. Si j'étais riche, j'irais volontiers en Amérique.

4. Traduire : 1. Il ne me salue plus, comme s'il avait quelque chose contre moi, et je ne peux savoir ce qu'il a. 2. Je ne ferai ni ne dirai rien sans te consulter. 3. Courage, mon ami, ce ne sera rien. 4. Pensez-vous que ce soit prudent? — Ma foi! 5. Allons, combien l'as-tu payé? Vingt-cinq francs? Bigre! 6. Dommage que ce soit trop tard! 7. Mais que diantre lui avez-vous dit? 8. Sacrebleu! pourquoi ne pas lui écrire? 9. Bravo, ma fille! 10. Chut, Messieurs! 11. Attention, Mesdemoiselles! 12. Vous avez perdu beaucoup d'argent? — Hélas! 13. J'ai attendu jusqu'à ce qu'il arrive. 14. Personne ne me fait peur, ni les voleurs *(ladri)* ni les assassins. 15. Il marchait comme s'il était ivre *(ubriaco)*. 16. Il n'y avait ni lumière, ni bruit, ce qui m'étonna *(stupire)* fort. Comment aurais-je pu deviner, hélas! qu'ils étaient morts? 17. On peut entrer? Entrez. 18. Tiens, voici cent francs, bouche cousue! *(chiusa)*. 19. Malheur aux vaincus! 20. Quand il neige et qu'il est dangereux *(pericoloso)* de marcher dans les rues, je reste au coin du feu.

5. Traduire : 1. Comme il faisait nuit, je n'ai pas pu aller chez la fleuriste *(fioraia)*. 2. Pourquoi voulais-tu acheter des fleurs? 3. Parce que c'était l'anniversaire *(compleanno)* de ma femme. 4. Quelles fleurs aurais-tu choisies pour qu'elle soit contente? 5. Je lui achète des roses chaque fois que je le peux. 6. Dès que le magasin *(negozio)* sera ouvert, je commanderai un grand bouquet *(mazzo)*. 7. Quoique ce soient des fleurs champêtres *(campestre)* j'achète souvent des anémones *(anemone,* m.*)* et des marguerites. 8. Si jamais il n'y en avait pas, je prendrais des œillets *(garofano)* ou des glaïeuls *(giaggiolo)*. 9. Néanmoins je demanderai s'il y a des pivoines *(peonia)* ou des violettes *(viola mammola)* car je les aime beaucoup. 10. En outre je pense que ces fleurs se fanent *(appassire)* moins vite que des roses. 11. Pourvu que la chaleur *(caldo)* ne fasse pas s'épanouir *(aprirsi)* trop vite ces beaux boutons *(bocciolo)*. 12. Il n'y a plus de paquerettes *(pratoline)*, aussi ai-je apporté ce petit bouquet de *giroflées*. 13. Plutôt que d'aller toujours chez le fleuriste, tu ferais mieux de cultiver toi-même des fleurs. 14. C'est facile à dire mais difficile à faire! je n'ai même pas réussi à faire pousser des géraniums *(geranio)*. 15. Tu n'es pas assez patient tandis que moi je passe des journées entières à cultiver mon jardin. 16. Tu parles comme si tu étais un spécialiste *(spécialista)*! 17. Même si je ne suis pas un horticulteur *(orticoltore)* je crois pourtant avoir de magnifiques plantations *(piantagione)*. 18. Puisque tu le dis, je ne te contredirai pas. 19. Au cas où tu voudrais des conseils *(consiglio)*, viens me voir travailler dimanche. 20. Merci beaucoup, chaque fois que je bêche *(vangare)* et que je pioche *(zappare)* j'ai mal aux reins. Tant pis, même si je dois les payer plus cher, je continuerai à acheter mes fleurs chez le fleuriste.

6. Traduire : 1. Hélas! J'ai encore eu zéro en mathématiques. 2. Attention, si tu as encore une mauvaise note *(cattivo voto)*, tu devras redoubler *(ripetere)* la classe. 3. Ma foi, nous verrons bien! 4. Mais comment fais-tu pour ne pas comprendre ces leçons? 5. Voyons, comment faut-il faire? 6. Courage, ce n'est pas difficile, il suffit d'étudier. 7. Très bien! que crois-tu que je fasse? J'apprends, je répète, et, le jour de la composition, patatras, j'ai tout oublié. 8. Malédiction! ton cas semble désespéré. 9. Plût au ciel qu'il ne le fût pas! 10. Mon Dieu, rien n'est jamais perdu, il suffit de ne pas se décourager. 11. Un effort et vite tu seras parmi les premiers. 12. Rien que cela, diantre, tu ne doutes de rien. 13. Cela suffit! Rire de ses faiblesses *(debolezza)* est bien, mais il faut tout faire pour y remédier. 14. Hélas! je m'y emploie sans cesse *(senza tregua)* mais sans résultat! 15. Sapristi! tu n'es pourtant pas bête! 16. Merci, mon ami. 17. Tant pis pour toi si tu préfères être ironique; je te donne de bons conseils mais il ne sert à rien de te crier gare! 18. Hein? tu te fâches! Allons, je plaisantais *(scherzare)*, mais, tu sais, tu attaches trop d'importance à de petites choses. 19. Pour l'amour du Ciel réfléchis un peu et réagis en garçon de valeur; il ne suffit pas de crier au secours, il faut encore se sauver soi-même. 20. Voilà, tu m'as convaincu, tu parles comme un livre. Bravo. Salut et à demain.

7. Traduire : 1. Plutôt que de marcher dans la boue *(fango)*, tu ferais mieux de rester sur le trottoir *(marciapiede)*. 2. Il pleuvait; pourtant, il n'a pas hésité à sortir. 3. Si tu étais riche, tu n'achèterais pas une maison aussi grande que celle-ci. 4. Comme il aimait les gâteaux *(dolce)* il en a trop mangé et il a été malade. 5. Je resterai ici jusqu'à ce qu'ils soient tous de retour. 6. Cesse de bouder *(tenere il broncio)* et viens, je te pardonne *(perdonare)*. 7. Il riait de telle sorte que les gens *(gente,* fem. sing.*)* riaient eux aussi. 8. Qui sait s'il paiera un jour? 9. Si on lui donnait des fruits, il les refusait toujours. 10. Si on lui demandait de payer ce qu'il a pris, il n'arriverait pas à tout rembourser *(rimborsare)*.

APPENDICE I

LA CORRESPONDANCE COMMERCIALE

1 / *Qualités d'une lettre commerciale.*

Une lettre commerciale doit être *correcte*, *précise*, *concise*, *claire*. Ajoutons qu'elle doit être *courtoise* et respecter les formes employées habituellement. L'originalité n'est pas à recommander mais le choix de formules est très large.

2 / *L'enveloppe*[1].

Les titres honorifiques[2], *non usités en français*, le sont généralement en italien. On dit :

Signore, *Egregio* Signore (Egr. Sig.), *Signori*, *Egregi Signori* (Eggr. Sigg.).

Signora, *Gentile (Gentilissima)* Signora, *Gent.* Signora, Signorina, *Gent.ma* Sig.na.

Ditta, *Spettabile* Ditta, (Spett.) *Spettabilissima (Spett.ma)*, *Pregiata (Preg.)*, *Pregiatissima (Preg.ma)* Ditta.

● N.B. — 1° Si l'on doit traduire *Rossi Frères* on dira **Fratelli Rossi** en mettant Fratelli **(F.lli)** avant le nom. Pour traduire *Mauro et Compagnie (et Cie)* on écrira **Mauro e Compagnia (e Cia).**

2° Le nom de la rue *précède* le numéro :

Sigg F.lli Titti, Via Cavour 24, Firenze.

3° Les maisons de commerce ont très souvent une boîte postale **(Cassetta** ou **Casella postale).**

Scrivere Ditta Maiuri, Milano, *Casella postale 346.*

3 / *Les parties d'une lettre commerciale.*

Les parties d'une lettre commerciale sont : l'en-tête *(intestazione)*, la date *(data)*, l'adresse du destinataire *(indirizzo del destinatario)*, l'entrée en matière *(inizio)*, le corps *(corpo)*, les formules finales *(formule finali)*, la signature *(firma)*.

a) **L'en-tête** se trouve en général en haut et à gauche de la feuille mais on le trouve aussi en haut et au milieu de la feuille. Il s'agit du texte *imprimé* sur le papier et comprenant la raison sociale *(ragione sociale)* et l'adresse de l'expéditeur *(indirizzo del mittente)*, quelquefois son adresse télégraphique et

1. *Busta.* — 2. Dans la correspondance privée ou administrative on dit *Onorevole (On.)* Signor Patrizzi pour un député, *Illustrissimo (Illust.mo)* Commendatore *(Com.)* Frari, *Chiarissimo (Chiar.mo)* Professore *(Prof.)* Volta, etc.

souvent le numéro de CCP, le numéro de compte bancaire, et, s'il s'agit d'une entreprise importante, le numéro d'immatriculation au registre du Commerce :

Ditta F.lli Mauri
Vini e liquori
Via Martelli, 76
Firenze
tel. 904.08.35

b) La date : elle se met en haut et à droite. Les formules employées sont :

Firenze, 12 gennaio 1967
Firenze, 12.1.67
Firenze, li[1] 12 gennaio 1967
Firenze, addì[2] 12 gennaio 1967

c) La lettre proprement dite :

1° Au début on reprend la formule adoptée pour l'enveloppe (Signora, Gentile Signora, Signore, Egregio Signore, Pregiata Ditta...).

● **N.B. — Même au début de la lettre, les abréviations (*Egr.*, *Gent.*, *Preg.*, etc.) sont admises.**

2° Les principales formules du début et du corps de la lettre sont :

Ho (abbiamo) ricevuto or ora la pregiata (pregiatissima, favorita, stimata, gradita, graditissima) Vostra (V/) del... corrente (andante) e mi affretto (ci affrettiamo) a risponderVi che...
Je viens (nous venons) de recevoir votre lettre (votre estimée) du ... courant et je m'empresse (nous nous empressons) de vous répondre que...

Sono in possesso della Vostra lettera del 15 ultimo scorso...
Je suis en possession de votre lettre du 15 écoulé...

In possesso della V/ pregiatissima in data 21 settembre...
En possession de votre lettre datée du 21 septembre...

In risposta alla pregiata Vostra del... In riscontro alla favorita V/ del...
En réponse à votre estimée du ...

Riferendomi alla V/ del... Alla graditissima (stimata) V/ del...
En réponse à votre lettre du ...

Facendo seguito alla mia lettera del ...
Faisant suite à ma lettre du ...

Mi affretto (ci affrettiamo) a ...,
Je (nous) m'empresse (nous empressons) de ...

1. *Li* est un art. pluriel archaïque (sous-entendu : giorni). — 2. *Addì* = *ai dì* (giorni). Noter : **data del timbro postale :** date de la poste.

Ci pregiamo comunicarVi che (farVi noto che)..., Ho (abbiamo) l'onore d'informarVi che...
J'ai (nous avons) l'honneur de vous communiquer que, de vous faire savoir que, de vous informer que...

Ho (abbiamo) il piacere di...
J'ai (nous avons) le plaisir de...

Mi prendo (ci prendiamo) la libertà di...
Je (nous) prends (prenons) la liberté de...

Mi permetto (ci permettiamo) di...
Je me permets (nous nous permettons) de...

È nostro (n/) dovere... È doveroso per noi...
Il est de notre devoir de...

Ho (abbiamo) preso debita nota...
J'ai (nous avons) pris bonne note...

Ci pregiamo mandarVi accluso...
Nous avons l'honneur de vous joindre...

Troverete accluso (acclusa),
Vous trouverez ci-joint...

A (stretto) giro di posta... A volta di corriere,
Par retour du courrier...

Mi (ci) dispiace di... Mi (ci) rincresce di...
Je regrette (nous regrettons) de...

Con mio (nostro, n/) gran dispiacere... Sono (Siamo) dolente(i) di...
A mon (notre) grand regret... Je suis (nous sommes) désolé(s) de...

3° **Formules finales :**

Vogliate gradire (Signore) i miei più distinti saluti... Gradite (Signore) i miei distinti saluti...
Veuillez agréer, Monsieur, l'expression de mes sentiments distingués.

In attesa di una risposta favorevole, Vi prego (preghiamo) di accogliere i miei (nostri) sentimenti di vivo rispetto,
Dans l'attente d'une réponse favorable je vous prie (nous vous prions) d'agréer l'expression de nos sentiments de profond respect.

In attesa di Vostre (V/) notizie, Vi preghiamo di accogliere (ricevere, gradire, accettare) i nostri distinti saluti.
Dans l'attente de vos nouvelles, nous vous prions d'agréer, Monsieur, l'expression de nos salutations distinguées.

Assieme ai miei (nostri) ringraziamenti, Vi prego (preghiamo) di accogliere i miei (nostri) devoti ossequi...
En vous présentant mes (nos) remerciements, je (nous) vous prie (prions) d'agréer, Monsieur, l'expression de mon (notre) respect.

RingraziandoVi in anticipo...
Avec nos remerciements anticipés...

Anticipatamente Vi ringraziamo e distintamente Vi salutiamo.
Avec nos remerciements anticipés, nous vous prions d'agréer, Monsieur, l'expression de nos sentiments distingués.

Con tutta stima Vi salutiamo,... Vi preghiamo di gradire i sensi della nostra perfetta stima,
Nous vous prions d'agréer, Monsieur, l'expression de nos sentiments distingués.

Distinti saluti,
Salutations distinguées.

Devoto (Devotissimo), Devoti (Devotissimi),
Votre dévoué, Vos dévoués.

● N.B. — 1° On remarque que les formules sont plus nombreuses et variées qu'en français. On n'essaiera pas de les traduire mot à mot : il faudra employer les formules les plus courantes dans la correspondance commerciale française.

2° On emploie de préférence la forme *Voi* (2e personne). La 3e personne de politesse *(Lei*[1]*)* s'emploie dans certains cas (pour donner à la correspondance un tour moins anonyme, quand on demande un emploi, une faveur, des délais, quand on s'adresse à un supérieur hiérarchique, quand on remercie ou qu'on présente des excuses, quand on veut flatter la clientèle, notamment dans le cas de lettres circulaires qu'on essaie ainsi de personnaliser...).

3° L'usage tend à employer la majuscule même avec les possessifs, les pronoms compléments et les abréviations : *La Vostra del..., La V/ del... farVi, comunicarVi...* : Mais on trouve souvent la minuscule.

4° Noter : **in questa città,** *dans notre ville,* **in codesta città,** *dans votre ville.*

Principales abréviations.

a. corr.	**anno corrente**	*année en cours*
c/c/	**conto corrente**	*compte courant*
Cia	**Compagnia**	*Compagnie*
corr.	**corrente**	*courant*
c.s.	**come sopra**	*comme ci-dessus*
devot.mo	**devotissimo**	*Votre tout dévoué*
%	**per cento**	*pour cent, % (placé au bas de la page, signifie T.S.V.P.)*
Fglio	**Figlio**	*Fils*
Fgli	**Figli**	*Fils*
Fllo, F.lli	**Fratello, Fratelli**	*Frère, Frères*
F.P.	**Fermo posta**	*poste restante*
F.to	**firmato**	*signé*
Lit	**lira italiana**	*lire*
Lst	**lira sterlina**	*livre sterling*
n/	**nostro, nostri**	*notre, nos*

1. **Loro** est très peu employé.

p/	**per**	*pour*
p.p.	**prossimo passato**	*écoulé* (mois)
P.P.	**per procura**	*par procuration*
p.v.	**prossimo venturo**	*prochain*
Sig.	**Signore**	*Monsieur*
Sigg.	**Signori**	*Messieurs*
Sig.a	**Signora**	*Madame*
Sig.na	**Signorina**	*Mademoiselle*
S.P.M.	**Sue proprie mani**	*remettre en mains propres*
V/	**vostro, vostra,**	*votre,*
	vostri, vostre	*vos*
u.s.	***u*ltimo scorso**	*écoulé, dernier* (mois)
Egr.	**Egregio**	non employé en français
Gent.	**Gentile**	»
Gent.ma	**Gentil*i*ssima**	»
Illust.	**Illustre**	»
Illust.mo	**Illustr*i*ssimo**	»
Preg. Spett.	**Pregiata, Spettabile**	»
Preg.ma	**Pregiat*i*ssima.**	»

EXERCICES

1. Traduire :
Lettre 1 : offre de marchandises.

Egregio Signore,

Ho appreso dalla Vostra circolare che da poco tempo avete aperto a Ventimiglia un grande negozio per la vendita di derrate alimentari.

Son sicuro che fra i Vostri prodotti terrete anche i miei e quindi mi permetto di offrirVi i miei servizi, disposto a farVi tutte quelle facilitazioni di prezzo compatibili con i miei interessi.

Qui unito troverete pertanto il mio ultimo listino dei prezzi. Vi prego di esaminarlo con attenzione : son sicuro che mi darete la preferenza favorendomi dei Vostri pregiati ordini.

In attesa di una risposta favorevole, Vi prego di gradire i miei più distinti saluti,

Lettre 2 : réponse positive.

Egregio Signore,

In risposta alla pregiata Vostra del 25 u. s. Vi ringrazio dell'offerta fatta.

Come sapete ho aperto il mio negozio da poco tempo e non avendo ancora molti clienti non posso ordinare molta merce.

Tuttavia per assaggiare i Vostri prodotti mi compiaccio di passarVi una prima ordinazione consistente in quanto segue :

N. 12 casse Marmellata Rossi, tipo R. a Lit. 560.

N. 7 casse spaghetti Luciani a Lit. 450.

Coi più distinti saluti,

Lettre 3 : demande d'emploi.

Egregio Signor Direttore,

Ho letto sulla *Stampa* del 3 corrente che la Sua Ditta sta cercando un impiegato per lavori d'imballaggio.

Mi prendo la libertà di proporLe la mia candidatura.

Ho l'onore d'indicarLe che ho fatto un lavoro simile durante tre mesi presso la Ditta Roberti e Cia, Via Cairoli, 45, Milano e Lei troverà accluso un certificato del capufficio della Ditta.

Il mio stipendio era di Lit. 75 000 al mese. Spero che la Sua Ditta potrà offrirmi uno stipendio superiore di almeno 10 000 lire.

In attesa di una risposta favorevole, La prego di gradire i sensi della mia profonda stima,

Lettre 4 : réponse négative à la précédente.

Egregio Signore,

In risposta alla V/ del 16 corr. ci pregiamo comunicar Vi che l'impiego proposto quindici giorni fa non è più libero.

Distintamente Vi salutiamo,

Lettre 5.

Monsieur,

Nous sommes en possession de votre aimable lettre du 23 courant qui nous transmettait l'ordre d'expédition de :

N 20 barriques de Chianti de 100 litres chacune;

N 12 barriques de Brolio de 25 litres chacune.

Nous avons le plaisir de vous indiquer que l'envoi a été fait hier matin aux conditions fixées.

Nous espérons que vous serez satisfait de la qualité de la marchandise et nous vous prions d'agréer, Monsieur, l'expression de nos sentiments distingués.

Exercices.

1. Vous êtes représentant en vins et liqueurs et vous annoncez votre passage à un négociant.
2. Vous êtes représentant de vêtements et vous annoncez votre passage à un marchand de vêtements.
3. Vous avez lu dans la presse une annonce proposant un emploi qui vous convient. Vous posez votre candidature.
4. Vous désirez faire un stage dans une entreprise à l'étranger pendant les vacances. Rédigez la lettre.
5. Vous venez d'ouvrir un magasin d'articles ménagers : par lettre circulaire, vous en annoncez l'ouverture à la clientèle éventuelle.
6. Vous avez organisé un voyage en Italie pendant les vacances : rédigez la lettre circulaire qui en vante les avantages.
7. Vous estimez que vous n'êtes pas assez payé : vous écrivez au Directeur de la Maison qui vous emploie pour demander une augmentation.
8. Vous êtes le Directeur qui reçoit la lettre précédente : vous répondez négativement.
9. Vous êtes le Directeur et vous répondez positivement.
10. Vous êtes l'employé et vous donnez votre démission.
11. Vous êtes l'employé et vous remerciez votre Directeur.

APPENDICE II

NOTIONS DE PROSODIE

1. Syllabes, pieds, élision, diérèse, hiatus.

a) *Syllabes et pieds.*

Si nous considérons le premier vers de la *Divine Comédie :*

Nel mezzo del cammin di nostra vita,

nous constatons qu'il est composé de 11 *syllabes* ou *pieds :*

Nel	**mez-**	**zo**	**del**	**cam-**	**min**	**di**	**no-**	**stra**	**vi-**	**ta**
1	2	3	4	5	6	7	8	9	10	11

b) *Élision, diérèse, hiatus.*

Examinons les vers suivants :

Cuneo possente e pazïente e al vago
declivio il dolce Mondovì ridente.

(Carducci, *Piemonte*, *Odi Barbare)*

Nous constatons que ces deux vers comptent onze pieds. En effet :

1° (Vers 1) les groupes **neo** *(*Cu*neo)* et **te e** (possen*te e*) et les groupes de trois voyelles **te e al** (v. 1, pazïen*te e al*) et **vio il** (v. 2, decli*vio il*) ne comptent que pour une syllabe. Il y a **élision**[1].

2° Inversement le groupe **ïen** (paz*ïen*te) compte pour deux pieds : il y a **diérèse** que le tréma rend évidente. Les deux vers comprennent bien onze pieds :

Cu	**neo**	**pos-**	**sen-**	**te e**	**pa-**	**zï-**	**en-**	**te e al**	**va-**	**go**
1	2	3	4	5	6	7	8	9	10	11
de-	**cli-**	**vio il**	**dol-**	**ce**	**Mon-**	**do-**	**vì**	**ri-**	**den-**	**te**
1	2	3	4	5	6	7	8	9	10	11

Si enfin nous considérons le vers suivant :

Più è tacer che ragionar onesto (Dante, *Paradis*, XVI),

nous constatons qu'il comprend onze pieds et il y a **hiatus** entre le *ù* de *più* et le *è* : **ù** et **è** étant accentués, aucun ne s'élide.

2. Le vers.

a) **Comment compter les pieds?**

Le vers est composé d'un nombre déterminé de pieds qui le caractérise. *On compte les pieds jusqu'au dernier pied* **accentué** *et on ajoute un.*

1. Pour être plus précis, dans les groupes **neo** et **vio**, les deux voyelles contiguës, ne formant pas nécessairement une diphtongue, comptent pour une seule syllabe : il y a **synérèse**. Le contraire est la **diérèse**.

Un hendécasyllabe (= onze syllabes) est un vers dont le *dixième* pied est accentué.

Un décasyllabe (= dix pieds) est un vers dont le *neuvième* pied est accentué...

b) **Vers piani, sdruccioli et tronchi** *(cf. accent tonique p. 12).*

Trois cas peuvent se présenter :

1er exemple : **E il naufragar m'è dolce in questo m*a*re**

Leopardi, *L'Infinito.*

Le dixième pied est accentué : le vers est un (10 + 1) hendécasyllabe. Comme le dernier mot est **piano,** c'est un *endecasillabo piano.*

2e exemple : **E sulle eterne p*a*gine**
cadde la stanca m*a*n, Manzoni, *Il cinque maggio.*

Le premier vers est **sdrucciolo :** c'est donc un (6 + 1) *settenario sdrucciolo.* On ne compte pas la dernière syllabe.

Le deuxième vers est **tronco** (accentué sur la dernière syllabe) c'est un (6 + 1) *settenario tronco.*

● N.B. — 1o On remarquera que sur les mots *sdruccioli (glissants)* la voix glisse et s'affaiblit de sorte que les deux syllabes non accentuées n'en font qu'une tandis que sur les mots tronqués (qui ont perdu une syllabe) la voix insiste et le son se prolonge comme pour retrouver la syllabe qui manque.

2o On peut artificiellement donner un pied de plus à un vers *(diastole)* ou un pied de moins *(systole) :*

Esso atterrò l'orgoglio delli Aràbi Dante, *Par.*, VI, 49.
Alla man destra vidi nuova pièta[1] Dante, *Inf.*, XVIII, 22.

(Aràbi pour *A*rabi : le vers aurait été accentué sur la 9e syllabe : on aurait eu un décasyllabe *sdrucciolo.* Pièta pour pietà[1] : le vers aurait été accentué sur la 11e syllabe : on aurait eu un dodécasyllabe *tronco.*)

Récapitulation :

Un vers peut être *piano, sdrucciolo* ou *tronco.* On compte toujours un pied et un seul après la dernière syllabe accentuée.

c) **Principaux types de vers. Vers parisyllabiques et imparisyllabiques.**

On dit qu'un vers est *parisyllabique* quand le nombre de ses pieds est *pair* et *imparisyllabique* dans le cas *contraire.*

1o **L'endecasillabo** *(hendécasyllabe)* est un vers de *11* pieds où le *10*e est accentué :

1. Noter que pièta vient du **nominatif** latin *pietas* et que pietà vient de l'**accusatif pietatem.**

Sotto due negri e sottilissimi archi
son due negri occhi, anzi due chiari soli

Ariosto, *Orlando Furioso*, VII, 12.

2o Le **decasillabo** *(décasyllabe) :* vers de *10* pieds où le 9e est accentué.

S'ode a destra uno squillo di tromba
a sinistra risponde uno squillo

Manzoni, *Il Conte di Carmagnola.*

3o Le **novenario** *(ennéasyllabe)* est un vers de *9* pieds où le 8e est accentué :

Io vengo messaggio d'amore
io vengo messaggio di morte Carducci, *Jaufré Rudel.*

4o **L'ottonario** *(octosyllabe)* est un vers de *8* pieds où le 7e est accentué :

Quant'è bella giovinezza
che si fugge tuttavia

Lorenzo de' Medici, *Trionfo di Bacco e Ariana.*

5o **Il settenario** *(septénaire)* est un vers de *7* pieds où le 6e est accentué :

Augel che n'accompagni
(ove con noi si duol cantando Amor) Poliziano, *Poesie.*

6o **Il senario** *(sénaire)* est un vers de *6* pieds où le 5e est accentué :

la pendola batte
nel cuor della casa Pascoli, *Mai più.*

7o Les vers de 5 syllabes **(quinario)**, de 4 syllabes **(quaternario)** et de 3 syllabes **(ternario)** ont respectivement les 4e, 3e et 2e pieds accentués.

8o Notons que les vers courts peuvent se combiner pour former des **décasyllabes** (deux *quinari*), des **dodécasyllabes** (deux *senari*) et des vers **martelliani** (deux *settenari*) (du nom de Martelli, imitateur de l'alexandrin français) :

1 2 3 4 5 1 2 3 4 5
Donde venisti quali a noi secoli *(decasillabo sdrucciolo)*
1 2 3 4 5 1 2 3 4 5
sì mite e bella ti tramandarono?

Carducci, *Alla regina d'Italia.*

1 2 3 4 5 6 1 2 3 4 5 6
Dagli antri muscosi dai fori cadenti *(dodecasillabo)*

Manzoni, *Il Conte di Carmagnola.*

1 2 3 4 5 6 7 1 2 3 4 5 6 7
Amico, io vi consiglio di moderare il foco *(martelliano)*

Goldoni, *Il cavalier di spirito.*

Remarque :

Les imparisyllabiques italiens correspondent aux vers français parisyllabiques qui ont une syllabe en moins (parce que les vers français sont *tronchi*, même s'ils se terminent par un *e* muet) :

un hendécasyllabe italien est le même vers que le décasyllabe français; un novenario correspond, même par le rythme, à l'octosyllabe français, etc.

d) **Les accents rythmiques.**

Il y a trois *possibilités d'accentuation* pour l'**endecasillabo** par des accents 6-10 ou 4-7-10 ou 4-8-10.

Con l'altro se ne v*a* tutta la g*e*nte (6, 10) — Dante, *Purg.* VI, 4.

Siede la t*e*rra dove n*a*ta f*ui* (4, 8, 10) — Dante, *Inf.* V.

Di tutto f*e*rro per t*e* ritrov*a*re (4, 7, 10) — Carducci, *Davanti San Guido.*

— Le **decasillabo** a les accents rythmiques sur les 3e, 6e et 9e syllabes :

Già le sp*a*de risp*i*ngon le sp*a*de (3, 6, 9)
Manzoni, *Il conte di Carmagnola.*

— **L'ottonario** porte l'accent rythmique sur les 3e et 7e syllabes :

Chi vuol *e*sser lieto s*i*a (3, 7)

Di dom*a*n non c'è cert*e*zza (3, 7)
Laurent le Magnifique, *Trionfo di Bacco ed Arianna.*

— Le **settenario** porte un accent sur la 6e syllabe et le deuxième sur une des quatre premières :

Monti, v*a*lli, antri e c*o*lli (3, 6)

pien di fi*o*r, frondi ed *e*rba (3, 6) — Poliziano, *Poesie.*

Non s*ai* che santu*a*rio
al v*e*r nell'alma alz*ai*
e che io del v*e*ro ant*i*stite
sempre d'*e*sser giur*ai*. — Foscolo, *La Verità.*

— La **senario** a les accents rythmiques sur les 2e et 5e syllabes :

Ho l'*a*nima inv*a*sa
dal t*e*mpo che f*u*. — Pascoli, *Mai più.*

● **N.B. — Il existe de nombreux vers libres de longueur très inégale. Cf. par exemple d'Annunzio : *Saluto a Roma* (Italie par les textes, p. 285) et Ada Negri : *Nel paese di mia madre* (Italie par les textes, p. 112).**

3. *La rime.*

On dit que deux vers riment quand ils présentent des sons identiques à partir de leur dernière voyelle tonique : **gr*a*cile** rime avec **f*a*cile, caffè** avec **tè...**

Les rimes peuvent être **baciate (accoppiate), alternate, chiuse, incatenate** et **rinterzate.**

1º Elles sont **accoppiate (baciate)** *(plates* ou *suivies)* quand les rimes répondent au schéma AA BB...

O cavallina, cavallina st*orna* A
che portavi colui che non rit*orna;* A
tu capivi il suo cenno ed il suo d*etto!* B
Egli ha lasciato un figlio giovin*etto;* B
il primo d'otto tra miei figli e f*iglie;* C
e la sua mano non toccò mai br*iglie.* C

Pascoli, *La cavalla storna.*

2º Elles sont **alternate** *(croisées)* quand le schéma est le suivant : ABAB...

Dirò d'Orlando in un medesmo tr*atto* A
cosa non detta in prosa mai, né in r*ima;* B
che per amor venne in furore e m*atto* A
d'uom che sì saggio era stimato pr*ima.* B

Ariosto, *Orlando Furioso,* I, 1.

3º Elles sont **chiuse** *(embrassées)* quand elles forment le schéma suivant : ABBA...

Erano i capei d'oro a l'aura sp*arsi* A
che'n mille dolci nodi gli avvolg*ea* B
e 'l vago lume oltra misura ard*ea* B
di quei begli occhi ch'or ne son sì sc*arsi.* A

Petrarca, *Canzoniere,* XC.

4º Elles sont **incatenate** *(enchaînées)* quand le 2e vers d'une *terzina* rime avec le 1er et le dernier de la suivante : ABA BCB CDC DED...

Di quella costa, là dov'ella fr*ange* A
più sua rattezza, nacque al mondo un s*ole* B
come fa questo talvolta di G*ange.* A

Però chi d'esso loco fa par*ole* B
non dica Ascesi che direbbe c*orto* C
ma Orïente, se proprio dir vu*ole.* B

Dante, *Par., XI.*

5° Elles sont **rinterzate** quand les vers d'une *terzina* riment vers à vers ou en ordre contraire avec les vers de la deuxième, etc. (soit ABC ABC : dans ce cas elles sont **ripetute,** soit ABC CBA et elles sont **invertite**) :

Or volge, Signor mio, l'undecim'*anno* A
ch'io fui sommesso al dispietato gi*ogo* B
che sopra a' più soggetti è più fer*oce* C

Miserere del mio non degno aff*anno* A
riduci i pensier vaghi a miglior lu*ogo* B
rammenta lor com'oggi fosti in cr*oce*. C

Petrarca, *Canzoniere.*

4. La strophe. Différentes formes poétiques.

1° La strophe : les principales strophes sont le **distico** (distique) formé de deux vers, la **terzina** (tercet), la **quartina** (quatrain), la **sestina** (sizain), l'**ottava** (octave), la **nona rima** (neuf vers).

a) Le **distico** est composé de deux vers.

b) Les **terzine** sont liées entre elles par la rime enchaînée (cf. plus haut).

c) Les **quartine** (quatrains) peuvent être à rime croisée **(alternata)** ou embrassée **(chiusa).** (cf. plus haut).

d) La **sestina** est une octave à laquelle on a enlevé les deux derniers vers.

e) L'**octave** comprend 8 vers : les six premiers sont à rime croisée, les deux derniers à rime plate.

f) La **nona rima** est une octave à laquelle on ajoute un vers qui rime avec le deuxième.

• N.B. — 1° La **terza rima** demande un vers isolé de conclusion (ABA BCB C.)

Gente vien con la qual esser non d*eggio* : A
sieti raccomandato il mio Tesoro B
nel qual io vivo ancora, e più non ch*eggio*. " A

Poi si rivolse, e parve di col*oro* B
che corrono a Verona il drappo v*erde* C
per la campagna; e parve di cost*oro* B

quelli che vince, non colui che p*erde* C

Dante, *Inferno*, XV. 118-124.

2° **La métrique de Carducci dans les Odes Barbares :** Dans ses *Odes barbares* Carducci a essayé d'imiter les vers latins et grecs.

— Le *distique* **(distico)** correspond à l'hexamètre et au pentamètre grec ou latin. Le 1er vers comprend un vers de 5 syllabes ou un vers de 7 syllabes et un décasyllabe ou un vers de 9 syllabes. Le deuxième vers est un vers de 5 syllabes ou de 7 syllabes suivi d'un vers de 7 syllabes :

Passa crollando i lauri l'immensa sonante epopea (7 + 9)
come turbin di maggio sopra ondeggianti piani. (7 + 7)

Carducci, *Presso l'urna di Shelley.*

— La strophe saphique (**strofe saffica,** de Sapho, poétesse grecque) est un quatrain de trois *hendécasyllabes* et d'un vers de cinq pieds *(adonique)*. Cf. *Piemonte*, Italie par les textes, p. 61.

Premio del verso che animoso vola (11)
da le memorie a l'avvenire, io chiedo (11)
colma una coppa a l'amicizia e il riso (11)
de la bellezza. (5)

Carducci, *Congedo.*

— La *strophe alcaïque* (**alcaica,** de Alcée, poète grec) est composée de deux décasyllabes *sdruccioli* (formés par la juxtaposition de deux vers de 5 pieds) et suivis d'un vers de 9 syllabes et d'un décasyllabe (cf. Italie par les textes, *Scoglio di Quarto*, p. 88.)

E a te volando la strofe alcaica (5 + 5)
nata ne' fieri tumulti libera, (5 + 5)
tre volte ti gira la chioma (9)
con la penna che sa le tempeste. (10)

Carducci, *Alla regina d'Italia.*

2° **Ballade, chanson, sonnet.**

1. La *ballade* (**ballata** ou **canzone a ballo**) a une reprise **(ripresa),** et un certain nombre de *stances* **(stanze).** La **ripresa** peut avoir quatre, trois, deux ou un vers. Dans le premier cas la ballade est **grande,** dans le deuxième elle est **mezzana,** dans le troisième **minore,** et **piccola** dans le dernier. Elles est **minima** si le vers de la **ripresa** est un septénaire et **estravagante** si la reprise a cinq vers. La **stanza** comprend deux parties : une première divisée en deux **pieds** qui ont le même nombre de vers et une deuxième appelée **volta** qui a la même structure métrique que la **ripresa.**

Exemple de **ballata mezzana :**

Per una ghirlandetta ch'io vidi, mi farà sospirare ogni fiore.	ripresa	A B C
I' vidi a voi, donna, portare ghirlandetta di fior gentile,	1° piede	D E
e sovr'a lei vidi volare un angiolel d'amore umile;	2° piede	D E
e 'n suo cantar sottile dicea : « Chi mi vedrà lauderà 'l mio signore. »	volta Dante, *Rime.*	E B C

Exemple de **ballata grande :**

Volgendo gli occhi al mio novo colore, **che fa di morte rimembrar la gente,** **pietà vi mosse; onde, benignamente** **salutando, teneste in vita il core.**	ripresa	A B B A

La fraile vita ch'ancor meco alberga,		C
fu de' begli occhi vostri aperto dono,	1° piede	D
e de la voce angelica soave.		E
Da lor conosco l'esser ov'io sono;		D
ché, come suol pigro animal per verga,	2° piede	C
così destaro in me l'anima grave.		E
Del mio cor, donna, l'una e l'altra chiave		E
avete in mano; e di ciò son contento,	volta	F
presto di navigare a ciascun vento;		F
ch'ogni cosa da voi m'è dolce onore.		A

Petrarque, *Canzoniere*, LXIII.

2. La **canzone** est composée d'un certain nombre de stances de longueur égale sans **ripresa** et de même structure métrique et se termine par un *congé* (**commiato** ou **congedo**). Ceci pour la **canzone** classique. (Leopardi a aboli le congé et donné plus de liberté à chaque strophe et aux vers en renonçant notamment à la rime). Chaque strophe se compose de trois parties (**la fronte** divisée en deux **piedi**, la **chiave** d'un seul vers, la **sirima** qui peut se diviser en deux **volte**). Le **congé** reprend la structure métrique de la **sirima** (plus la **chiave**) ou simplement les trois derniers vers.

Di pensier in pensier, di monte in monte			A
mi guida Amor; ch'ogni segnato calle	1° piede		B
provo contrario a la tranquilla vita.			C
		Fronte	
Se 'n solitaria piaggia, rivo, o fonte,			A
se 'n fra duo poggi siede ombrosa valle,	2° piede		B
ivi s'acqueta l'alma sbigottita;			C
e come Amor l'envita	Chiave		C
or ride, or piange, or teme, or s'assecura :			D
e 'l volto che lei segue ov' ella il mena	1ª volta		E
si turba e rasserena,			E
		sirima	
e in un esser picciol tempo dura;			C
onde a la vista uomo di tal vita esperto	2ª volta		F
diria : questo arde, e di suo stato è incerto.			F

Petrarca, *Di pensier in pensier*.

● **N.B.** — Voici le **congedo** de cette **canzone** :

Canzone, oltra quell'alpe,	G
là dove il ciel è più sereno e lieto,	H
mi rivedrai sovr'un ruscel corrente	I
ove l'aura si sente	I
d'un fresco et odorifero laureto :	H
ivi è 'l mio cor, e quella che 'l m'invola;	K
qui veder poi l'imagine mia sola.	K

3. Le sonnet **(sonetto)** est composé de deux **quartine** (quatrains) et de deux **terzine** (tercets) qui forment deux parties bien distinctes. Les vers des quatrains riment entre eux et il en est de même pour les vers des tercets. Les rimes des quatrains peuvent être *alternate* (abab abab) ou *chiuse* (abba abba).

Pour les tercets il y a deux ou trois rimes : quand il y en a deux, elles sont **alternate** (croisées) CDC DCD, quand il y en a trois, elles sont **ripetute** (répétées) CDE CDE ou **invertite** (inversées) CDE EDC.

Pace non trovo, e non ho da far guerra; A
e temo, e spero; et ardo, e son un ghiaccio; B
e volo sopra 'l cielo, e giaccio in terra; A
e nulla stringo, e tutto 'l mondo abbraccio. B

Tal m'ha in pregion, che non m'apre né serra; A
né per suo mi riten né scioglie il laccio; B
e non m'ancide Amore, e non mi sferra, A
né mi vuol vivo né mi trae d'impaccio. B

Veggio senza occhi, e non ho lingua, e grido; C
e bramo di perir, e cheggio aita; D
et ho in odio me stesso, et amo altrui. E

Pascomi di dolor, piangendo rido; C
egualmente mi spiace morte e vita : D
in questo stato son, donna, per vui. E

Petrarca, *Il Canzoniere.*

Exemple de sonnet dont les rimes forment le schéma ABAB ABAB CDC EDE : l'*Acqua* de Pastonchi *(Italien par les textes*, p. 166).

Exemples de sonnets en ABBA ABBA CDE CDE, *Casa mia* de Sergio Corazzini, *(Italien par les textes*, p. 109*)*, et *Villa chiusa* de Corrado Govoni, *(ibid.*, p. 110*)*.

● **N.B. — Il existe d'autres compositions :**

— La **sestina** comprend six strophes de six hendécasyllabes. Les mots qui terminent les six premiers vers reviennent à chaque strophe et le premier vers de chaque strophe se termine par le même mot que le dernier vers de la strophe précédente. La sestina a un **congé** où la rime se trouve au milieu et à la fin de chaque vers.

— Le **strambotto** (ou **rispetto,** en Toscane) est formé d'un quatrain et de deux distiques qui reprennent la pensée des quatrains avec des rimes alternées (cf. *Italie par les textes,* pp. 230-31.)

— Le **stornello** formé d'un **quinario** ou d'un **settenario** (dans lequel on évoque un nom de fleur) suivi de deux **hendécasyllabes.**

Fior tricolore
tramontano le stelle in mezzo al mare
e si spengono i canti entro il mio cuore.

Carducci.

— Ajoutons le **madrigale,** l'**epigramma,** l'**ode,** l'**inno,** le **ditirambo,** l'**elegia,** le **carme,** l'**idillio,** l'**egloga,** le **brindisi...**

Travaillons a l'école

Travaillez, enfants! Je me permets, moi qui n'ai été qu'un travailleur, de vous dire tout le bienfait[1] que j'ai retiré[2] de la longue besogne[3] dont l'effort[4] a empli ma vie entière.

Je n'ai eu qu'une foi[5], qu'une force, le travail. Ce qui m'a soutenu, c'est l'immense labeur[6] que je m'étais imposé. En face de moi, j'avais toujours le but[7], là-bas, vers lequel je marchais, et cela suffisait à me donner le courage de marcher quand même, lorsque la vie mauvaise m'avait abattu[8].

Le seul peuple fort est le peuple qui travaille et le travail seul donne le courage et la foi.

Émile Zola, *Les 4 Évangiles, Travail.*
Fasquelle.

Le lion de Florence

Dans une grande ville d'Italie, à Florence, un lion sortit un jour de la cage[9] où on le tenait enfermé. Lorsqu'il parut[10] dans les rues de la ville, les habitants épouvantés couraient de toutes parts.

Dans la foule, se trouvait une femme qui, en s'enfuyant, laissa tomber son enfant qu'elle portait dans ses bras.

Le lion, qui la suivait de près, saisit[11] l'enfant dans sa gueule[12] et semblait prêt à le dévorer[13].

Mais la mère, sans crainte du danger, retourna sur ses pas[14], et s'approchant du lion : « Rends-moi mon enfant! Rends-moi mon enfant! » cria-t-elle tout en larmes et d'une voix suppliante[15].

Le lion s'arrêta surpris, regarda fixement la femme à genoux devant lui et posa doucement à terre l'enfant qui n'avait aucun mal; puis il se dirigea vers les forêts prochaines[16].

La Harpe.

Ma mère

Ma mère entra, souriante. Oh! je la revois si bien encore telle qu'elle m'apparut, arrivant accompagnée d'un peu de soleil et du grand air[17] du dehors. Je retrouve tout : l'expression de son regard rencontrant le mien, le son de sa voix, les détails[18] de sa chère toilette[19] qui paraîtrait si drôle[20] et si surannée[21] aujourd'hui.

Elle se pencha[22] sur mon lit pour m'embrasser, et, alors, je n'eus plus envie[23] de rien, ni de pleurer, ni de me lever, ni de sortir; elle était là, et cela me suffisait, je me sentais consolé, tranquillisé[24], changé, par sa bienfaisante[25] présence.

Pierre Loti, *Pages choisies.*
Calmann-Lévy.

Le pain

Si mon père se faisait tant de mauvais sang pour un peu de pain perdu, c'est qu'autrefois, chez les pauvres, on en était très ménager[26]. Le pain, même très noir, dur et grossier[27], était une nourriture[28] précieuse pour ceux qui vivaient en bonne partie de châtaignes, de pommes de terre, et de bouillie de blé d'Espagne[29].

1. *Bene, profitto.* — 2. Verbe *ricavare.* — 3. *Lavoro* (m). — 4. *Sforzo.* — 5. *Fede.* — 6. *Fatica* (f). 7. *Meta* (f). — 8. Verbe *abbattere.* — 9. *Gabbia.* — 10. Verbe *apparire* (irrég.). — 11. Verbe *prendere* (irrég.). — 12. *Bocca.* — 13. Verbe *divorare.* — 14. Traduire : « en arrière ». — 15. *Supplichevole.* — 16. Traduire : « voisines ». — 17. Traduire ici : « l'air frais » du dehors. — 18. Détail = *particolare.* — 19. Ici : *vestiario.* — 20. *Buffo.* — 21. *Antico.* — 22. Verbe *chinarsi.* — 23. *Voglia.* — 24. Verbe *tranquillare.* — 25. Bienfaisant = *benefico.* — 26. Ménager = *parco, economo.* — 27. *Grossolano.* — 28. *Alimento, cibo* (m). — 29. Bouillie de blé d'Espagne = *polenta.*

Puis les gens se souvenaient des disettes[1] fréquentes d'autrefois, et avaient ouï parler, par leurs anciens[2], de ces famines[3] où les paysans mangeaient les herbes des chemins comme des bêtes, et ils sentaient vivement le bonheur de ne pas manquer de ce pain sauveur[4].

Aussi, pour le paysan, ce pain obtenu par tant de sueurs et de peines avait quelque chose de sacré.

E. LE ROY, *Le Moulin du Frau.*
Fasquelle.

L'union fait la force

Un homme voyageait dans la montagne et il arriva en un lieu où un gros rocher[5] ayant roulé[6] sur le chemin le remplissait tout entier; et, hors du chemin, il n'y avait point d'autre issue[7], ni à gauche, ni à droite.

Or, cet homme, voyant qu'il ne pouvait continuer son voyage à cause du rocher, essaya de le mouvoir pour se faire un passage; il se fatigua beaucoup à ce travail et tous ses efforts furent vains. Et après celui-ci, il en vint plusieurs autres, et aucun ne put mouvoir le rocher, et leur crainte à tous était grande. Enfin, l'un d'eux dit aux autres : « Mes frères, ce qu'aucun de nous n'a pu faire seul, qui sait si nous ne le ferons pas tous ensemble? » Et ils se levèrent, et tous ensemble ils poussèrent le rocher, et le rocher céda[8] et ils poursuivirent[9] leur route en paix.

LAMENNAIS, *Paroles d'un croyant.*

La fée

Je rencontrai l'autre jour une bonne fée qui courait comme une folle[10] malgré son grand âge.

« Etes-vous donc si pressée[11] de nous quitter, Madame la Fée? — Ah! ne m'en parlez pas, répondit-elle. Il y a quelques centaines d'années que je n'avais vu votre petit monde et je n'y comprends plus rien. J'offre la beauté aux jeunes filles, la sagesse[12] aux vieux, la santé aux malades, enfin tout ce qu'une honnête fée peut offrir de bon aux humains[13] et tous me refusent. Avez-vous de l'or et de l'argent? disent-ils; nous ne souhaitons[14] pas autre chose. Je me sauve, car j'ai peur que les roses des buissons[15] me demandent des parures[16] de diamants et que les papillons[17] n'aient la prétention de rouler carrosse[18] dans la prairie[19] ».

George SAND.

Mon village

Mon village avait bien quinze maisons, moitié sur la route qui descend en pente raide[20] vers le pont, moitié sur le chemin coupant la route. Chaque maison avait sa grange[21], son écurie, son hangar[22]; cela faisait sur la pente une belle poussée[23] de toits rouges et bruns autour du clocher bleu d'ardoises.

Qu'il est donc beau mon village quand, le soir, du haut de la colline proche, on voit ses bonnes vieilles maisons auréolées[24] de fumée bleue, leurs fenêtres dorées par le couchant[25] qui se pressent et se penchent comme agenouillées autour du clocher sonnant l'angelus[26].

MAROUZEAU, *Une Enfance.*
Armand Colin.

1. Disette = *carestia.* — 2. Ancien = *vecchio.* — 3. Famine = *fame.* — 4. *Salvatore.* — 5. *Masso, sasso.* — 6. Rouler = ici : *ruzzolare.* — 7. *Uscita.* — 8. Céda = fut vaincu (v. *vincere*, irrég.), ou : ébranlé (v. *smuovere*, irrég.). — 9. Verbe *proseguire.* — 10. Fou = *pazzo.* — 11. Être pressé = *aver fretta.* — 12. *Giudizio* (m). — 13. Humain = homme. — 14. Souhaiter = ici : *desiderare.* — 15. Buisson = ici : *macchia.* — 16. Parure = *finimento* (m). — 17. Papillon = *farfalla.* — 18. Traduire : « aller en carrosse ». — 19. *Prato* (m). — 20. *Per una china ripida.* — 21. *Granaio* (m). — 22. *Tettoia* (f). — 23. Ici : *fiorita* (floraison). — 24. Auréolé = *con un'aureola.* — 25. *Tramonto.* — 26. *Avemmaria.*

Cécile

C'était une petite fille de dix ans. Elle s'appelait Cécile[1], elle avait de beaux cheveux blonds, dont la natte[2] était attachée par un ruban bleu. Elle allait à l'école, elle savait lire ; le soir, à quatre heures, lorsqu'elle rentrait, elle posait ses cahiers sur la table et écrivait longtemps[3]. Le matin, elle aidait sa mère, elle faisait le lit, elle époussetait les meubles, elle montait sur une chaise pour essuyer[4] la cheminée. Elle eût voulu savoir faire la cuisine. Elle se réjouissait d'habiter la maison de ses parents. Elle avait deux grands yeux bleus, dont elle se servait pour la bien voir, puis, lorsqu'elle avait considéré tous les objets, elle faisait ses réflexions à haute voix. Elle parlait, elle riait, elle chantait, elle courait parmi les meubles quand l'envie venait l'en prendre.

Erckmann-Chatrian.

Au sixième[5]

Depuis dix ans, nous habitions une maison ouvrière. Nous y occupions, au sixième, deux chambres mansardées[6] et une cuisine. Je me souvenais mal du jour de notre installation[7] ; il me semblait avoir vu de tout temps cet immeuble[8] avec sa façade charbonneuse[9], son entrée obscure, ses étages que des fenêtres basses éclairaient tristement. On arrivait, essoufflé[10], au sixième. Mais on y était tranquille. Peu de personnes y montaient. Maman répétait : « C'est rare à Paris d'avoir une si belle vue. »

Eugène Dabit, *Petit-Louis*.
N.R.F.

Un diner d'amis

Est-il rien de plus agréable en ce bas monde[11] que de s'asseoir avec trois ou quatre vieux camarades, devant une table bien servie, dans l'antique salle à manger de ses pères? Et là, de s'attacher gravement la serviette au menton, de plonger[12] la cuiller dans une bonne soupe, et de passer les assiettes en disant : « Goûtez-moi[13] cela, mes amis, vous m'en donnerez des nouvelles![14] »

Qu'on est heureux de commencer un pareil dîner, les fenêtres ouvertes sur le ciel du printemps ou de l'automne!...

Puis, quand vous saisissez derrière votre chaise une bouteille et que vous la placez entre vos genoux pour en tirer le bouchon[15] sans secousse[16], comme ils rient en pensant : « Qu'est-ce qui va encore bien venir à cette heure? »

Ah! je vous le dis, c'est un grand plaisir de traiter ses vieux amis!...

Erckmann-Chatrian, *L'Ami Fritz*.
Hachette.

Une jeune ménagère

Il était exactement midi quand Françoise entra dans la salle à manger; la table était mise : fourchettes, cuillères, couteaux, assiettes et verres étaient à leur place, brillants de propreté. Françoise pouvait avoir vingt-trois ans : c'était une jeune fille au front large, aux yeux profonds, à la bouche menue[17], aux joues fraîches et rondes. Elle était modestement mais élégamment vêtue. Elle portait une petite jupe de satin[18] jaune, et avait jeté sur ses épaules un châle rouge et vert, d'un très bel effet. A la voir ainsi parée, on n'aurait pas dit une simple villageoise, mais une jeune demoiselle de la meilleure société. Après avoir tout bien examiné, elle appela ses parents et ses frères pour se mettre à table.

Anatole France.
Calmann-Levy.

1. *Cecilia.* — 2. *Treccia.* — 3. *A lungo.* — 4. *Strofinare.* — 5. Ajouter : étage = *piano.* — 6. Mansardé = *a soffitta.* — 7. Ici : *insediamento, arrivo* (m). — 8. *Stabile.* — 9. *Nera di carbone.* — 10. Essoufflé = *trafelato.* 11. Traduire : « ici-bas ». — 12. *Immergere.* — 13. Goûter = *assaggiare.* — 14. *Nuove.* — 15. *Tappo.* — 16. *Scossa.* — 17. *Piccolina.* — 18. *Raso.*

Index alphabétique

(N.B. — Les chiffres renvoient aux paragraphes. p = page ; n = note).

Q

Table

Imprimerie-Reliure Mame, Tours
Dépôt légal n° 8000-2-1984 - Collection n° 95 - Édition n° 14
12/1804/9